权威·前沿·原创

皮书系列为
"十二五""十三五"国家重点图书出版规划项目

河南省社会科学院哲学社会科学创新工程试点经费资助

河南工业发展报告（2018）

ANNUAL REPORT ON INDUSTRIAL DEVELOPMENT OF HENAN (2018)

迈向高质量发展

主　编／袁凯声
副主编／张富禄　赵西三

社会科学文献出版社
SOCIAL SCIENCES ACADEMIC PRESS（CHINA）

图书在版编目（CIP）数据

河南工业发展报告. 2018 / 袁凯声主编. －－北京：社会科学文献出版社，2018.6
　（河南蓝皮书）
　ISBN 978－7－5201－2769－1

　Ⅰ.①河… Ⅱ.①袁… Ⅲ.①地方工业经济－经济发展－研究报告－河南－2018　Ⅳ.①F427.61

　中国版本图书馆CIP数据核字（2018）第103589号

河南蓝皮书
河南工业发展报告（2018）
——迈向高质量发展

主　　编 / 袁凯声
副 主 编 / 张富禄　赵西三

出 版 人 / 谢寿光
项目统筹 / 任文武
责任编辑 / 高　启　高振华

出　　版 / 社会科学文献出版社·区域发展出版中心（010）59367143
　　　　　　地址：北京市北三环中路甲29号院华龙大厦　邮编：100029
　　　　　　网址：www.ssap.com.cn
发　　行 / 市场营销中心（010）59367081　59367018
印　　装 / 三河市龙林印务有限公司

规　　格 / 开　本：787mm×1092mm　1/16
　　　　　　印　张：19.5　字　数：293千字
版　　次 / 2018年6月第1版　2018年6月第1次印刷
书　　号 / ISBN 978－7－5201－2769－1
定　　价 / 88.00元

皮书序列号 / PSN B－2013－317－5/9

本书如有印装质量问题，请与读者服务中心（010－59367028）联系

▲ 版权所有 翻印必究

河南蓝皮书系列编委会

主　　任　王　勇

副 主 任　周　立　袁凯声　王承哲

委　　员（以姓氏笔划为序）

　　　　　　万银峰　卫绍生　王　勇　王　超　王建国
　　　　　　王承哲　王玲杰　王景全　牛苏林　毛　兵
　　　　　　任晓莉　闫德亮　李太淼　吴海峰　完世伟
　　　　　　张林海　张富禄　张新斌　周　立　袁凯声
　　　　　　曹　明

主要编撰者简介

袁凯声 河南省社会科学院副院长、研究员,河南大学、河南师范大学硕士研究生导师,中国近代文学研究会理事,河南省文学学会秘书长。主持或参与国家社会科学基金项目6项,发表学术文章70余篇,出版学术著作7部。近年来从事区域发展宏观战略等研究,参加多项河南省委、省政府重大决策课题专项研究,多次参加省重要文件起草工作并担任起草组组长,获得河南省社会科学优秀成果奖多项。

张富禄 河南省社会科学院工业经济研究所所长、研究员,中国企业管理研究会理事,国家社会科学基金资助期刊《中州学刊》编委,河南省营销协会专家委员会委员,研究方向为产业经济学和区域经济学,重点研究河南工业经济管理以及区域发展战略。多次参加河南省工业信息化成果评审、河南省产业集聚区专项监督检查等重大专项管理工作。公开发表论文50多篇,主持完成省级以上课题10多项,获得省级以上社会科学优秀成果奖6项。

赵西三 河南省社会科学院工业经济研究所副所长,副研究员,研究方向为产业经济学,重点研究河南工业经济及产业发展,公开发表论文40多篇,合作著作10余部,完成各项研究报告50多项,主持国家社会科学基金课题1项,主持及参加国家及省级课题10余项,获省级以上社会科学优秀成果奖10余项,主持或参与区域产业发展规划20多项。

摘 要

本书由河南省社会科学院主持编撰，以"迈向高质量发展"为主题，全面分析了2017年河南工业经济运行的态势和特点，并对2018年工业经济发展趋势进行了展望，深入研究了河南工业迈向高质量发展所面临的形势与环境。本书分为总报告、评价篇、综合篇、产业篇、区域篇和企业篇，从多个层面展开分析，为河南工业迈向高质量发展提出新思路、新举措、新对策。

本书的总报告由河南省社会科学院工业经济研究所课题组撰写，代表了本书对河南工业经济运行分析与预测的基本观点。总报告认为，面对复杂多变的内外部环境，河南聚焦供给侧结构性改革，加快智能化、绿色化和技术改造，工业发展呈现稳中向好的基本态势，工业增速持续平稳，产业结构持续优化，利润增速持续回升，企业转型持续加速，质量效益稳步提升，发展形势好于预期。2018年是中国改革开放40周年，中国特色社会主义进入了新时代，社会主要矛盾发生历史性变化，河南省工业企业面临着良好机遇和有利条件，工业经济运行整体上将呈现"增速平稳、结构优化、转型加速、质量提升"的良好趋势。工作重点从创建中国制造2025国家级示范区、培育制造业创新中心、实施智能制造专项行动、培育工业互联网平台、拓展企业融资渠道、降低企业运营成本、营造良好发展环境等几个方面着力，提出了推动河南工业迈向高质量发展的对策建议。

本书的"评价篇"由"河南区域工业竞争力评价报告"一篇文章构成，由河南省社会科学院工业经济研究所课题组撰写，代表了本书对2017年度河南区域工业竞争力评价的基本观点。本评价报告在延续前期研究的基础上，对评价指标设置进行了微调，在指标权重分配方面，更加强调创新驱动、效益优先、绿色低碳、"两化融合",尽可能地保证评价结果的科学性、客观性和合理性。在搜集《2017河南统计年鉴》中18个省辖市工业发展相关原始数据的基础上,对24个评价指标进行无量纲化处理,根据专家打分确定指标权重,计算出工业竞争力分项得分和综合得分。报告从规模总量、生产效率、技术创新、生态环保、信息化应用和结构转换等方面,全方位展示了河南区域工业竞争力的最新排名情况,郑州、洛阳和许昌工业综合竞争力位列全省前三位。根据评价结果,报告提出了推动区域产业结构优化升级、深化创新驱动、推广应用智能化生产方式、深化改革开放的对策建议。

本书的综合篇、行业篇、区域篇、企业篇对河南工业发展情况进行了专题研究,力求系统展示河南重点行业、重点区域和典型企业在发展先进制造业方面所做的努力和探索,从多个视角反映河南工业高质量发展具有的机遇与优势、面临的问题与制约,并提出发展思路及对策建议。

关键词: 河南　工业转型　竞争力评价

目 录

Ⅰ 总报告

B.1 2017~2018年河南工业经济运行分析与展望
………………… 河南省社会科学院工业经济研究所课题组 / 001
一 2017年河南工业经济运行分析 ………………………… / 002
二 2018年河南工业转型发展趋势展望 …………………… / 008
三 推进河南工业高质量发展的对策建议 ………………… / 011

Ⅱ 评价篇

B.2 河南区域工业竞争力评价报告
………………… 河南省社会科学院工业经济研究所课题组 / 018

Ⅲ 综合篇

B.3 河南工业高质量发展面临的挑战及应对 …………… 林风霞 / 032
B.4 河南制造业高质量发展战略举措分析 ……………… 张富禄 / 045

B.5 以智能制造推动河南制造业高质量发展研究
………………………………………………… 赵西三 宋 歌 / 056
B.6 以生产性服务业促进河南工业高质量发展研究………… 侯红昌 / 068
B.7 深化河南工业企业改革的问题研究……………………… 张志超 / 084
B.8 河南省制造业竞争力实证分析…………………… 王海杰 冯雨飞 / 095

Ⅳ 产业篇

B.9 河南装备制造业发展态势分析 ………………………… 杨志波 / 107
B.10 河南食品制造业发展态势分析 ………………………… 李婧瑷 / 120
B.11 河南新型材料制造业发展态势分析 …………………… 宋 歌 / 132
B.12 河南汽车制造业发展态势分析 ………………………… 王中亚 / 151
B.13 河南电子制造业发展态势分析 ………………………… 杨梦洁 / 165
B.14 河南省医药行业发展态势分析 ………………… 沈 琪 李立鹏 / 179

Ⅴ 区域篇

B.15 郑州市工业经济运行分析与展望
……………… 范建勋 巫怀民 陈金芬 牛志永 王章磊 / 187
B.16 洛阳市工业经济运行分析与展望 ……………… 李 君 郝 爽 / 206
B.17 许昌市工业经济运行分析与展望 … 焦建华 杨明生 曹洪涛 / 218

Ⅵ 企业篇

B.18 中国平煤神马集团"特色转型发展道路"态势分析
………………………………………………………… 梁铁山 / 231
B.19 宇通客车特色国际化发展模式案例研究 ……………… 周娜娜 / 243

B.20 卫华集团有限公司发展态势分析与展望 …… 俞有飞　吴飞胜 / 251
B.21 郑州奥特科技有限公司发展态势分析与展望
　　　　………………………… 赵民章　王倩倩　刘富斌 / 263

Abstract ……………………………………………………… / 278
Contents ……………………………………………………… / 281

皮书数据库阅读**使用指南**

总 报 告
General Report

B.1
2017~2018年河南工业经济运行分析与展望

河南省社会科学院工业经济研究所课题组*

摘　要： 2017年，面对复杂多变的内外部环境，河南聚焦供给侧结构性改革，加快智能化、绿色化和技术改造，工业发展呈现稳中向好的基本态势，工业增速持续平稳，产业结构持续优化，利润增速持续回升，企业转型持续加速，质量效益稳步提升，发展形势好于预期。2018年是中国改革开放40周年，中国

---

* 河南省社会科学院工业经济研究所课题组：张富禄，河南省社会科学院工业经济研究所所长、研究员；赵西三，河南省社会科学院工业经济研究所副所长、副研究员；宋歌，河南省社会科学院工业经济研究所副研究员；刘晓萍，河南省社会科学院工业经济研究所副研究员；唐海峰，河南省社会科学院工业经济研究所助理研究员；杨志波，河南省社会科学院工业经济研究所助理研究员；杨梦洁，河南省社会科学院工业经济研究所研究实习员；李婧瑗，河南省社会科学院工业经济研究所助理研究员；袁博，河南省社会科学院工业经济研究所助理研究员。

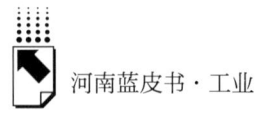

特色社会主义进入了新时代，社会主要矛盾发生历史性变化，河南省工业企业面临着良好机遇和有利条件，工业经济运行整体上将呈现"增速平稳、结构优化、转型加速、质量提升"的良好趋势，工作重点从创建中国制造2025国家级示范区、培育制造业创新中心、实施智能制造专项行动、培育工业互联网平台、拓展企业融资渠道，降低企业运营成本、营造良好发展环境等几个方面着力，推动河南工业迈向高质量发展新阶段。

关键词： 河南工业　高质量发展　现代化经济体系

2017年，面对错综复杂的内外环境和方兴未艾的新产业革命浪潮，河南深入贯彻落实新发展理念，扎实推进供给侧结构性改革，聚焦转型发展攻坚，加快智能化、绿色化和技术改造，全省工业发展呈现稳中有进、稳中向好的总体态势，主要指标明显改善，质量效益同步提升，整体形势好于预期。

一　2017年河南工业经济运行分析

结合统计部门公布的有关数据以及在各地调研掌握的情况进行综合研判，2017年以来河南工业经济运行继续保持平稳态势，发展质量持续向好。

（一）工业增速持续平稳

2017年河南省实现全部工业增加值1.88万亿元，同比增长7.4%，比2016年加快了0.2个百分点。规模以上工业增加值同比增长8.0%，与2016年持平，结束了近几年增速连续下滑走势，高于全国1.4个百分点，居全国

第11位、中部六省第3位、五个工业大省第2位（见图1）。2017年3月份以来，河南省规模以上工业增加值月度累计增速一直在8.0%～8.2%平稳运行，并持续高于2016年月度累计增速（见图2），工业运行质量明显提升。从调研中也了解到，当前企业家对经济发展趋势普遍较为乐观，对技术改造投资意愿较强。

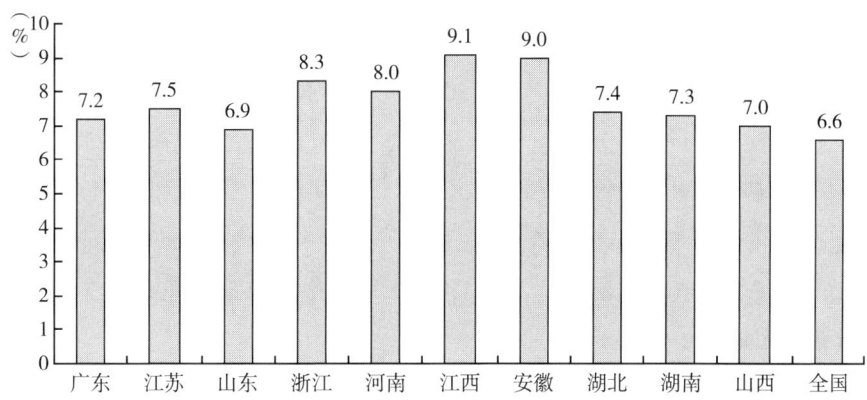

图1　2017年部分省（市）规模以上工业增加值增速

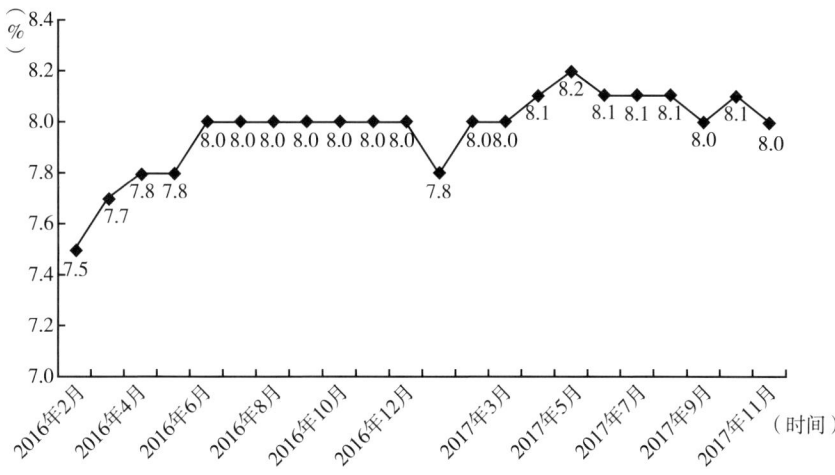

图2　2016～2017年河南规模以上工业增加值月度累计同比增速

（二）产业结构持续优化

2017年，河南开启转型发展攻坚战，政策引导与消费升级协同带动，竞争加剧和环保倒逼双向施压，河南工业转型升级步伐明显加快。全年五大主导产业规模以上工业增加值同比增长12.1%，比全部规模以上工业增加值增速高4.1个百分点；占规模以上工业的比重为44.6%，比上年提高了0.3个百分点；其中电子信息、装备制造和汽车及零部件分别增长16.1%、13.4%和12.6%。战略新兴产业同比增长12.1%，其中高端装备、新一代信息和生物分别增长16.0%、13.9%和13.2%；高技术产业同比增长16.8%；高耗能产业和传统支柱产业同比仅分别增长3.2%和2.7%，占比继续下降（见图3）。产品高端化成效明显，工业机器人产量同比增长19.1%，锂离子电池产量增长229.4%，太阳能电池产量增长84.3%，新能源汽车产量增长17.1%。

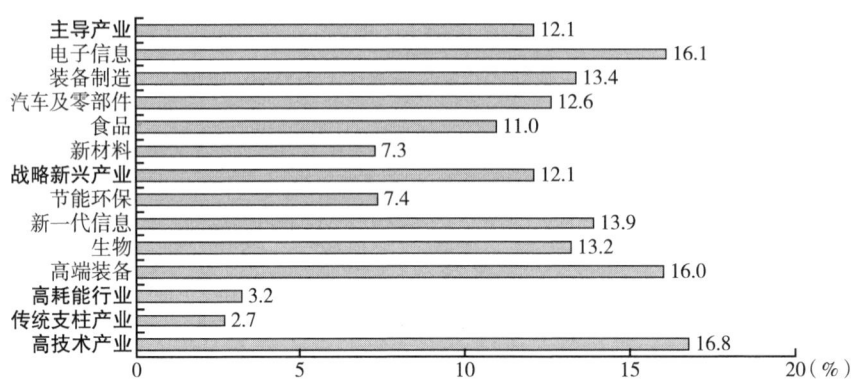

图3　2017年河南主要行业规模以上工业增加值增速

（三）利润增速持续回升

伴随着供给侧结构性改革深化，工业企业在去产能、减成本、调结构方面均取得良好成效，尤其是能源原材料等上游产业产能整合加剧，上游产品价格走高，同时国企改革实现突破，"三煤一钢"超预期实现扭亏为盈，省管企业效益创出5年来最好水平,总体上均有利于河南省工业企业经营效益改善。2017年,全省规模以上工业企业实现利润5272.37亿元,同比增长8.5%(见图4),比上年加快2.1个百分点,延续了2016年工业企业利润回升态势,但与全国规模以上工业企业利润大幅增长21%相比,低12.5个百分点。2017年,全省规模以上工业企业主营业务收入80605.7亿元,同比增长9.1%;主营业务收入利润率6.54%,比2016年提高了0.01个百分点。2017年,全省工业增值税完成708.1亿元,同比增长19.8%,较2016年大幅提高21.3个百分点。

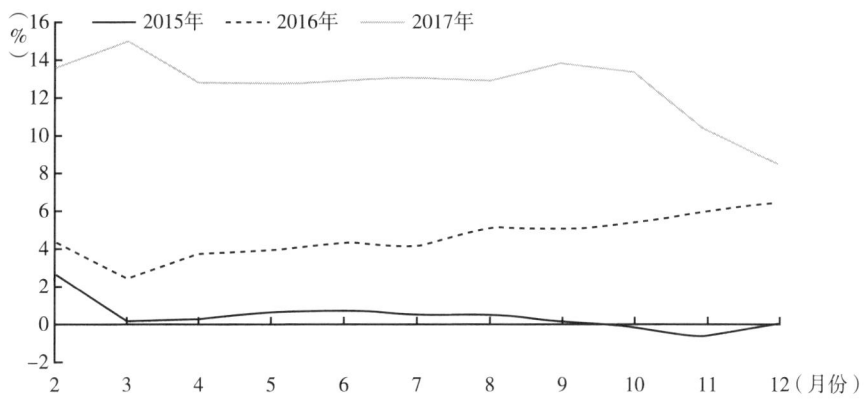

图4　2015~2017年河南规模以上工业企业利润月度累计同比增速

(四)企业转型持续加速

2017年初,河南省开启转型发展攻坚战,陆续出台系列政策措施助推企业加快转型发展步伐,工业企业抢抓新一轮科技革命和产业变革的战略机遇,向高端化、绿色化、智能化、融合化转型取得明显成效,先进制造模式加速渗透。森源重工、心连心化肥等5个项目被认定为国家智能制造试点示范项目,轴研科技、多氟多等8个项目被认定为国家智能制造综合标准化与新模式应用项目(见表1);宇通客车、中铁工程装备、威猛振动、卫华集团4家企业入选我国第二期制造业单项冠军示范企业,许继集团工业设计中心被评为第三批国家工业设计中心,森源重工和鹏鑫化工被评为国家工业品牌示范企业,河南省智能农机创新中心等11个省级制造业创新中心培育单位获批创建。全省全年实施智能化改造项目478个,总投资539亿元,评定50个省级智能工厂、73个智能车间、36个服务型制造示范企业、12个工业云示范平台、9个制造业"双创"平台,实施机器人"双十百千"示范应用工程,推广应用2820台机器人和2744台数控机床。各类示范项目加速推进,示范带动效应逐步释放,带动全省工业企业加快转型步伐。

表1 2017年河南工业企业入选国家智能制造项目表

项目类别	项目名称
2017年国家智能制造试点示范项目	河南心连心化肥的化肥智能制造
	河南森源重工的混凝土车辆远程运维服务
	中国一拖集团的重型拖拉机智能制造
	河南省大信整体厨房的全屋家具大规模个性化定制
	天瑞集团郑州水泥有限公司的水泥智能工厂
2017年国家智能制造综合标准化与新模式应用	机械工业第六设计研究院有限公司农机装备工艺设计仿真及信息技术集成标准研究及试验验证
	洛阳轴研科技股份有限公司数控机床及机器人精密轴承数字化车间互连互通互操作标准研究与试验验证
	第一拖拉机股份有限公司现代农业装备智能驾驶舱数字化工厂
	亚澳南阳农机有限责任公司大型高效复式旋耕机智能制造新模式
	南阳淅减汽车减振器有限公司减震器智能制造数字化车间技术改造
	豫北转向系统股份有限公司节能汽车转向系统智能制造新模式
	多氟多焦作新能源科技有限公司新能源汽车动力电池智能化车间建设项目
	麦斯克电子材料有限公司大规模集成电路硅基智能制造新模式

资料来源:工信部网站。

(五)工业投资持续放缓

2017年,河南省工业投资继续放缓,全年工业投资完成19190.97

亿元，同比仅增长3.5%（见图5），低于全省固定资产投资增速6.9个百分点，低于2016年5.4个百分点。从投资结构看，装备、食品、新型材料、电子、汽车等五大主导产业投资增长为-5.9%；高技术制造业投资增长0.2%，低于2016年2.7个百分点；冶金、建材、化工、轻纺、能源等五大传统产业投资增长为7.9%；六大高耗能产业投资增长4.6%，能源原材料价格上涨带动了上游产业投资增长。投资结构就是未来的产业结构，工业投资结构的扭曲将对产业结构优化产生不利影响。

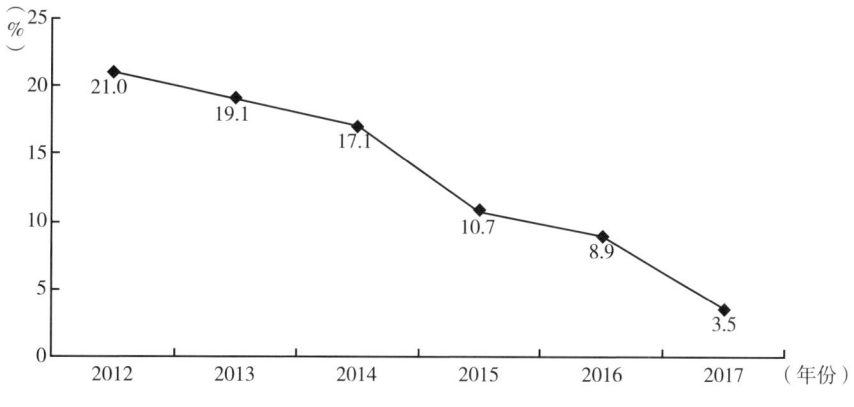

图5 2012~2017年河南工业投资增速

（六）区域表现持续分化

从全省18个省辖市看，2017年工业增速比2016年提高的有7个，其中郑州、三门峡和济源分别提高了2.0个、1.8个和1.1个百分点，洛阳和许昌等保持平稳，而信阳、南阳和周口三市工业增速分别大幅下滑了4.9个、3.1个、1.7个百分点，黄淮四市工业增速均不同程度放缓（见图6）。在供给侧结构性改革的带动下，能源原材料价格回升明显，中上游产业生产经营状况持续改善，工业大市总体表现好转，传统农区近几年工业增速较高的态势难以继续保持。

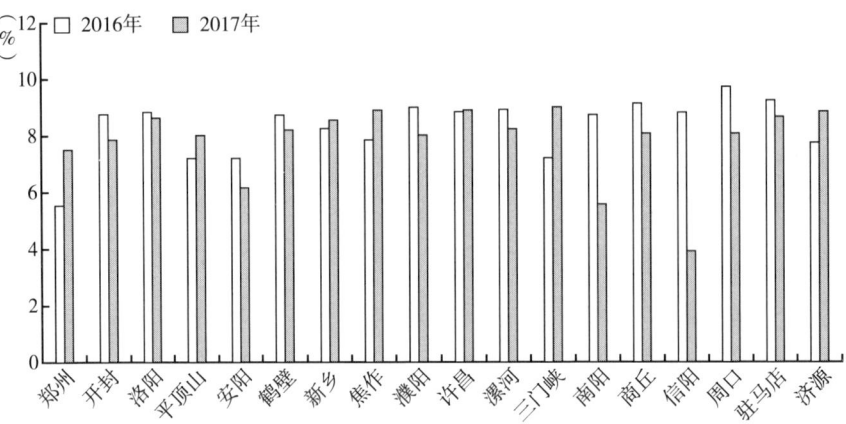

图6 2016年和2017年河南省18个省辖市规模以上工业增加值增速比较

二 2018年河南工业转型发展趋势展望

2018年,河南省工业经济运行面临着良好机遇和有利条件,整体上呈现"增速平稳、结构优化、转型加速、质量提升"的良好趋势。

(一)面临形势

2018年是贯彻党的十九大精神的开局之年,是改革开放40周年,工业发展环境发生了较大变化。

从全球看,世界经济回暖和逆全球化风险交织。世界银行2018年1月发布的《全球经济展望》报告预测,2018年全球经济增长小幅加快至3.1%,将迎来国际金融危机以来的全面复苏。但是,特朗普美国优先战略、英国退欧引发的逆全球化风险逐步释放,主要经济体债务总量持续攀升。发达国家货币政策转向可能导致金融风险积累,尤其是近期中美贸易摩擦持续升温,对全球制造业发展和贸易产生负面影响。近年来,中国制造转型升级逐步进入跨国公司"打击距离"之内,发达国家"再工业化"战略加快实施并初见成效,凭借先进信息技术,美国工业互联网、德国工业4.0、日本社会5.0等战略加快推进，抢占新一轮产业革命的战略制高点，全球产业分工体系和区域发展格局正在加速重构。近几年，河南依托"一带一路"建设变战略腹地为开放前沿，对外贸易迈上新台阶，河南制造正在加速融入全球价值链，国际经济环境和全球竞争格局的变化对河南省制造业的冲击越来越大，应深入研究国际经济形势变化尤其是中美贸易摩擦对河南制造业转型升级的影响，并做好积极应对。

从国内看，党的十九大胜利召开，中国特色社会主义进入新时代，社会主要矛盾发生历史性变化，我国经济已由高速增长阶段转向高质量发展阶段，加快建设现代化经济体系对产业转型发展提出了更高要求，我国将在发展实体经济、实施创新驱动发展战略、推动城乡区域协调、发展开放型经济、深化经济体制改革等方面出台更多政策措施，消费升级和政策带动为产业升级提供了巨大空间。同时，新工业革命与我国实施制造强国战略形成历史性交汇，"中国制造2025"深入推进，智能制造、绿色制造、服务型制造加速渗透，制造业数字化、网络化、智能化趋势明显，软件定义、数据驱动、平台支撑、服务增值、智能主导的新特征日趋呈现。2017年底，国务院发布《关于深化"互联网+先进制造业"发展工业互联网的指导意见》，力推互联网、大数据、人工智能和实体经济深度融合，为产业转型提供了新支撑。河南传统产业占比偏高，生产方式相对落后，质量效益差距明显，智能化改造任务更加艰巨，但也蕴含着以智能转型推动高质量发展的广阔空间。

从河南省看，一是战略腹地综合优势持续显现。"三区一群"国家战略叠加效应持续释放，"米"字形高铁、中欧班列、郑州—卢森堡空中丝绸之路、跨境电子商务蓬勃发展，战略腹地效应逐步释放。2017年，中欧班列（郑州）全年运行470班、货运量22.7万吨、货值140.5亿元，分别增长95.8%、98.7%、102.4%；郑州—卢森堡航线由每周4架次增加到40架次，辐射卢森堡、德国、英国、比利时等主要欧洲国家的重要区域和国内92个城市，郑州航空港已成为中部地区进出口货物的集散地和转运枢纽，空陆网三路并举融入"一带一路"彰显新优势，为河南省工业企业融入全球价值链、加快国际产能合作拓展了广阔空间。二是转型发展攻坚战深入实施。在综合优势支撑与政策措施的引导下,工业企业转型意愿逐步增强,纷纷谋划高端制造、智能制造、绿色制造等项目,依托互联网加快智能转型、发展平台经济等领域部分优势企业已经取得积极成效,河南省围绕新经济新业态模式等加强企业家培训,更新企业家知识结构和能力结构,创新创业活力进一步释放。三是区域产业竞争呈现新格局。当前,数字经济蓬勃发展,数据正在成为最重要的生产要素,工业知识的创造、复用方式发生根本性变化,制造业发展进入以智能制造和工业互联网为主导的新赛道,沿海地区凭借互联网、物联网、数字经济等先进技术优势,大力发展平台经济,对产业链、价值链、供应链的整合能力明显增强,而河南信息产业发展相对落后,平台型龙头企业偏小并且整合资源能力较弱,企业上云量和设备接入量不足,在新一轮产业竞争中处于劣势。

(二)趋势展望

展望2018年,全球经济将会继续保持企稳回升态势,我国供给侧结构性改革深入推进,新旧动能转换持续提速,经济稳步由高速增长向高质量发展迈进,对河南工业转型发展将产生积极影响。2018年河南工业经济运行整体上呈现"增速平稳、结构优化、转型加速、质量提升"的良好趋势,预计全年规模以上工业增加值同比增速保持在7.5%~8%的合理区间,产业产品结构进一步优化,工业企业转型取得更大进展,利润将延续稳步回升态势,工业运行质量持续提升。

分领域看,装备、食品、新型材料、电子信息、汽车等五大主导产业将继续保持平稳增长,高端装备、新一代信息、生物等新兴产业实现较高速度增长,占比进一步提高。伴随着国有企业改革、处置"僵尸企业"等工作的推进,传统产能整合加剧,传统支柱产业、高耗能产业低速增长态势仍将延续,占比持续下降。同时,互联网、物联网、大数据、云计算等信息技术与实体经济将加速融合,工业互联网平台对制造业转型升级的支撑作用逐步显现,智能化、绿色化改造的作用稳步释放,制造业新业态新模式持续涌现,新旧动能转换继续向纵深推进。

三 推进河南工业高质量发展的对策建议

面对中国社会主要矛盾的历史性变化，中国制造转型升级的内涵与逻辑也发生了巨大变化，产业形态和制造模式面临根本性变革，河南工业迈向高质量发展需要从以下几个方面着力。

（一）创建"中国制造2025"国家级示范区，引领全省工业高质量发展

为加快实施"中国制造2025"，鼓励和支持地方探索实体经济尤其是制造业转型升级的新路径、新模式，国务院决定开展"中国制造2025"国家级示范区（以下简称示范区）创建工作，并于2017年11月发布了《国务院办公厅关于创建"中国制造2025"国家级示范区的通知》。河南省依托郑洛新创建"中国制造2025"国家级示范区，为河南建设经济强省提供坚强支撑，为全省及中西部地区制造业高质量发展提供经验借鉴。一是明确战略定位，突出郑洛新产业特色和综合优势，发挥国家战略叠加效应和中原战略腹地效应，聚焦"一带一路"承东启西的沿黄先进制造业走廊、能源原材料大省加快高质量发展的示范区、传统农区以制造业引领"四化同步"发展先导区、中西部最优营商环境引领区四大战略定位，力争在全国制造转型升级大局中发挥更大作用。二是明确示范模式，创新内陆地区制造业开放合作模式、老工业基地制造业转型发展模式、能源原材料产业绿色发展模式、军民融合发展模式、产教融合提质模式、产融结合减负模式6大发展模式，探索经验，为全省制造业转型升级提供经验借鉴。三是明确带动方式，突出研发设计带动、总部经济带动、高端服务带动、平台经济带动、信息技术带动五大带动方式，加快形成"郑洛新研发设计＋周边地市协同制造""郑洛新总装集成＋周边地市零部件生产""郑洛新生产型服务＋周边地市成品制造""郑洛新平台经济＋周边地市产业链"等产业分工新体系和区域发展新格局，引领带动全省工业企业高质量发展。

（二）建设省级制造业创新中心，加快构建开放创新网络

按照我国制造业创新中心创建总体工作思路，加快河南省制造业创新中心培育工作，打造一批协同创新平台，促进全省优势产业链和创新链对接，把研发、企业、人才等高级创新资源跨企业、跨行业、跨领域全方位整合，构建无缝对接、高效协同的制造业开放创新网络。一是培育省级制造业创新中心，推进首批纳入培育单位的11个制造业创新中心加快组建，尽快在产业协同创新、共性技术突破、前沿技术引领等方面取得积极进展，围绕优势产业继续滚动推进河南省制造业创新中心培育工作，力争在优势产业领域形成省级制造业创新中心全覆盖。支持创建1~2家国家级制造业创新中心。二是引导各地培育市级制造业创新中心，支持郑州、洛阳等地积极培育市级制造业创新中心，构建多层次、全链条的制造业创新网络，集聚区域创新资源，链接域外高端要素，形成协同创新合力，提升河南省优势产业链整体竞争力。三是培育壮大新型研发机构，围绕装备、食品、新型材料、电子、汽车等重点领域，依托制造业创新中心带动，引导行业龙头企业或骨干创新型企业与高等学校、科研院所、上下游企业、行业协会及相关中介服务机构共建产业技术创新战略联盟，建立一批投资主体多元化、建设模式多样化、运行机制市场化、管理制度现代化、具有独立法人资源的产业技术创新战略联盟，创建一批具有郑洛新特色的国家级创新创业平台和"双创"示范基地。鼓励支持多元主体投资建设科技企业孵化器、大学科技园，鼓励各类孵化载体实行市场化运营。

（三）实施智能制造专项行动，应用推广新型制造模式

伴随物联网、大数据、人工智能等新一代信息技术的飞速发展，制造模式和产业业态正在发生巨变，沿海地区近几年大力推进机器换人和智能化改造，先进生产方式加速渗透，制造业发展质量和效益持续提高。当前，面对产业升级和环保倒逼，河南省工业企业技术改造意愿持续增强，全省上下应从战略高度充分认识智能制造发展的重要性和紧迫性，抢抓未来一段时期智

能制造发展窗口期，突出以智能制造引领三大改造，把智能制造作为全省推动产业转型发展的主攻方向。突出主导产业，坚持传统产业改造和新兴产业培育并重，围绕五大智能制造新模式，实施一批重点智能化改造示范项目，在各行业形成"点—线—面"示范体系，分层次、有步骤地推进智能制造落地，加强经验总结和推广，在区域内形成可复制、可推广的标杆样板，发挥示范引领作用，带动广大中小企业开展智能化改造。一是围绕主导产业打造智能工厂示范标杆，重点在装备、食品、新型材料、电子信息、汽车等主导产业，突出分类施策，引导企业围绕离散型智能制造、流程型智能制造、网络协同制造、大规模个性化定制、远程运维服务五大模式探索有特色、可落地、见成效的智能制造标杆模式，打造一批智能工厂（车间）示范标杆。二是围绕产业集聚区打造智能化园区示范标杆，引导知名工业互联网平台企业和智能制造综合解决方案提供商与河南省新型工业化示范基地、优势产业集聚区合作，建立园区云平台，整体推动企业上云和智能化改造，打造一批智能化园区，积极培育物联网、云计算、大数据等新兴产业集群，带动全省产业集聚区提质增效。三是加强智能制造培训，围绕智能制造、物联网、云计算、大数据、工业互联网、人工智能等领域，对政府工作人员、企业家、企业技术负责人等进行专题培训，通过专家授课和实地考察等方式，更新知识结构和发展理念，解决不愿干、不会干问题。四是搭建合作平台，继续举办中国（郑州）制造业与互联网融合发展高峰论坛，建议举办智能制造应用大会，为全球智能装备制造商、解决方案提供商与本地企业对接交流搭建合作平台。

（四）培育行业级工业互联网平台，助推全省工业企业云上转型

深入贯彻落实《国务院关于深化"互联网+先进制造业"发展工业互联网的指导意见》，出台河南省实施方案，围绕优势领域培育一批综合性和行业级工业互联网平台。一是引进知名工业互联网平台，尽管工业互联网仍在探索阶段，但是以海尔、三一重工、航天科工、沈阳机床为代表的企业已经打造出多个工业互联网平台并正在进行全国布局，可以积极引进比较成熟

的工业互联网平台在河南布局，支持本地企业利用现有工业互联网平台提高生产经营效率，引导龙头企业、互联网企业和基础电信运营商合作搭建综合性工业互联网平台。二是依托龙头企业搭建行业级工业互联网平台，重点在食品、服装、家居、农机、新能源汽车等具有比较优势的领域，支持龙头企业搭建行业级工业互联网平台，引导鲜易网络、大信橱柜等现有企业级平台向行业级平台拓展，培育一批在全国有一定影响力的特色行业级平台。三是引导制造业电商平台向工业互联网平台转型，促进世界工厂网、中钢网、起重汇等现有制造业电商平台，积极利用大数据、人工智能等技术，从营销服务向研发设计、生产、供应链管理等全产业链服务拓展，向工业互联网平台转型，为企业提供全链条服务。四是实施"企业上云"工程，引导企业向云端迁移，加快企业数字化转型，引导广大工业企业将研发、设备、产品、管理等系统向云端迁移，引导软件企业、互联网企业、大数据企业等依托工业互联网平台开发面向重点行业的工业App。五是加快发展工业互联网安全产业，依托郑州信息安全产业基地，发挥解放军信息工程大学技术和人才优势，打造全国重要的工业互联网安全产业基地。

（五）拓展企业融资渠道，降低企业运营成本

融资渠道窄，成本上升快，是当前工业企业转型发展面临的两大难题，转型升级需要企业在智能制造、研发创新、高端人才等方面加大投资力度。当前，资金问题制约明显，各项成本侵蚀企业本来就微薄的利润空间，企业的转型动力和资金支撑明显不足。河南省应千方百计拓宽融资渠道，降低企业运营成本。一是拓展融资渠道。扩大直接融资规模，加大工业企业上市培育力度，对完成股份制改造，在主板、创业板、中小板、境外上市、新三板挂牌发生的前期费用，由同级财政给予一定补贴。工业企业发行企业债、公司债、中期票据、集合票据、集合债券等，按其发行额度给予适当奖励。创新间接融资方式，引导金融机构结合企业需求创新金融产品和服务，实施小微企业应收账款融资专项行动，积极推广"税银通"、创业贷、投贷联动等做法，允许使用商标专用权、专利权、政府采购合同等无形资产进行抵押质

押贷款，解决中小企业信贷条件不足的问题。二是降低企业成本。降低用地成本，支持工业企业平等进入土地市场，凡项目符合《划拨用地目录》的，均可通过划拨方式取得土地使用权；对省政府确定的优先发展产业的工业项目，可按其所在地土地等别相对应的工业用地出让最低价标准的70%确定出让底价，可在规定期限内分期缴纳土地出让价款；对已办土地手续、利用原地原址新建工业项目增加容积率的，不再补交容积率差价的土地出让金；在工业园区投资建设物流、研发、信息服务、工业设计等生产性服务业的，参照执行工业用地价格。降低用电成本，按照国家规定，对执行两部制电价的民营工业企业，科学合理选择变更周期、减容（暂停）期限等基本电价计费方式，降低用电负荷率暂时达不到预期值或间歇生产的工业企业综合用电成本；积极落实国家电力直接交易政策，支持符合交易条件的民营工业企业参与电力直接交易，支持符合条件的高新技术企业和战略性新兴产业享受工业用电奖励。降低用工成本，支持依法参加失业保险并足额缴纳失业保险费、未裁员或少裁员的劳动密集型工业企业按规定申请稳定岗位补贴；对依法参保的困难企业允许缓交社保费。降低政府收费，省级每年将更新后的涉企行政事业性收费项目以目录清单方式向社会公布，未列入清单的收费项目一律不得收费，取消、停征全部省级设立的涉企行政事业性收费；参考湖南长沙做法，将工业园区范围内符合产业规划的各类生产性工业企业项目，降低城市基础设施配套费标准，统一按20元/平方米核收。建筑业企业在工程建设中，除依法依规设立须缴纳的投标保证金、履约保证金、工程质量保证金、农民工工资保证金外，其他保证金一律取消，对保留的保证金建筑业企业可以银行保函方式缴纳。

（六）营造良好发展环境，激发企业家转型升级动力

深入贯彻《中共中央国务院关于营造企业家健康成长环境弘扬优秀企业家精神更好发挥企业家作用的意见》，出台河南省实施意见，弘扬企业家精神，激发创新创业活力动力。一是培育中原领军型企业家，每年评选10名中原领军企业家人才，纳入"中原千人计划"，并公开表彰宣传，弘扬豫

商精神，发挥优秀企业家在经济高质量发展中的引领作用。二是壮大新生代企业家队伍，抓住当前企业家二代接班的机遇，重点对青年企业家人才进行培育提升，每年选拔一批优秀新生代企业家进行集中系统培训，突出在智能制造、工业互联网、金融等方面进行知识更新和能力提升，发挥新生代企业家在新旧动能转换中的核心作用；大力发展众创空间、孵化器等双创平台和产业基金、创投基金等，为新生代企业家提供新型发展载体和平台，助推本省优秀大学毕业生创新创业。三是加大转型企业家案例研究，引导郑州大学、河南财经政法大学、河南省社会科学院等科研机构与龙头企业等联合设立企业家精神研究中心，对近几年转型成功和失败的河南企业及企业家进行系统研究，编写案例集，为本省企业和企业家转型发展提供经验借鉴。四是实施企业家素质提升工程，每年组织一批河南企业家到北京、上海等地高校进行系统培训，支持企业家攻读 MBA、EMBA，组织优秀企业家出国对跨国公司进行考察调研，开拓国际视野。五是搭建企业家交流平台，引导优秀企业家牵头组建产业创新联盟、企业家俱乐部等，促进上中下游企业之间、研发机构与企业之间等无缝对接，发挥工商联和协会商会的平台作用，定期组织专题交流，促进全省企业家之间开展广泛合作。

参考文献

中国社会科学院工业经济研究所：《中国工业发展报告（2017）》，经济管理出版社，2018。

李杰：《云上工业智能》，中信出版社，2017。

贾根良：《第三次工业革命与工业智能化》，《中国社会科学》2016 年第 6 期。

韩江波：《智能工业化：工业化发展范式研究的新视角》，《经济学家》2017 年第 10 期。

黄群慧：《从高速度工业化向高质量工业化转变》，《人民日报》2017 年 11 月 26 日。

中国电子信息产业发展研究院工业经济课题组：《2018 年中国工业经济发展形势展望》，《中国经济时报》2017 年 12 月 27 日。

赵昌文：《把握新时代新型工业化的新内涵》，《人民日报》2017年11月26日。
刘晓敬：《走出新时代工业文明的中国道路》，《人民日报》2017年12月12日。
苗圩：《把发展经济的着力点放在实体经济上》，《人民日报》2017年12月6日。
《国务院关于深化"互联网+先进制造业"发展工业互联网的指导意见》，2017年11月。
河南省统计局：《2017年全省经济运行稳中向好》2018年1月。
陈辉：《河南装备制造业上演"加速度"》，《河南日报》2017年12月18日。
陈辉：《河南工业：有速度，有效益》，《河南日报》2018年1月23日。

评价篇

Evaluation Article

B.2 河南区域工业竞争力评价报告

河南省社会科学院工业经济研究所课题组*

摘　要： 我国经济已由高速增长阶段转向高质量发展阶段，正处在转变发展方式、优化经济结构、转换增长动力的攻关期。随着我国发展阶段的演进，有必要对区域工业竞争力评价指标及其权重进行动态调整和优化。本评价报告在延续前期研究的基础上，对评价指标设置进行微调，在指标权重分配方面，更加强调创新驱动、效益优先、绿色低碳、两化融合，尽可能保证评价结果的科学性、客观性和合理性。在搜集《河南统计年鉴（2017）》中18个省辖市工业发展相关原始数据的基础上，对24个评价指标进行无量纲化处理，根据专家打分

---

* 河南省社会科学院工业经济研究所课题组：张富禄，河南省社会科学院工业经济研究所所长，研究员；林风霞，河南省社会科学院工业经济研究所副研究员；王中亚，河南省社会科学院工业经济研究所副研究员。

确定指标权重，计算工业竞争力分项得分和综合得分。报告从规模总量、生产效率、技术创新、生态环保、信息化应用和结构转换等方面，全方位展示了河南区域工业竞争力的最新排名情况，郑州、洛阳和许昌工业综合竞争力位列全省前三位。根据评价结果，报告提出了推动区域产业结构优化升级、深化创新驱动、推广应用智能化生产方式、深化改革开放的对策建议。

关键词： 工业竞争力 规模竞争力 效率竞争力 创新竞争力 信息化竞争力

我国经济已由高速增长阶段转向高质量发展阶段，正处在转变发展方式、优化经济结构、转换增长动力的攻关期。随着我国发展阶段的演进，有必要对区域工业竞争力评价指标及其权重进行动态调整和优化。本评价报告在延续前期研究的基础上，对评价指标设置进行微调，在指标权重分配方面，更加突出创新驱动、效益优先、绿色低碳、两化融合，尽可能保证评价结果的科学性、客观性和合理性。综合评价区域工业竞争力，了解工业经济发展的相对水平，是省辖市对标先进、补齐高质量发展短板的现实需要，也是地方政府谋划工业发展项目和出台相关政策的重要依据。

一 区域工业竞争力评价指标体系的构建

遵循科学性、系统性、可比性、可操作性原则，充分借鉴已有竞争力评价文献，考虑到我国转向高质量发展阶段的实际情况，本报告遴选6个一级指标、24个二级指标。

其中，区域工业规模竞争力指标用来反映省辖市工业发展规模状况，具体包括规模以上工业增加值、平均从业人员、企业资产总计、企业主营业务收入、企业利润总额5个指标，规模竞争力权重由0.500调整为0.400。区域工业效率竞争力指标用来衡量企业对生产要素的利用能力与赢利能力，具体包括规模以上工业企业全员劳动生产率、成本费用利润率和总资产贡献率3个指标，效率竞争力权重由0.080调整为0.100。创新是工业高质量发展的内生动力，衡量创新竞争力的指标包括工业企业新产品销售收入占主营业务收入比重、工业企业R&D人员占工业从业人员比重、R&D经费支出占工业增加值比重、每万名工业企业R&D人员获得有效发明专利数等4个指标，创新竞争力权重由0.160调整为0.210。当前，绿色发展理念已经深入人心，工业经济的发展也应充分体现绿色低碳、生态环保、能源节约等方面的要求。本报告选择单位工业增加值能耗降低率、工业固体废物综合利用率、万元工业增加值废水排放量、万元工业增加值二氧化硫排放量4个指标来衡量区域工业生态竞争力，生态竞争力权重不变。在信息智能社会化背景下，移动互联网、云计算、大数据、物联网等广泛运用于工业发展全流程，信息化发展水平在提升区域工业竞争力方面发挥着日益重要的作用。本报告选择人均电信业务量、互联网普及率、移动电话普及率和固定电话普及率4个指标来评价区域信息化竞争力，信息化竞争力权重由0.090调整为0.100。区域工业结构转换竞争力用于反映工业内部结构合理化和高级化程度，主要包括产业集聚区工业企业主营业务收入比重、私营工业企业主营业务收入比重、实际利用外部资金占全市固定资产投资比重和工业增加值增速等4个指标。结构转换竞争力权重由0.060调整为0.080（见表1）。

表1　河南区域工业竞争力评价指标体系

总指标	一级指标	一级指标权重	二级指标	二级指标权重
区域工业竞争力水平	规模竞争力	0.400	工业增加值（亿元）	0.116
			工业企业平均从业人员（万人）	0.110
			工业企业资产总计（亿元）	0.105
			工业企业主营业务收入（亿元）	0.036
			工业企业利润总额（亿元）	0.033

续表

总指标	一级指标	一级指标权重	二级指标	二级指标权重
区域工业竞争力水平	效率竞争力	0.100	工业企业全员劳动生产率(元/人·年)	0.054
			成本费用利润率(%)	0.037
			总资产贡献率(%)	0.009
	创新竞争力	0.210	工业企业新产品销售收入占主营业务收入比重(%)	0.072
			工业企业R&D人员占工业从业人员比重(%)	0.075
			R&D经费支出占工业增加值比重(%)	0.031
			每万名工业企业R&D人员获得有效发明专利数(项)	0.032
	生态竞争力	0.110	万元工业增加值能耗低降率(%)	0.076
			工业固体废物综合利用率(%)	0.017
			万元工业增加值废水排放量(吨)	0.009
			万元工业增加值二氧化硫排放量(千克)	0.008
	信息化竞争力	0.100	人均电信业务量(元)	0.035
			互联网普及率(%)	0.037
			移动电话普及率(%)	0.015
			固定电话普及率(%)	0.013
	结构转换竞争力	0.080	产业集聚区工业企业主营业务收入占比(%)	0.025
			私营工业企业主营业务收入占比(%)	0.020
			实际利用外部资金占全市固定资产投资比重(%)	0.025
			工业增加值指数	0.010

二　河南区域工业竞争力评价分析

（一）数据来源及无量纲化处理

本评价报告原始数据全部来源于《河南统计年鉴（2017）》。在表1的24个评价指标中，工业增加值、工业企业从业人员、工业企业资产总计等10个评价指标在统计年鉴中有原始数据可以用于评价，而其余的工业企业新产品销售收入占主营业务收入比重、工业企业R&D人员占工业从业人员比重、R&D经费支出占工业增加值比重等14个评价指标需要利用统计年鉴提供的原始数据进行简单计算（见本文附表）。在 24 个指标中，万元工业增加值二氧化硫排放量和万元工业增加值废水排放量为逆向指标，数值越小，工业竞争力越强，其余 22 个指标为正向指标，数值越大，工业竞争力越强。对于正向指标，无量纲化处理采用以下公式。

$$Z(x_i) = \frac{x_i - x_i(\min)}{x_i(\max) - x_i(\min)} \times 40 + 60$$

对于逆向指标，无量纲化处理采用以下公式。

$$Z(y_i) = \frac{y_i(\max) - y_i}{y_i(\max) - y_i(\min)} \times 40 + 60$$

在上面两个公式中，x_i、y_i 为 18 个省辖市单项二级指标数据，$x_i(\max)$、$y_i(\max)$ 为该指标的最大值，$x_i(\min)$、$y_i(\min)$ 为该指标的最小值，$Z(x_i)$、$Z(y_i)$ 为该指标经过无量纲化处理后的标准值。

（二）评价结果

对 24 个评价指标原始数据，采用上述两个公式处理后，分别乘以专家确定的权重，得到河南省省辖市竞争力排名结果（见表2）。

1. 河南区域工业竞争力综合评价结果

郑州市、洛阳市和许昌市工业竞争力综合得分分别为 92.825、79.216 和 79.012，处于工业综合竞争力排行榜前三名的位置。郑州工业综合竞争力遥遥领先于其他省辖市，龙头地位依然突出。而许昌市紧随洛阳市之后，与洛阳市的差距逐渐缩小。新乡市、南阳市、焦作市和平顶山工业竞争力综合得分分别为 76.039、74.331、74.254、72.470，依次居排行榜第 4~7 位。三门峡市、鹤壁市和信阳市综合得分分别为 70.148、67.594 和 67.370，排名靠后。

2. 河南区域工业规模竞争力评价结果

郑州市规模竞争力超强，得分 40.000，达到了满分，5 个指标均处于全省第一名的位置。洛阳市、许昌市、焦作市得分分别为 30.791、29.535、

表 2　河南区域工业竞争力评价结果及排名

城市	综合评价		规模竞争力		效率竞争力		创新竞争力		生态竞争力		信息化竞争力		结构转换竞争力	
	分值	排名	分值	排名	分值	排名	分值	排名	分值	排名	分值	排名	分值	排名
郑　州	92.825	1	40.000	1	8.467	5	19.727	1	9.564	6	10.000	1	5.067	18
开　封	70.897	13	26.860	8	7.074	16	14.163	12	8.670	12	6.740	12	7.391	1
洛　阳	79.216	2	30.791	2	7.404	12	18.097	2	8.948	8	7.561	3	6.415	11
平顶山	72.470	7	26.783	9	7.241	14	16.736	4	8.920	9	6.694	13	6.096	14
安　阳	72.340	8	26.506	11	8.031	8	15.457	9	8.850	11	7.516	4	5.980	15
鹤　壁	67.594	17	24.908	17	7.393	13	13.773	14	7.626	17	7.065	8	6.829	6
新　乡	76.039	4	27.431	7	7.616	10	17.657	3	9.325	7	7.465	5	6.546	9
焦　作	74.254	6	28.756	4	7.878	9	15.973	8	7.569	18	7.213	6	6.865	4
濮　阳	70.494	15	25.933	14	8.436	6	15.114	10	8.350	15	6.927	9	5.735	17
许　昌	79.012	3	29.535	3	8.956	3	16.602	5	10.263	2	6.824	10	6.832	5
漯　河	71.301	12	25.818	16	9.032	1	13.770	15	9.641	5	6.624	14	6.416	10
三门峡	70.148	16	25.901	15	8.054	7	14.672	11	8.457	13	7.115	7	5.949	16
南　阳	74.331	5	28.668	5	6.948	18	16.523	6	9.707	4	6.309	17	6.176	13
商　丘	71.487	10	26.735	10	7.106	15	13.824	13	9.760	3	6.742	11	7.320	2
信　阳	67.370	18	26.129	13	7.037	17	12.754	18	8.308	16	6.333	15	6.810	7
周　口	71.947	9	27.834	6	8.982	2	13.154	17	8.898	10	6.064	18	7.015	3
驻马店	70.882	14	26.379	12	7.486	11	13.533	16	10.556	1	6.327	16	6.600	8
济　源	71.409	11	24.000	18	8.561	4	16.327	7	8.390	14	7.730	2	6.401	12

28.756，居规模竞争力排行榜第2~4位。南阳市、周口市、新乡市、开封市、平顶山市和商丘市得分分别为28.668、27.834、27.431、26.860、26.783和26.735，居规模竞争力排行榜第5~10位。漯河市、鹤壁市和济源市得分分别为25.818、24.908和24.000，排名靠后。

3. 河南区域工业效率竞争力评价结果

漯河市工业效率竞争力最强，得分为9.032，从具体指标看，漯河市工业企业总资产贡献率为23.72%，居全省18个省辖市之首，全员劳动生产率和成本费用利润率分别为265068.11元/人·年和10.57%，在全省中也处于比较领先的位置。周口市、许昌市和济源市工业效率竞争力得分分别为8.982、8.956和8.561，居工业效率竞争力排行榜第2~4位。而南阳、信阳和开封得分分别为6.948、7.037和7.074，工业效率竞争力亟待提升。

4. 河南区域工业创新竞争力评价结果

郑州市工业创新竞争力得分为19.727，居全省第一位，从具体指标看，郑州市工业企业新产品销售收入占主营业务收入比重、工业企业R&D人员占工业从业人员比重分别为23.52%和4.23%，两项指标均处于全省第一名的位置。洛阳、新乡得分分别为18.097、17.657，居全省第二和第三位。洛阳市每万名工业企业R&D人员获得有效发明专利数达到2147项，居全省首位。信阳市和周口市得分分别为12.754和13.154，在全省处于落后的位次。

5. 河南区域工业生态竞争力评价结果

驻马店市工业生态竞争力得分为10.556，居全省第一位，从具体指标看，驻马店市单位工业增加值能耗降低了19.23%，降幅居全省之首，节能减排工作成效显著。许昌市、商丘市、南阳市和漯河市得分分别为10.263、9.760、9.707、9.641，居全省第2~5位。焦作市、鹤壁市、信阳市得分相对较低，分别为7.569、7.626、8.308，三市在节能减排、提高资源利用效率方面提升空间很大。

6. 河南区域工业信息化竞争力评价结果

郑州市工业信息化竞争力得分为10.000，为满分，居全省第一位，从具体指标看，人均电信业务量为4064元，互联网普及率、移动电话普及率和固定电话普及率也居于全省领先水平。济源市、洛阳市、安阳市、新乡市信息化竞争力得分分别为7.730、7.561、7.516、7.465，居全省第2~5位。周口市、南阳市和驻马店市工业信息化竞争力排名靠后，得分分别为6.064、6.309和6.327，对于三市而言，加快推进信息化和工业化深度融合，是有效提升工业综合竞争力的关键举措。

7. 河南区域工业结构转换竞争力评价结果

开封市工业结构转换竞争力得分为7.391，居全省第一位，从具体指标看，私营工业企业主营业务收入比重为49.78%，产业集聚区工业企业主营业务收入比重为71.57%，工业增加值指数为108.96，在全省的位次也都比较靠前。郑州市、濮阳市和三门峡市结构转换竞争力得分分别为5.067、5.735和5.949，排名靠后。

三 提升区域工业竞争力的对策建议

高质量发展是当前和今后很长一段时间我国经济发展的主旋律，而工业必然是推动经济高质量发展的重要领域。工业高质量发展的实质是产业素质和发展效率的提升，推动工业高质量发展的过程也必然是河南各区域提升工业竞争力的过程，因此随着我国建立健全基于高质量发展的指标体系、统计体系、考核体系，课题组也将调整完善区域工业竞争力评价指标体系，以达到推动河南工业持续健康发展的目的。推动工业高质量发展有多种途径，如调整优化产业产品结构、提升创新对工业发展的贡献率、采用智能化生产方式、深化改革破除高质量发展的体制机制制约、提升开放度引进外部高端项目和高端要素、提高资源能源综合利用效率等等，各地要因地制宜、因时制宜，从破解区域发展的关键瓶颈制约为出发点，统筹推进工业经济工作，尽可能地让推动工业高质量发展的途径成为提升本区域工业竞争力的有效途径，在实现工业质量变革、动力变革和效率变革的同时，推动本区域工业以较快的速度增长。

（一）推动区域产业结构优化升级

把产业结构优化升级作为推动本区域工业高质量发展的有效途径，以提高供给体系质量为主攻方向，进一步深化供给侧结构性改革，做大做强区域主导产业，培育壮大新兴主导产业，加快推动传统产业改造升级，尽快实现工业发展的特色化、高端化、智能化、绿色化发展。一是立足资源禀赋做大做强区域主导产业。推动主导产业的产业链延伸拓展，着力补齐产业链短板环节，提升产业规模；瞄准价值链高端环节，大力承接高端产业转移，大力提高现代金融、人力资源、科技创新对产业高质量发展的支撑能力，实现产业整体提升；推动产业集聚集群发展，打造成为有影响力的先进制造业基地。二是聚焦培育新兴主导产业，要密切跟踪国际前沿科技，超前谋划布局一批战略性新兴产业，争取在优势领域率先突破，最终发展成为新的区域主导产业，使新产业成为区域发展的新动能。三是改造提升传统产业，对传统产业继续加强技术改造、智能化改造、绿色化改造工作，促使企业技术设备实现质的飞跃。加快推动互联网与工业的融合发展，切实提升企业研发、生产、管理等的智能化水平；把绿色发展作为区域工业发展的底线，推动资源能源高效利用、综合利用、循环利用。

（二）深化创新驱动

创新是工业高质量发展的第一动力。高质量建设区域创新体系，增强工业发展的核心动力，提高技术对工业增长的贡献率。一是着力提升区域创新体系建设质量，打造创新型产业集群，培育一批创新引领型企业、机构、平台，支持创新要素整合，进一步完善产学研协同创新机制，加快技术转移扩散和成果转化步伐。二是瞄准科技前沿，加大对原始创新的支持力度，推动创新要素集聚，着力在区域培育的战略性新兴产业领域建立颠覆性技术创新研发机制，争取率先取得重大科技创新突破。三是提高企业技术创新效率，企业要把握好技术创新的大方向，政府以制度创新破解企业技术创新的要素约束与体制约束，支持企业加大基于质量和效率的技术创新投入力度。四是进一步营造有利于创新创业的社会环境,强化知识产权保护,激发企业家的创新精神;深化科研经费管理体制改革和成果转化体制改革,建立灵活的经费管理机制,健全成果产业化的利益分享机制,以制度创新强化对创新创业行为的激励。

(三)推广应用智能化生产方式

采用先进的特别是智能化的生产方式有助于企业提质增效。河南已经出台了《推进工业智能化改造攻坚方案》,各区域要抓住政策机遇,积极促进大数据、人工智能、云计算等新兴技术与工业的深度融合,推动智能化改造由重点领域的骨干企业向多领域、全行业拓展,引导企业开展"设备换芯"和"机器换人",打造一大批智能化车间、智能化工厂。以区域支柱产业为切入点,探索建立大数据创新试验区,支持高校联合企业建立大数据或人工智能研究院;推动智能化产业发展,注重制造业智能化的信息安全建设,建设一批面向制造企业的工业云平台,支持企业上"云";引进培育智能制造整体解决方案提供商,为企业智能化发展提供高质量服务。

(四)深化改革开放

深化重点领域和关键环节改革,努力形成有利于经济转型的体制机制。围绕高质量发展的长效机制建设,推动本区域人才、统计、考核等的制度创新,探索建立以高质量发展为中心的地方竞争机制、人才培育机制等。深化行政、投融资、国企国资等方面的改革,在发挥财政资金引导工业转型发展的同时,划定政府的权利边界;建立科学的政府决策机制,促进政府规划和政策措施的长期化。

加快开放平台和载体建设,为利用区内外两种资源、两个市场提供便利条件。深度融入"一带一路"建设,推动优势企业加快国际化步伐,建立面向全球的创新中心、物流中心、分销中心和生产基地等,充分利用全球资源和全球市场。进一步提升开放的层次,引导产业承接由加工制造环节向先进制造业、高新技术产业等领域和高端制造环节转移。继续实施质量品牌提升行动,鼓励企业提升产品的品牌附加值,扩大制造设备等中高端产品出口。

参考文献

张占仓:《河南工业发展报告2017》,社会科学文献出版社,2017。

李廉水:《中国制造业发展研究报告2015》,北京大学出版社,2016。

张其仔:《中国产业竞争力报告(2016)》,社会科学文献出版社,2016。

朱启贵:《建立推动高质量发展的指标体系》,《文汇报》2018年2月6日。

赵倩:《河南省产业结构优化升级和产业竞争力构建探析》,《创新科技》2016年第5期。

陈朴、蔡兵:《广东工业竞争力提升研究——基于创新能力视角》,《岭南学刊》2015年第1期。

魏后凯、吴利学:《中国地区工业竞争力评价》,《中国工业经济》2002年第11期。

孙早、杜国亮、刘李华:《人口结构变化对工业竞争力的影响——来自中国省际面板数据的证据》,《经济问题》2014年第5期。

孙东琪:《苏鲁两省产业竞争力模式比较及其竞争路径研究》,《经济地理》2013年第2期。

工业和信息化部运行监测协调局:《发展先进制造业促进工业高质量发展》,《紫光阁》2018年第1期。

附表　河南区域工业竞争力评价原始数据（一）

城　市	工业增加值（亿元）	工业企业平均从业人员（万人）	工业企业资产总计（亿元）	工业企业主营业务收入（亿元）	工业企业利润总额（亿元）	工业企业全员劳动生产率（元/人·年）	成本费用利润率（%）	总资产贡献率（%）	工业企业新产品销售收入（万元）
郑　州	3331.60	105.31	13101.62	14158.17	1079.14	270390	8.62	11.84	33300672
开　封	645.08	44.33	2295.09	3001.75	257.73	140997	9.19	14.26	689279
洛　阳	1541.51	54.98	6594.07	7468.82	276.00	258045	3.86	8.68	4664783
平顶山	811.65	33.86	3141.88	2480.53	186.52	190868	7.30	10.19	1733618
安　阳	836.37	28.29	2608.70	3833.07	167.59	296780	4.29	12.30	2580227
鹤　壁	460.45	19.88	1612.60	2065.31	109.68	226016	5.68	10.87	585916
新　乡	926.25	38.63	2911.81	4480.34	265.51	240960	5.75	12.17	2385792
焦　作	1160.55	50.30	3364.84	5692.23	362.53	240954	6.80	15.39	2354791
濮　阳	759.86	23.66	1902.47	3772.24	178.26	316429	4.99	14.20	624562
许　昌	1299.11	48.19	4394.63	6295.50	534.46	286117	9.41	18.55	4664808
漯　河	632.21	24.96	1629.08	3275.20	311.15	265068	10.57	23.72	693511
三门峡	676.18	21.32	2729.02	3194.30	161.78	288931	5.32	9.60	343969
南　阳	1174.51	50.14	4044.78	4513.85	205.73	205917	4.77	9.05	2823177
商　丘	699.24	41.90	2138.06	3545.19	179.51	184905	6.12	16.21	334789
信　阳	660.15	36.27	1612.92	2714.39	174.47	168241	6.91	15.86	340858
周　口	918.10	41.19	2899.71	4530.41	488.83	242896	12.25	20.37	466803
驻马店	667.70	34.59	2230.47	3073.22	216.35	195077	7.85	14.27	1059517
济　源	326.36	9.41	1242.96	1562.62	85.36	321084	5.75	11.49	1527064

附表 河南区域工业竞争力评价原始数据（二）

城市	工业企业R&D人员（人）	R&D经费内部支出（万元）	R&D经费外部支出（万元）	有效发明专利数（项）	单位工业增加值能耗降低率（%）	一般工业固体废物产生量（万吨）	一般工业固体废物综合利用量（万吨）	废水排放总量（万吨）	二氧化硫排放量（万吨）	国际互联网用户（万户）
郑州	44569	1002867	23448	3040	13.62	1585.88	1321.07	75169.18	3.8826	1438.84
开封	6873	155974	1517	222	7.23	149.84	146.76	9557.22	1.0051	353.80
洛阳	20644	451220	9420	4433	13.07	2893.88	1306.14	37410.91	4.0286	618.22
平顶山	10689	248719	13277	705	9.37	1680.79	1645.65	16625.24	1.8990	376.37
安阳	7309	149883	8244	315	10.11	964.42	942.70	15315.99	5.8134	502.20
鹤壁	1527	36537	1349	252	2.59	369.15	356.75	8393.47	1.7894	143.11
新乡	16226	328807	8068	1185	14.51	334.39	207.11	28722.15	1.5162	554.00
焦作	15616	300050	3740	841	3.56	1010.78	695.48	23786.55	2.1494	321.51
濮阳	5344	130897	1966	724	5.65	113.28	112.62	13867.86	0.9628	302.10
许昌	11939	402163	14583	1492	15.71	330.99	320.76	13435.62	2.5624	347.79
漯河	3051	87111	1584	260	12.74	124.80	124.80	12420.22	0.6564	191.75
三门峡	6045	82718	2238	259	10.50	1695.65	624.48	11872.91	2.3990	193.78
南阳	16872	286961	5574	1173	15.13	399.45	286.51	24699.03	2.1406	702.27
商丘	7301	112169	2395	257	14.32	71.92	70.90	18258.48	1.2808	585.26
信阳	2850	65873	1835	96	6.44	308.38	269.33	14707.01	0.6747	429.91
周口	4609	76897	6212	282	9.31	44.16	43.83	24364.39	0.7478	532.92
驻马店	4205	77979	3851	165	19.23	278.90	278.72	18642.89	2.3045	473.53
济源	2135	100137	426	162	6.49	655.30	652.11	4718.36	1.5529	78.15

附表 河南区域工业竞争力评价原始数据（三）

城市	移动电话用户（万户）	固定电话用户（万户）	电信业务总量（亿元）	年平均常住人口（万人）	产业集聚区主营业务收入（亿元）	私营工业企业主营业务收入（亿元）	实际利用外资（万美元）	实际利用省外资金（亿元）	固定资产投资（亿元）	工业增加值指数（上年=100）
郑州	1340.49	180.28	395.10	972	7115.39	3215.54	403305	997.6	6999	105.984
开封	342.68	30.00	77.45	455	2148.34	1494.22	62338	539.0	1527	108.959
洛阳	602.72	88.76	154.32	680	4674.54	3306.14	268798	709.9	4083	108.903
平顶山	380.58	33.63	82.52	498	1460.07	713.59	43221	511.1	1733	107.588
安阳	465.64	58.85	103.24	513	1996.48	1219.89	50076	626.3	2075	107.530
鹤壁	134.46	13.10	28.11	161	1212.25	797.98	81394	283.8	809	108.801
新乡	496.54	61.26	119.10	574	2928.20	1444.01	102289	594.6	2007	108.535
焦作	300.47	30.01	69.09	355	4187.42	2466.87	82733	577.1	2198	107.903
濮阳	298.31	22.01	65.91	363	1996.17	1329.32	63301	210.8	1523	109.104
许昌	345.70	40.63	69.49	438	4437.87	3239.85	71951	441.0	2264	108.902
漯河	194.91	17.42	44.03	264	2516.02	641.53	90032	223.5	1060	109.000
三门峡	185.65	18.42	44.58	226	1959.42	989.96	106296	352.2	1773	107.297
南阳	679.76	60.38	128.75	1007	2884.92	1834.07	60228	515.9	3395	108.867
商丘	581.16	46.09	113.85	728	2810.32	1532.26	36249	643.7	1991	109.054
信阳	418.30	38.20	94.69	644	2171.58	1399.19	52415	243.9	2218	108.817
周口	556.40	20.87	124.09	882	3518.99	1589.73	52197	516.4	1862	109.845
驻马店	493.31	30.58	100.38	699	2542.28	980.70	38879	261.7	1693	109.275
济源	71.93	8.11	14.81	73	1007.03	352.96	33610	189.6	545	107.798

综合篇
Comprehensive Reports

B.3
河南工业高质量发展面临的挑战及应对

林风霞[*]

摘 要: 高质量发展是当前和今后很长一段时间我国经济发展的主要任务,而工业是推动高质量发展的主战场。河南推动工业高质量发展具有经济基础较好、改革开放创新氛围浓厚、基础能力较强、高质量发展的市场驱动力强、政策机遇期到来等内外部有利条件,同时也面临结构性矛盾依然突出、区域创新能力仍然较低、发展差距依然较大、高层次人才储备不足、高质量发展的长效机制尚未形成等困难与挑战。因此,河南必须尽快建立高质量发展的长效机制,进一步加快推进产业结构优化升级,加快建设协同发展的产业体系,全面深化改革开放创新。

[*] 林风霞:河南省社会科学院工业经济研究所副研究员。

关键词： 工业高质量发展　河南　供给侧结构性改革　新动能

2017年以来，河南认真贯彻党的十九大精神，积极践行新发展理念，坚持稳增长调结构，大力推动先进制造业强省建设，积极打响国企改革攻坚战和经济转型发展攻坚战，着力培育发展新动能，推动了供给侧结构性改革向纵深发展，工业经济发展整体上呈现稳中向好的发展态势。目前，河南工业化进程还远未完成，先进制造业强省的目标也没有实现，还面临着推动工业高质量发展的艰巨任务。高质量发展是当前和今后一段时间我国经济发展的主旋律，而工业是推动高质量发展的主战场。工业高质量发展主要表现在产业整体素质的提升和发展效率的提高，要理性审视推动工业高质量发展具有的有利条件、面临的挑战与困难，认真贯彻新发展理念，积极培育发展新动能，加快推进产业结构优化升级，加快建设协同发展的产业体系，不断增强工业的创新力、市场竞争力，持续提升工业发展的质量和效益。

一　河南工业发展现状

近年来，河南坚定不移走新型工业化之路，在工业增加值稳定增长的同时，工业结构进一步优化，创新驱动发展进一步增强，新旧动能加速转换，工业发展的质量效益明显提升，先进制造业强省建设迈出坚实的步伐。

（一）工业综合实力稳定提升

2017年，全省全年实现工业增加值18807.16亿元，同比增长7.4%，比全国平均水平（6.4%）高1个百分点；其中规模以上工业同比增长8.0%，比全国平均水平（6.6%）高1.4个百分点。多年来，河南工业经济总量稳居全国第五位，工业经济大省的地位更加牢固。

（二）工业结构进一步优化

河南工业的产业结构、产品结构、空间布局进一步优化。

1. 产业结构进一步优化

2017年，河南深化供给侧结构性改革，大力实施"一去三改造"，着力推动重点产业转型升级，制造业、五大主导产业、战略新兴产业和高技术产业均实现较快增长，而传统产业和高耗能产业增速进一步放慢。在规模以上工业中，制造业同比增长8.5%，比全省规模以上工业高0.5个百分点，比全国平均水平（7.2%）高1.3个百分点；五大主导产业、战略性新兴产业和高技术产业同比分别增长12.1%、12.1%和16.8%，分别高于规模以上工业增速4.1个、4.1个和8.8个百分点，三者占规模以上工业的比重分别达到44.6%、12.1%和8.2%；传统产业和高耗能产业分别增长2.7%和3.2%，占规模以上工业的比重分别是44.2%和32.7%。装备制造、食品制造已经发展成为万亿元级产业，工业发展的特色优势更为明显。

2. 产品结构进一步优化

总体来说，河南原材料产品、初级加工产品产量增长相对较慢。2017年，原煤、原油、焦炭、钢材、原铝、水泥等均出现负增长，而深加工产品、终端产品、高新技术产品等实现较快增长，如铝材、模具、金属切屑机床、起重机、矿山专用设备、锂电池、手机、太阳能电池和工业机器人分别增长10.4%、37.2%、12.8%、17.8%、11.9%、229.4%、14.5%、84.9%和19.1%。一些绿色产品产量增长较快，2017年全省发电量同比增长2.5%，其中火力发电量同比增长1.7%，新能源发电量同比增长24.0%；汽车产量同比下降9.3%，而新能源汽车同比增长17.1%。

3. 产业集聚发展效应更加明显，工业空间布局进一步优化

近年来，河南加快产业集聚区建设，推动产业集聚区创新发展和提质增效等，产业集聚发展水平得到快速提升。2017年，产业集聚区规模以上工业增加值同比增长13.3%，占全省规模以上工业的比重达到64.9%，比上年的63.4%提高了1.5个百分点。

（三）创新驱动发展进一步增强

近年来，河南把创新作为制造业转型升级的主引擎，加快推进企业技术研究中心、产业技术创新平台、郑洛新"中国制造2025"试点示范城市群、科技金融服务平台、国际联合实验室、众创空间、科技企业孵化器等创新创业平台载体建设，科技创新投入强度明显提高，已经取得了丰硕的创新成果。到2017年年末，全省已经有省级以上企业技术中心1136个，其中国家级企业技术中心84个；省级以上工程实验室616个，其中国家级46个；省级重点实验室184个；目前河南的国家级研发中心数量比2012年增加了61.4%。郑洛新"中国制造2025"试点示范城市群已经成为全国4个试点示范城市群之一，该区域集聚的国家级创新平台已经占全省总量的60%。河南研究与发展经费内部支出占地区GDP的比重从2010年的0.91%提高到2016年的1.22%。2017年全年，河南获得授权专利55407件，同比增长12.7%；技术合同成交金额76.93亿元，同比增长30.0%。到2017年年底，全省共有有效发明专利28615件，比上年增长26.6%，比2012年增长149.8%。

（四）新旧动能加快转换

1. 推动装备制造、新型材料、电子信息等12个重点产业转型攻坚

河南通过抓示范、抓项目、抓龙头、抓服务，着力推动主导产业、优势产业、新兴产业迈向中高端。2007年，设立了1000亿元规模的战略性新兴产业基金、600亿元规模的产业集聚区发展投资基金和500亿元规模的军民融合产业发展基金等。首期30亿元的先进制造业集群培育基金到2017年6月已全部投放落地。富士康的手机、玻璃盖板等多个项目已开工，中兴科技产业园和蒙牛百亿元乳制品产业集群等项目已投产。2017年，河南装备制造业、新材料、电子制造等主导产业以及战略性新兴产业、高技术产业均实现快速增长，"四新"对工业增长的支撑作用明显提升。

2. 大规模推进企业技术改造

近年来,河南出台了工业绿色化改造、工业智能化改造、企业技术改造、技术创新等专项攻坚方案,推动传统产业提质增效。河南省政府对技术改造示范项目按照企业设备、研发投入的30%给予后补助,2017年1~10月,全省已经完成技术改造投资2281.5亿元。深化制造业与互联网融合发展,河南以推进智能化改造为主攻方向,全面提升企业研发、生产、管理等的智能化水平。2017年1~10月,全省已经实施智能化改造项目478个;目前,宇通客车、济源钢铁等50个企业被认定为省级智能工厂,河南天力电气设备电气装备行业智能车间等73个车间被认定为智能车间,防爆云、中钢网等12个平台被认定为省级工业云示范平台,全省13个项目被工信部认定为智能制造示范项目。实施能效、水效领跑者行动,已有近2000家重点企业完成绿色化改造。

3. 全面深化改革,积极降低企业成本

打响国企改革攻坚战,剥离省属企业办社会职能工作已经全部完成,省管企业中有六成子公司已经实施混合所有制改革。深化"放管服"改革,河南已经全面取消非行政许可审批和省级涉企行政事业性收费,全省深入开展"减证便民"专项行动,在全国率先实行"三十五证合一",省市县乡四级网上政务服务平台基本建成。深化投融资体制改革,出台优化企业融资服务26条政策措施,积极推行首问负责制、企业投资项目承诺制、多证合一中介服务模式、金融依法持有企业股权等新举措,开展绿色金融、科技金融等服务,相关改革有助于破解企业融资难、融资贵等问题。2017年,河南规模以上工业每百元主营业务收入的成本下降了0.11元。

(五)工业发展的质量效益明显提升

河南规模以上工业劳动生产率呈现稳定增长趋势,由2012年的216674元/人·年增长到2016年的232740元/人·年,增长了7.41%,2016年同比增长1.35%。2016年,全省制造业产品质量合格率达到95.72%,高于全国平均水平(93.42%)2.3个百分点。2017年,全省规模以上工业企业实现利润5272.37亿元,同比增长8.5%。万元工业增加值能耗呈现逐年下

降趋势，其中，2014年同比下降了11.29%，2015年同比下降了11.54%，2016年同比下降了10.98%，2017年同比下降了9.1%，工业单位能耗下降速度均高于全省当年万元GDP能耗下降速度，确保了全省能耗强度实现年均下降5%的目标。

二 河南推动工业高质量发展的有利条件及机遇

高质量发展是河南工业实现持续健康发展的可靠保证。河南此前已经在推动工业高质量发展方面做出了一定的努力，也取得了不错的成绩，这正是河南进一步推动工业高质量发展的内在有利条件。今后，河南应抓住我国消费结构升级、国家出台推动经济高质量发展的政策机遇等外部有利条件，紧扣我国社会主要矛盾的变化，统筹工业经济工作，更好更快地促进工业高质量发展。

（一）已经具备工业高质量发展的经济基础

经济综合实力是河南追求工业高质量发展的基础和有利条件。近年来，河南经济总量、工业经济总量均稳居全国第五位，财政总收入大幅增长，进出口总额居中西部第一位，经济结构加速优化，新动能加快形成，经济大省、工业大省的地位更加稳固。工业结构持续优化，工业发展质量和效益明显提升，工业经济增长的韧性较强。而且，近年来河南服务业稳定增长，2017年占GDP比重达到42.7%，对经济增长的贡献率已经达到48.4%，极大地增强了河南国民经济增长的稳定性。经济实力的增长特别是财政总收入的增长，使地方政府有能力支持、引导工业企业转型发展。同时，服务业特别是生产服务业的发展，也给河南工业转型升级、提质增效提供了助力。

（二）已经形成了非常浓厚的改革开放创新氛围

通过改革形成与高质量发展相适配的制度环境是工业高质量发展的根本要求，开放是利用区外资源要素为本区域工业高质量发展创造机遇，创新是工业高质量发展的第一动力。近年来，河南全面深化改革、开放、创新，已经在全社会形成浓厚的改革、开放、创新的氛围，并取得了一系列新成就。例如，在改革方面，河南积极推进供给侧结构性改革，国有企业、"放管服"、投融资、价格、人才等重点领域和关键环节改革取得明显成效，在产业结构优化、降低企业成本、提高资源要素配置效率等方面，为工业高质量发展开辟了有效途径。在开放方面，河南聚焦郑州航空港经济综合实验区建设、中国（河南）自由贸易试验区建设、中国（郑州）跨境贸易综合试验区建设、"一带一路"建设等，大力拓展开放的层次与范围，探索出一条"不沿海不沿边，对外开放靠蓝天"的内陆对外开放新模式，给工业利用外部资金、人才、技术等提供了有利条件。在创新方面，河南已经建立相对完善的区域创新创业体系，创新成果迅速增长，这些累积的创新投入与创新成果将进入加速释放阶段；而且，郑洛新国家自主创新示范区的加快建设，也将引领带动全省科技创新发展。

（三）基础能力进一步提高

基础能力能够为工业高质量发展营造良好的硬件环境。近年来，河南交通、水利、电力、信息等基础设施建设进一步加快，对经济社会发展的基础服务能力明显提高。河南已经初步建成了多式联运、高效衔接的现代化综合交通体系，例如"米"字形高速铁路网已经成形，空中丝绸之路建设成效显著，高速公路网连通了所有县城。在电力基础设施方面，河南率先在全国建成了省级特高压交直流混联电网，"疆电入豫"、西气东输二线等重大工程已经建成投入使用，电力保障更加有力。河南已经确立了在全国的十大通信网络交换枢纽地位，加大了对新型网络基础设施、工业互联网平台、大数据分析、工业信息安全等领域的支持力度，工业互联网生态体系逐渐形成，中钢网、豫货通天下、市场工厂网等本土工业互联网平台不断发展壮大。

（四）工业高质量发展的市场驱动力较强

近年来，随着我国居民收入的持续增长，中等收入群体人数快速上升，人们的消费观念已经从追求数量向追求质量、追求个性方向转变，消费结构升级对产品质量和服务质量提出了更高的要求。我国拥有世界上最多的人口，潜力巨大的国内需求将形成工业高质量发展的市场驱动力。同时，生态环境保护也是工业高质量发展的重要推动力。与所有工业化国家一样，我国的资源约束与环境污染问题也伴随工业的增长而日益严重。随着综合国力的增强，我国居民对生态环境质量的要求也越来越高，政府也更有实力加强生态治理和环境保护。我国相关环境政策的从严从紧，土地、人才等资源要素的日益稀缺，在客观上倒逼工业提高资源能源要素的利用效率。特别是对河南这个能源原材料产业占比较高的省份来说，推动工业高质量发展的压力尤其巨大。近年来，国家加大节能降耗工作力度，持续实施大气污染防治行动，河南的能源原材料工业增长受到了较大影响。

（五）推动经济高质量发展的政策机遇

高质量发展既需要通过深化改革破除体制机制障碍，也需要相应的政策保驾护航。我国已经出台的一些政策，如支持创新创业的财税金融政策、鼓励绿色发展的金融政策等，都有助于推动工业高质量发展。我国还将加快形成推动高质量发展的政策体系，对河南工业来说，必须顺势而为，抓住这一重大政策机遇，打赢工业转型攻坚战。

三 河南工业高质量发展面临的挑战与困难

河南工业发展虽然已经取得了不少成绩，但是与我国经济高质量发展的要求相比，与河南建设先进制造业强省的建设目标相比，仍然存在不小的差距和不足，这些差距和不足，也正是河南必须推动工业高质量发展的压力和动力所在。同时，还必须直视河南工业高质量发展面临的诸多挑战和困难。

（一）结构性矛盾依然十分突出

近年来，河南大力发展主导产业和新兴产业，加大传统产业工作升级步

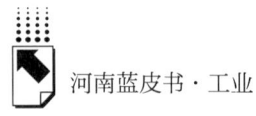

伐,但是工业产业结构、产品结构和产业组织结构等不合理问题依然突出,主要表现在能源原材料工业等传统产业比重偏高、新兴产业比重偏低问题依然严重,由于新兴产业基数小,新兴产业的快速增长难以弥补传统产业对经济的下拉影响。从产品结构看,高端供给不足、中低端供给过剩的矛盾仍然存在;品牌影响力不强,河南入围中国品牌价值500强的企业总共只有13家。从产业组织结构看,大而全、小而全问题依然存在,真正具有带动作用的龙头企业不多,小微企业发展不足,企业之间缺乏专业化分工协作。

(二)发展的质量效益仍然存在较大差距

从整体看,河南省工业存在"大而不强、全而不优"的问题,突出表现在劳动生产率不高,发展的质量和效益偏低。2016年,河南工业劳动生产率只有232740元/人,而全国平均水平为429396元/人,河南仅为全国平均水平的54.2%。2017年,河南规模以上工业企业每百元主营业务收入中的成本为87.56元,全国平均水平为84.92元,河南比全国平均水平高2.64元。

(三)区域科技创新能力有待提升

近年来河南创新体系不断完善,创新投入不断增加,创新成果持续增加,但是与全国平均水平相比,河南研发经费投入强度、人均拥有的发明专利量、高技术产业的比重等指标仍然都处于较低水平。2016年,河南研究与发展经费内部支出仅占地区GDP的1.22%,而全国平均水平是2.11%。2017年,河南每万人口发明专利拥有量仅为3.0件,而全国平均水平是9.8件;河南高技术产业增加值占规模以上工业的8.2%,而全国平均水平是12.7%。

(四)高层次人才储备不足

高层次人才是引领推动工业高质量发展的主力军。河南是人口大省,但高层次人才是河南经济发展的短板。到2016年底,河南共有高级专业技术人才 28.3 万人，仅占专业技术人员总数的 7.8%。在现有高层次人才中，具有创新引领作用的顶尖人才、领军人才和拔尖人才仅 3600 余人。而且，河南还缺少具有行业领军能力的优秀企业家和高层次职业经营管理人才。

（五）高质量发展的长效机制尚未形成

目前，我国基于高质量发展的指标体系、统计体系和考核体系尚在制定当中，这必然导致地方在一定时间内推动高质量发展仍然要摸着石头过河。另外，河南近年来存在政策重出台轻落实、工作重布置轻考核、政策落实不力等问题，导致企业利用政策的成本高甚至根本享受不到应该享受的扶持政策。

四 对河南推进工业高质量发展的建议

提升发展的质量和效率是今后很长一段时期河南工业发展的主要任务，河南必须全面贯彻新发展理念，加快构建高质量发展的长效机制、进一步加快推进产业结构优化升级、加快建设协同发展的产业体系、全面深化改革开放创新，尽快建成优质高效多样化的供给体系，成为我国工业高质量发展的领航者。

（一）加快建立完善高质量发展的长效机制

全面贯彻新发展理念，尽快建立健全能够全面反映高质量发展的指标体系、统计体系、评价体系、政绩考核制度等，以此塑造高质量发展的地方竞争机制，使地方政府能够统筹推进经济发展、生态建设、创新发展、协调发展、开放发展、改善民生等工作，更多地重视营造良好的营商环境、创新创业环境、市场环境、生态环境等，在改善地方软环境上营造新优势，杜绝地方政府在经济发展中的面子工程、短期行为、不合理的政策竞争等。为促进政策落实、提升政策实施效果，河南还应建立健全科学有效的政策联动机制、责任分工协作机制以及政策实施督查督导考核问责机制、评估监测机制、奖惩机制等长效机制，通过加强政策衔接、健全责任链条、推动部门协调、完善自查互查督查、强化评估结果的运用、加大奖惩力度，形成狠抓政策落实的鲜明导向，全面提升服务的质量和效率。

（二）进一步推进产业结构优化升级

高质量发展需要现代化的产业体系、生产体系、经营体系作支撑，这也是河南建设先进制造业强省要完成的长期任务。近期来看，要深化供给侧结构性改革，打好转型发展攻坚战，通过高端化、智能化、融合化、绿色化进一步推进工业产业结构优化升级。一是推动装备制造、新型材料制造、电子制造、汽车制造、食品制造五大主导产业转型发展、做大做强，成为有国际影响力的产业基地。二是培育壮大战略性新兴产业，要密切跟踪国际前沿科技，提前谋划推动，统筹研发、产业化、标准制定和示范推广工作，力争在新型显示、智能制造、大数据等重点领域率先实现突破。三是改造提升传统产业，要通过引进新产品、新技术、新设备、新模式等使传统产业重新焕发活力。要探索运用市场机制去除低效产能，打赢去产能的攻坚战；要继续加强技术改造、智能化改造、绿色化改造，全面提升企业技术装备水平，全面提升企业研发、生产、管理等的智能化水平，全面提升工业资源能源高效利用循环利用水平；要继续实施质量提升行动，完成从低端产品向中高端产品、从原材料产品向深加工产品的跨越，提升"河南制造"的整体形象。四是加快发展现代生产性服务业。鼓励制造企业服务化，专注于发展具有优势的产业链环节。依托制造业集聚区，推动工业设计、电子商务、现代供应链等生产性服务业的集聚发展。五是深化"百千万"亿元级优势产业集群培育工程，打造世界级先进制造业基地，培育大、中、小企业协调发展的产业集群。把培育带动力强的龙头企业和培育"专精特新"的中、小企业结合起来，把推动区域城乡协调发展、建设中原城市群和打造世界级先进制造业基地工作结合起来，推动大、中、小企业分工协作，实现各地区特色发展、错位发展、协同发展。

（三）加快建设协同发展的产业体系

推动科技创新、现代金融、人力资源与工业协同发展，强化高端要素对工业高质量发展的支撑能力。一是提高科技创新对河南工业高质量发展的支撑能力。加强原始创新，继续引导企业加大研发经费投入，鼓励开放创新、协同创新，加快培育更多具有创新引领型的平台和企业；加快推动科技成果转化体制改革，推动科研院所与产业对接。二是强化现代金融对河南工业高质量发展的支撑能力。利用大数据、物联网、人工智能等新技术改造提升金融业；引导金融资源配置到河南经济发展的先导产业、主导产业和薄弱环节。三是夯实高层次人才对河南工业高质量发展的支撑能力。人才竞争，说到底是人才环境的竞争。要进一步优化创新创业环境，培育引进高层次人才特别是创新引领型人才。

（四）全面深化改革开放

在深化改革上取得新突破。树立在改革中勇于攻坚克难、勇于先行先试的思想，以问题为导向，统筹改革举措，突出抓好市场体制、行政管理、科研管理、投融资体制、国企国资等重点领域和关键环节的改革。一是统筹推进政府机构改革和行政管理体制改革，把"多证合一"改革向纵深推进，减少企业费用负担，提升政府服务效率。二是全面深化科研管理体制改革，探索建立完善灵活的经费使用机制，推动科研和产业发展的对接。三是深化财税、国资、投融资、金融等领域改革，充分发挥政府投资对社会资本的引导带动作用，进一步提升现代金融对实体经济发展的支撑能力。四是打好国企改革攻坚战，全面深化省属功能类、公益类国有企业的产权改革，提高国企活力和竞争力。

在扩大开放上取得新进展。加快开放平台和载体建设，进一步扩大开放的空间、范围和层次，更好更快地融入全球创新和产业分工体系。一是提升河南自贸试验区建设水平，推动各片区加快制度创新，在更多领域开展先行先试。二是围绕郑州航空港经济综合实验区、综合保税区等的建设，大力拓展各类功能性口岸,推动更多"河南制造"走出去,引入更多高端项目和创新要素。三是深度融入"一带一路"建设,统筹推进"空中丝绸之路"、"陆上丝绸之路"和"网上丝绸之路"建设,构建立体化对外开放新格局,更好地统筹利用国内外资源和市场。

参考文献

河南省统计局、国家统计局河南调查总队:《2017年河南省国民经济和社会发展统计公报》,河南统计网,http://www.ha.stats.gov.cn/sitesources/hntj/page_pc/tjfw/tjgb/qstjgb/articlead6e17ff1d804bd4ad2859d99f02d284.html,2018年2月28日。

宁吉喆:《建设现代化经济体系实现新时代高质量发展》,《经济日报》2017年11月30日。

林兆木:《关于我国经济高质量发展的几点认识》,《人民日报》2018年1月17日。

中共国家发改委党组:《以新理念引领新常态推动经济高质量发展》,《中国改革报》2017年11月3日。

工信部运行监测协调局:《发展先进制造业促进工业高质量发展》,《紫光阁》2018年第1期。

王尔德:《加快营造与高质量发展相适应的体制政策环境》,《21世纪经济报道》2017年11月7日。

B.4
河南制造业高质量发展战略举措分析

张富禄*

摘　要： 河南制造业进入了高质量发展时代，创新引领成为河南制造业的重大战略选择。河南工业已经拥有雄厚的制造业基础，智能化服务化绿色化转型发展初见成效，拥有一大批在国内外市场上叫得响的大中型企业和科研机构，但和国内外先进水平相比还存在一定差距。未来河南制造业高质量的发展方向，需要构建"五位一体"的产业发展体系，以智能制造为主攻方向，根本出路在于创新引领。政府部门要以"四个一批"为抓手，围绕创新引领发展工作的方向任务，优化政策措施，加快推进创新引领工作。

关键词： 河南　制造业　高质量发展

党的十九大报告明确提出，我国经济已由高速增长阶段转向高质量发展阶段。作为新兴的工业大省，河南省拥有雄厚的先进制造业基础，拥有"三区一群"等国家战略规划和战略平台优势，在充分享受新型城镇化带来的新动力、新活力、新红利的基础上，在深化改革、激发内生动力、增强自主创新能力的政策影响下，河南产业转型发展成效显著，河南制造业进入了高质量发展时代，创新引领发展成为河南制造业的重大战略选择。

---

* 张富禄，河南省社会科学院工业经济研究所所长，研究员。

一 河南制造业进入高质量发展时代

过去的五年,河南全省生产总值先后跨越3万亿元、4万亿元台阶,初步核算,2017年全省生产总值为4.4988万亿元(见图1),三次产业结构为9.6∶47.7∶42.7(见图2)。2017年整体工业经济运行好于预期,2018年开局平稳,隐忧凸显。统计数据显示,2018年河南工业开局良好,平稳运行。1~2月,全省规模以上工业增加值增长7.7%,增速比上年12月提高0.2个百分点,比上年同期回落0.1个百分点,高于全国平均水平0.5个百分点。五大主导产业和高技术产业增加值同比分别增长10.6%和14.1%,分别高于规模以上工业增加值增速2.9个和6.4个百分点,五大主导产业占规模以上工业比重比上年提高1.4个百分点;传统产业和高载能行业增加值分别增长3.3%和2.9%,占规模以上工业比重比上年均降低1.1个百分点。这些数据说明河南省产业转型继续向前推进并且已见成效,传统产业、高载能行业的当前主要任务是调结构转方式。

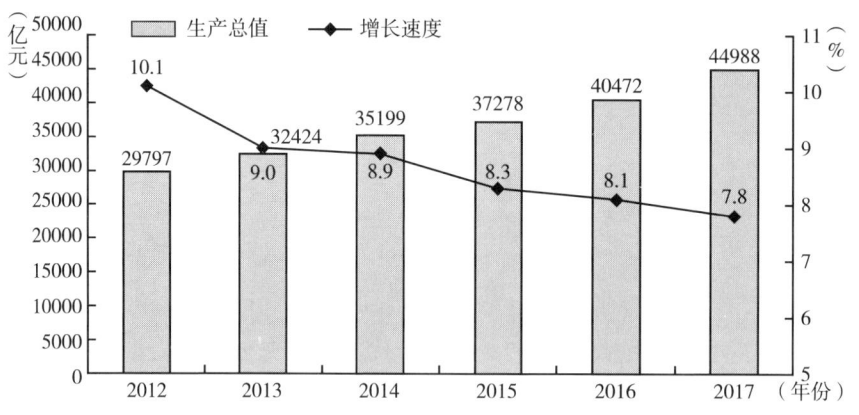

图1 2012~2017年河南省生产总值及增长速度

值得关注的是,新能源汽车产量增长497.1%,锂离子电池增长151.9%。工业企业产品销售率98.6%,高于全国平均水平0.7个百分点。

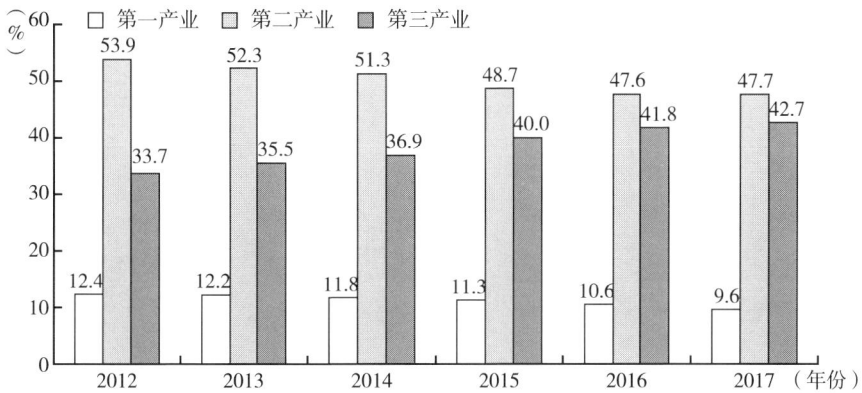

图 2　2012~2017 年河南省三次产业增加值占生产总值比重

说明以新能源汽车为代表的河南省新兴产业继续发力，汽车产业继续按照市场预期调整结构、优化产业发展方向，尤其是政府关于燃油汽车的未来限售政策，新能源汽车前景被社会公众普遍看好。其中宇通集团的新能源客车处于国际领先水平。例如，纯电动客车当前世界单位载质量电耗水平为 27 KWh/100km·t，续驶里程为 250 公里，到 2020 年能达到 23 KWh/100km·t，续驶里程为 300 公里。以宇通客车为代表的新能源客车目前单位载质量电耗水平为 25 KWh/100km·t，续驶里程为 300 公里，到 2020 年能达到 20 KWh/100km·t，续驶里程为 400 公里，居世界领先地位。

客观地说，河南工业已经拥有雄厚的制造业基础，拥有一大批在国内外市场上叫得响的大中型企业和科研机构，但是和国内外先进水平相比还存在一定差距。例如，洛阳一拖的拖拉机研发能力、农用柴油机研发在国内处于领先地位，率先研发代表国内先进水平具有自主知识产权的大型动力换挡拖拉机已形成批量销售，已经实现 270 马力拖拉机产业化，完成 400 马力 CVT 拖拉机样机开发。目前国际同类企业已经实现 500 马力和 600 马力拖拉机产业化。洛阳一拖在新能源拖拉机方面燃气拖拉机已经有样机，但受需求限制没有产业化。与国外的差距不仅在大马力提升、新能源（如氢能、电动）方面，在智能控制、节能环保、可靠性舒适性等方面也有差距。按照权威专家的说法，中铁装备目前的整体技术已经达到了国际先进水平，个别技术指标达到了国际领先。中铁盾构装备已经实现Φ15m盾构机、Φ12m全断面隧道掘进机产业化，双圆形、马蹄形等异形盾构机实现产业化，与国际水平并行。总体来看，整机技术水平与国际并行，但刀具、减速机等关键零部件仍需进口，可靠性、智能化水平存在差距。①

2018年3月底，中美贸易摩擦给中国的经济发展带来了隐忧。河南虽然是内陆省份，双汇集团等与美国市场联系较多的个别企业可能受影响大一些，由于河南经济整体外贸依存度偏低，整体现代化进程受影响有限，但是对此也要高度重视，从国际经济新秩序角度进行新的思考。

构建"五位一体"的产业发展体系，积极推进河南制造业高质量发展。一是优化产业方向。大力发展先进制造业，建立现代产业体系。重点是加快新兴产业规模扩张，尤其是"中国制造2025"提出的十大领域。2018年1月，国家知识产权局发布的《知识产权重点支持产业目录（2018年本）》（以下简称《目录》）就是国家重点发展的产业方向。该《目录》确定了现代农业产业、新一代信息技术产业、智能制造产业、新材料产业、清洁能源和生态环保产业、现代交通技术与装备产业、海洋和空间先进适用技术产业、先进生物产业、健康产业、文化产业10个重点产业，细化为62项细分领域。例如，新一代信息技术产业，细分为云计算及大数据、物联网、人工智能、高性能计算、高端通用芯片等9个领域。二是转换发展动能，重视高新技术支撑。加快培育和壮大新动能，实施创新驱动战略，实现创新引领发展。积极开展大数据应用、人工智能、互联网+战略，开展重大专项攻关，实现新技术新业态方面的新突破。三是夯实企业管理基础，创建一流企业。开展企业创新管理专项行动，提升企业创新管理水平，弥补管理、品质等短板，进入价值链的中高端位置，规模扩张与赢利能力并重，重视提高赢利能力，支持军民融合发展，培育大企业集团，争创一流企业。四是提升产品品质。对标国际先进标准，实施三品（品质、品种、品牌）战略，提高产品

---

① 谭顺辉：《中铁装备：创新引领发展》，《国资报告》2018年第1期。

品质，提高用户满意度，树立高端品牌和质量形象，保持新产品开发新活力。五是以智能制造为主攻方向，推进智能化、绿色化、服务化等先进制造方式。申报智能制造试点示范项目，实施"万家企业上云工程"，申请创建"中国制造2025"国家级示范区，重点推动工业互联网平台的发展，探索制造业转型升级的新路径、新模式。

二 以创新引领河南制造业高质量发展

河南制造业高质量发展的根本出路在于创新引领。2017年10月党的十九大报告提出，创新是引领发展的第一动力，是建设现代化经济体系的战略支撑。创新引领发展的标志是：建设国家创新体系以及区域创新体系（进行基础研究以及应用基础研究），构建产业层面的产学研深度融合的技术创新体系，企业层面专门的创新管理活动，积极组织和参与世界范围国际交流合作。最终通过发挥市场和政府两个作用，形成创新引领发展这个第一动力，完善制造业和高端要素协同发展的产业体系，从而形成自组织产业生态系统，让一切要素活力竞相迸发。

（一）贯彻新发展理念，把创新作为引领发展的第一动力

2014年8月，习近平总书记在主持召开中央财经领导小组第七次会议时强调，实施创新驱动发展战略，就是要推动以科技创新为核心的全面创新。2015年10月，党的十八届五中全会提出，要"推进理论创新、制度创新、科技创新、文化创新等各方面创新"。十九大报告进一步提出创新是引领发展的第一动力。我们要坚定不移贯彻创新、协调、绿色、开放、共享的发展理念，把创新排在首位，尤其企业界要自觉把创新定位为发展的第一动力，推动创新引领型发展。例如，河南润南漆业是一家集涂料科研、生产、销售为一体的综合性集团企业，注册资本3000万元，现有职工500余人。公司成立了专门负责创新工作的部门——创新驱动部。该部门分为五大创新小组分别从"商业模式、技术、营销、管理、人力资源"五大模块进行创

新,由公司董事长亲自担任部门主任,每组设组长一名,组员若干名。创新驱动部本着"每月每小组至少打造一个创新提升"的理念,每月召开创新驱动会议一次;组长汇报上月创新工作内容及论证方案,并提报次月创新计划。由集团董事办对创新方案实际运用后的效果进行追踪和评价。润南漆业自成立以来在这五大创新领域相继取得了较好的成绩。对于河南省企业界来说,下一步要继续在全社会大规模推进企业创新管理专项工作,全面助推企业创新工作上台阶。

(二)政府层面以"四个一批"为抓手推进创新引领工作

创新引领要求既要创新又要引领,全面推进工作。从某种程度来看,创新引领型企业、人才、平台、机构,是创新引领型发展的重要载体和抓手。2017年6月20日,河南省省长陈润儿主持召开郑洛新国家自主创新示范区领导小组第二次会议。陈润儿强调,要加快培育创新引领型企业,要加快培育创新引领型人才,要加快培育创新引领型平台,要加快培育创新引领型机构。2017年6月28日,河南省以豫自创〔2017〕6号文印发四个专项行动计划,《郑洛新国家自主创新示范区2017年度创新引领型企业专项行动计划》《郑洛新国家自主创新示范区2017年度创新引领型人才专项行动计划》《郑洛新国家自主创新示范区2017年度创新引领型平台专项行动计划》《郑洛新国家自主创新示范区2017年度创新引领型机构专项行动计划》。2017年11月13日中国共产党河南省第十届委员会第四次全体会议通过的《中共河南省委关于深入学习贯彻党的十九大精神决胜全面建成小康社会开启新时代河南全面建设社会主义现代化新征程的意见》进一步指出,大力培育引进创新引领型企业、平台、机构、人才,引领带动中西部地区科技创新高地建设。以"四个一批"为抓手助推创新引领工作,河南省已经走在国内各省份的前列。在实际工作中,要通过"四个一批"建立省域创新体系,加强基础研究和应用基础研究;建立技术创新体系,建立以企业为主体、市场为导向、产学研深度融合的技术创新体系;推进科技改革开放,加快"放、管、服"改革,深化科技体制机制改革,进一步激发创新活力、支撑攻坚发展；持续提升创新能力，在桥、水、陆、港等一大批基础建设工程中发挥科技创新的支撑作用，在经济社会发展、区域产业发展中发挥创新的引领作用。

（三）吸引集聚创新机构，立足全国开展创新

在加快"四个一批"的工作进程中，重点围绕河南省亟须培育和发展的战略性新兴产业和高新技术产业进行技术对接，发布技术需求、核心任务时要考虑在河南省布局建设国家级高端平台，培育具有国际影响力的国家实验室、科研机构、高等院校、科技社团，聚集高校院所、央企和国际企业研发总部、国家实验室等大型科学中心。例如，2016年初占地200亩的中科院过程工程研究所郑州分所已经落户郑州金水区，2017年4月中科院过程工程研究所和禹州市天源生物科技有限公司合作"编制低能耗提取青蒿素基础数据工艺包"；中科院近代物理研究所药物研究中心和舞阳威森生物医药有限公司联手成立"河南省抗疟医药原料开发工程技术研究中心"。2018年3月，河南提出建议在郑州布局建设国家超级计算中心。

（四）开展国际合作交流面向世界开展创新

积极参与我国牵头组织的大科学计划集聚国际创新资源。2018年3月14日国务院印发《积极牵头组织国际大科学计划和大科学工程方案》的通知，提出围绕物质科学、宇宙演化、生命起源、地球系统、环境和气候变化、健康、能源、材料、空间、天文、农业、信息以及多学科交叉领域的优先方向、潜在项目、建设重点等，积极参加重要国际组织的大科学计划相关活动，主动参与大科学计划相关国际规则的起草制定。加强与硅谷、以色列等全球创新创业高地的合作，支持建设郑州幼发拉底孵化器，吸引国际知名孵化器、创业投资机构、高端创新创业人才参与自创区创新创业。对河南来说，参与这些国家级重大创新活动对地区聚集全国乃至全球优势科技资源、加快河南产业转型发展具有重要战略意义。

（五）以企业为主体开展企业层面的技术创新

宇通集团在技术创新方面为河南企业界树立了典范。2017年实现营业收入332.22亿元，全年累计实现客车销售67268辆，公司是一家集客车产品研发、制造与销售为一体的大型制造业企业，主要产品可满足5~25米不同长度的需求，拥有139个产品系列的完整产品链，独创中国制造出口的"古巴模式"，引领中国客车工业昂首走向世界。这一成绩与宇通客车在新能源市场的前瞻性布局及创新核心技术是分不开的。宇通客车每年在研发方面的投入占全年营业收入3%以上。2017年研发支出15亿元，占营业收入的比例为4.51%，在同行业中居较高水平。宇通客车依照国家汽车技术发展路线，结合自身特点，从新能源技术、智能化技术、基础技术等研究方向，开展了大量研究工作。技术方面，公司按既定技术路线继续深化推进，其中整车节能与控制技术、高压隔离电源变换技术、高密度电驱动控制技术等3项核心技术处于国际行业领先水平。截至2017年底，公司拥有研发人员3112人，占公司总人数的18%。此外，宇通客车积极推进"产、学、研"有机结合的创新共同体，与清华大学、北京理工大学、吉林大学、哈尔滨工业大学、同济大学、郑州大学、中国汽车技术研究中心、中国汽车工程研究院等国内知名高校和科研院所建立产学研合作关系。强大的研发实力和庞大的科研队伍，为宇通客车不断取得技术突破奠定了基础。截至2017年底，公司拥有有效专利1403件，其中发明专利176件；另外拥有软件著作权116件。仅2017年，公司就获得授权专利369件，其中发明专利103件。

三 加快推进创新引领工作的政策建议

党的十八大以来，习近平同志高度重视创新工作，围绕实施创新驱动发展战略、发挥创新在发展中的引领作用，提出了一系列新思想、新论断、新要求。政府部门要结合省情实际，围绕创新引领发展工作的方向任务，优化政策措施，加快推进创新引领工作。

（一）政企联动，加快推进"四个一批"专项工作

2018年河南省政府工作报告明确突出抓好"四个一批"工作任务，突出发展一批创新引领型企业、培育一批创新引领型人才、建设一批创新引领型平台、引进一批创新引领型机构，建设中西部科技创新高地。总的来看，河南省已经明确提出加快培育创新引领型企业、人才、平台、机构，努力构建创新引领型高地。河南省在推进"四个一批"专项工作方面做出一系列积极部署，在实际工作中，围绕提出的创新引领型企业、人才、平台、机构建设的总体要求及主要目标、重点任务、支持政策、保障措施等，发挥市场和政府两个作用，政企联动，从实际出发，狠抓落实。既要大胆创新开拓，又要实事求是，决不好高骛远。一方面通过创新引领型企业、人才、平台、机构发挥创新作用。立足世界科技发展大局，认清世界科技革命新方向，围绕事关经济社会及科技发展的重大问题开展创新研究，围绕国民经济建设中的重大工程技术问题开展创新研究，在高技术产业、新兴产业相关技术领域实现重大突破，提高自身的核心技术，甚至赶超世界先进水平。另一方面通过创新引领型企业、人才、平台、机构发挥创新引领作用。把创新成果产业化，以创新的成效促进全省产业整体素质大幅提升，对产业转型升级起到明显推动作用，形成一批具有较强国际竞争力的跨国公司和产业集群，使河南在全球产业分工和价值链中的地位得到明显提升，打造全国先进制造业基地。

（二）加强创新引领型发展研究工作

根据2018年1月河南省科技厅《关于公布第二批河南省软科学研究基地名单的通知》（豫科〔2018〕7号），通过专家评审，河南省社会科学院申报的"河南省创新引领型发展软科学研究基地"成功获批立项建设。"河南省创新引领型发展软科学研究基地"旨在经过三年的建设，立足创新引领型发展研究领域，初步建成一个科研实力突出、特色优势明显、创新团队出众的高水平、高层次、高质量软科学研究基地。逐步形成理论研究水平不

断提升，决策咨询能力不断提升，软科学研究团队建设不断完善高效的软科学研究网络。从国内外相关理论研究成果来看，创新引领型发展研究非常薄弱。"河南省创新引领型发展软科学研究基地"要吸收集聚国内外优质研究资源，立足河南基本省情，从理论体系构建到应用对策的提出通盘考虑，以"四个一批"工作需求为核心，以创新引领型发展研究为对象，重点研究河南加快实施创新引领型发展的基础性、关键性、决定性问题，以期为全省"四个一批"专项工作的展开，以及更好实施创新引领型发展提供科学有效的参考。

（三）推进企业创新管理活动带动企业全面创新

2017年6月，河南省工信委发布关于企业创新管理提质增效活动的通知，拟在全省评定100家创新管理提质增效示范企业、500家创新管理提质增效优秀企业。从2017年的活动情况来看，绝大部分企业推进创新的积极性非常高，通过管理创新弥补企业在技术创新、产品创新、营销创新、管理创新、模式创新等方面管理短板的效果很明显。例如，近年来，河南中光学集团坚持创新驱动战略，着力科技创新和体制机制创新"双轮驱动"，有效地促进了企业转型升级和改革发展。尤其是以"细化组织、共享红利"为主题的"微组织"经营管理模式，有效地激发了企业活力，实现降本增效目标。"微组织"经营管理模式就是根据生产经营特点将企业分割成众多个"微组织"，每个"微组织"独立经营、独立核算、明确收支、分享超额利润，从根本上调动员工积极性，实现降本增效和竞争力提升。企业基层生产经营单位不再是传统的分厂、事业部、车间、班组，而是基于企业实际、根据团队成员的协作和配合来灵活划分的"微组织"。公司光学元件生产单位一共建立了104个"微组织"单元，人数最多的有1240人，最少的仅为1人。自2014年公司实施"微组织"以来，公司经济指标已卓见成效，企业整体经营情况呈现良好发展态势。

参考文献

谭顺辉:《中铁装备:创新引领发展》,《国资报告》2018年第1期。

黄群慧:《创新是引领新时代发展的第一动力》,《经济参考报》2017年10月19日。

赵刚:《全面创新 全链创新 全球创新——习近平总书记创新思想解读》,《前线》2016年第10期。

徐美健:《坚持创新引领,走在高质量发展最前列》,《新华日报》2018年3月28日。

吕志雄:《建设一批创新引领型平台》,《河南日报》2018年3月6日。

庞宇飞:《创新引领型企业发展研究——以宇通客车为例》,《创新科技》2017年第10期。

李丽芳:《创新引领型人才发展研究》,《决策探索》2018年第2期。

胡伟:《以科技创新引领发展新动能》,《文汇报》2018年3月25日。

丁倩:《技术创新打开转型新窗口》,《大河报》2017年5月11日。

B.5
以智能制造推动河南制造业高质量发展研究

赵西三 宋 歌*

摘 要： 智能制造是制造业未来发展的重要方向。近年来，河南深入贯彻落实《中国制造2025》，坚持把智能制造作为建设制造强省的主攻方向，总体发展思路逐渐清晰，试点示范项目稳步推进，部分领域实现一定突破，开放合作取得积极成效，初步形成良好发展氛围。与此同时，河南智能制造在发展中仍存在思想认识高度不够、顶层设计不清晰、政策措施力度小、智能制造基础薄弱、支撑体系不健全等问题。对此，必须通过进一步深化思想认识、强化顶层设计、打造示范标杆、完善支持政策、营造良好氛围等措施，加快制造业智能化改造，以智能制造推动河南制造业高质量发展。

关键词： 智能制造 制造业 高质量发展 河南

2008年以来，国际金融危机对全球制造业造成巨大冲击，制造业大国大力推动信息技术与制造业深度融合，抢占新一轮产业革命的制高点，德国工业4.0、美国工业互联网、日本社会5.0、法国未来工业计划等陆续推出，其实质都是以智能制造提升制造业竞争力。近年来，我国深入实施"中国

---

* 赵西三，河南省社会科学院工业经济研究所副所长，副研究员；宋歌，河南省社会科学院工业经济研究所副研究员。

制造2025",把智能制造作为制造业发展的主攻方向,沿海地区抓住市场"倒逼"、劳动力成本上升等战略机遇期,大力推动智能化改造,制造模式和工业业态发生了巨大变化。河南开启转型发展攻坚战,出台了智能化改造行动方案,各项政策措施持续落地,企业智能化改造积极性明显提升,但与沿海地区相比仍有较大差距。党的十九大报告指明了高质量发展的方向,作为一个传统产业大省,河南要抢抓智能制造窗口期,以智能制造推动制造业高质量发展,在"中国制造2025"实施中发挥重要支撑作用。

一 智能制造的概念内涵与发展态势

智能制造是一个不断演进发展的大概念,周济、李培根等多位院士及专家联合撰写的《走向新一代智能制造》一文提出,根据"信息化与制造业在不同阶段的融合特征,可以总结、归纳和提升出三个智能制造的基本范式,也就是:数字化制造、数字化网络化制造、数字化网络化智能化制造——新一代智能制造。"其中,数字化制造作为第一种基本范式,也是第一代智能制造;数字化网络制造为第二种基本范式,是第二代智能制造,也可称为"互联网+制造";近年来,新一代人工智能技术与先进制造技术深度融合,形成新一代智能制造——数字化网络化智能化制造,即为智能制造的第三种基本范式。简言之,新一代智能制造是新一代人工智能技术与先进制造技术的深度融合,贯穿于产品设计、制造、服务全生命周期的各个环节及相应系统的优化集成,不断提升企业的产品质量、效益、服务水平,减少资源能耗,是新一轮工业革命的核心驱动力,是今后数十年制造业转型升级的主要路径。

根据以上专家学者的观点,在新一代"人—信息—物理系统"的技术驱动下,新一代智能制造最本质的特征是其信息系统增加了认知和学习的功能,信息系统不仅具有强大的感知、计算分析与控制能力,更具有了学习提升、产生知识的能力,制造系统将具备越来越强大的智能,特别是越来越强大的认知和学习能力,人的智慧与机器智能相互启发性地增长,使制造业的知识型工作向自主智能化的方向发生转变。作为一个大系统，新一代智能制造主要由智能产品、智能生产及智能服务三大功能系统以及工业智联网和智能制造云两大支撑系统集合而成。随着智能制造的发展，制造业产品将呈现高度智能化、宜人化，生产制造过程呈现高质、柔性、高效、绿色等特征，产业模式发生革命性的变化，服务型制造业与生产性服务业大发展，进而共同优化集成新型制造大系统，全面重塑制造业价值链，极大提高制造业的创新力和竞争力。与此同时，人与机器的分工将产生革命性变化，智能机器将替代人类大量体力劳动和相当部分的脑力劳动，人类可更多地从事创造性工作；人类工作生活环境和方式将朝着以人为本的方向迈进。

二 河南智能制造发展现状分析

随着《中国制造2025》的深入实施，加快智能制造发展已成为各地推进制造业转型升级，增强发展优势的关键。河南顺应智能制造的发展趋势，在各级政府及企业共同推动下，智能制造发展态势良好。

（一）总体发展思路逐渐清晰

近年来，河南省深入贯彻落实《中国制造2025》，坚持把智能制造作为建设制造强省的主攻方向，先后以省政府名义出台了《中国制造2025河南省行动纲要》《河南省深化制造业与互联网融合发展实施方案》《河南省推进工业智能化改造攻坚方案》等，不断明确智能制造发展的重点方向、总体目标、主要任务及政策措施等。郑州、洛阳、新乡、许昌等市陆续出台了有关文件及配套政策，初步形成了省市联动推进机制。

（二）试点示范项目稳步推进

以项目为抓手，河南积极对接国家智能制造工程，已经争取国家智能制造试点示范项目6个、智能制造综合标准化与新模式应用项目18个、服务型制造示范企业（平台、项目）4个，合计争取国家支持资金2亿元，另有

73 家企业入选国家"两化融合"管理体系贯标试点。省级认定智能工厂 50 个、智能车间 73 个、服务型制造示范企业（平台、项目）36 个、制造业与互联网融合"双创"基地 7 个。运用省先进制造业发展专项资金，采用项目投资后补助方式，对智能制造及机器换人重点项目给予支持，2017 年和 2018 年共支持 85 个项目，总金额 1.38 亿元，部分项目已经初步探索形成了先进经验和典型模式。

（三）部分领域实现一定突破

围绕智能制造，河南省企业已在相关标准、技术、产品和平台等领域取得一定突破。中机六院"智能工厂建设导则标准研究和试验验证""互联网+智能工厂协同设计云平台""农机装备工艺设计仿真及信息技术集成标准研究和试验验证"等项目先后获得国家立项，成为国家智能制造标准体系制定的重要参与者。中信重工自主研发的履带式机器人平台与水下机器人平台、郑州科慧的焊接机器人、中航 613 所的 AGV（自动导引运输车）等产品竞争优势明显，鸿元轴承的交叉圆柱滚子轴承、谐波减速器等机器人专用轴承已实现向瑞士 ABB、沈阳新松等知名企业批量供货，占据国内 80% 的市场份额；轴研科技参与了国家"863"计划，并起草了机器人轴承行业标准。森源重工混凝土车辆远程运维服务平台已介入 1.52 万辆工程车，宇通车联网云平台接入车辆超过 14 万台，卫华起重云已接入各种生产设备和起重物联网设备 1000 余台套；鲜易控股冷鲜马甲接入冷藏冷冻车辆 3.85 万台、监控冷库面积 1960 万平方米，入选"最具价值的中国冷链物流公共平台"。

（四）开放合作取得积极成效

为推进智能制造发展，河南坚持将引项目、引资金与引技术、引人才相结合，积极支持河南省内制造业企业与国内外著名企业开展跨界融合，成功引进了沈阳新松、格力智能装备、中科院自动化所（洛阳）机器人与智能装备创新研究院、深圳固高科技、河北工业大学特殊环境下服役机器人洛阳创新基地等知名企业院所，森源集团与瑞士ABB、德国西门子等国际知名企业开展了合作，黄河集团收购了国内知名智能制造综合解决方案提供商明匠智能。省制造业与互联网融合发展联盟、省工业互联网产业联盟、省智能制造推进联盟、中国两化融合服务联盟河南省分联盟、省首席信息官联盟、省虚拟现实产业联盟等合作平台陆续成立，整合省内外制造企业、互联网企业、高等院校、科研机构等资源，协同推进智能制造在河南落地。

（五）良好发展氛围初步形成

近年来，河南省政府相继出台多项举措推进智能制造发展。一是搭建高端平台，先后举办2016中国（郑州）制造业与互联网融合创新高峰论坛、2017中国（郑州）制造业与互联网融合创新应用推广活动，搭建政府部门、产业主体、专家学者交流平台。二是组织专题培训，2017年4月省工信委牵头组织制造业与互联网融合发展专题研讨班，100多名各级政府、省直部门和重点企业、科研机构、行业组织负责同志参加了培训，提升运用"互联网+"思维推动制造业转型发展的能力。三是开展制造业与互联网融合发展"深度行"活动，组织行业专家、智能制造方案解决提供商、"两化融合"管理体系贯标服务机构，先后赴12个省辖市宣讲智能制造的新趋势、新要求、新政策，累计参与企业2600多家，为130多家企业提供现场咨询和诊断。四是推广典型案例，围绕大规模个性化定制、供应链协同管理、工业大数据应用、智能制造解决方案、工业云平台等领域，编写发布了《2017河南省制造业与互联网融合创新十大典型案例》，推广成功经验和有效做法，激发了广大企业实施智能化改造的内生动力。

三 河南智能制造发展中存在的问题

加快智能制造发展已成为河南工业转型升级的战略重点，必须看到，与国内外发达地区相比，河南智能制造起步较晚，制约其快速发展的矛盾和问题比较突出。

（一）思想认识高度不够

面对新一轮科技革命与产业变革，智能制造、工业互联网、工业大数据等新技术渗透速度远远快于预期。但与沿海甚至湖南、湖北等地相比，河南省政府部门与企业界对智能制造加速渗透及其颠覆性影响认识不足，有关政府部门及地方政府没有把智能制造放到区域竞争新优势的战略高度对待，广大企业对产业竞争进入智能制造新赛道缺乏清醒认识，普遍存在着"等待观望"和"急于求成"两种思想误区，不利于河南省智能制造的健康有序发展。

（二）顶层设计仍需强化

虽然河南省政府已经出台了相关文件，初步梳理形成了发展思路，但与广东、江苏、山东、湖南等省相比，缺少系统的战略谋划和务实的行动计划，对河南推进智能制造的重点、难点、切入点等仍处于摸索阶段，对于不同行业不同领域不同区域不同企业的差异化、个性化指导缺乏深刻把握，广大企业参与顶层设计的互动机制还没有真正良性运转。

（三）政策措施力度偏小

目前河南省政府支持智能制造发展的政策措施力度不够，与沿海地区相比缺乏含金量，针对性不强，在实践中也存在不少操作层面的问题，如对智能工厂、智能车间的后补助资金比例仅为8%，与技术改造（30%）、机器换人（15%）等不协调，并且信息产业、互联网平台等轻资产项目难以获得支持，造成企业积极性不高，影响了引导资金的实际效果，财政引导资金的乘数效应与加速效应没有显现出来，未能真正带动银行资金及各类产业基金、风投基金等社会资本的持续跟进。

（四）智能制造基础薄弱

河南省与智能制造有关的指标均低于全国平均水平，发展基础相对薄弱。2017年河南"两化融合"发展指数为46.9，低于全国（51.8）4.9，居全国第14位；智能制造就绪率为4.7%，低于全国（5.6%）0.9个百分点；关键工序数控化率44.2%，低于全国（46.4%）2.2个百分点。目前，河南超过67%的企业信息化仍处于较低的起步建设和单项覆盖阶段，尤其是传统工业企业在管理体系、组织结构、业务流程、工人素质等方面普遍存在差距，尚不适应智能制造的要求。特别是与发达省份相比，河南缺乏具有示范意义的标杆性智能工厂和标志性平台企业。

（五）支撑体系尚不健全

智能制造涉及智能制造装备、工业软件、网络基础设施和信息安全系统等方面，而河南在技术、平台、产品、人才等方面存在差距，本地智能制造装备、信息技术和软件业支撑不足，系统集成商和解决方案提供商偏少；缺少智能制造、物联网、工业大数据、工业互联网、人工智能等领域的高端人才和技术团队，以及智能装备实操技能人才；有关研发资源相对分散，没有形成协同共享的创新平台和公共服务平台，点多面广的中小企业难以找到合适的技术、平台和解决方案为智能化改造提供支撑，智能制造生态系统远未形成。

四 以智能制造推动河南制造业高质量发展的对策建议

当前，我国仍处于智能制造的初级阶段，智能制造的发展需要层层推进、逐渐深化发展。就河南而言，传统制造业的优势正在下降，必须抢抓机遇，以智能技术重塑制造业，以智能制造推动制造业高质量发展。

（一）深化思想认识

党的十九大报告提出"推动互联网、大数据、人工智能和实体经济深度融合"，制造业发展呈现"软件定义、数据驱动、平台支撑、服务增值、智能主导"新特征，智能制造成为产业转型升级的主动力和区域经济竞争的新焦点，正在颠覆传统产业体系和区域竞争格局，全省上下应从战略高度充分认识智能制造发展的重要性和紧迫性，抢抓未来一段时期智能制造发展窗口期，突出以智能制造引领"三大改造"，把智能制造作为河南推动产业转型发展的主攻方向，凝聚发展共识。

1. 理清发展定位

依托河南综合优势和后发优势，打造智能制造应用推广高地和优势领域智能制造模式输出地，突出应用牵引，引导广大制造型企业与智能制造解决方案提供商对接，推广成熟方案与模式，力争在食品、特色装备、新型材料、纺织服装、现代家居、信息安全等优势领域探索培育先进智能制造模式和工业互联网平台，为同类企业提供成功经验。

2. 提升发展理念

围绕智能制造、物联网、云计算、大数据、工业互联网、人工智能等领域，对政府工作人员、企业家、企业技术负责人等进行专题培训，通过专家授课和实地考察等方式，更新知识结构和发展理念，解决不愿干、不会干问题。

3. 搭建发展平台

继续举办中国（郑州）制造业与互联网融合发展高峰论坛，举办智能制造应用大会，为全球智能装备制造商、解决方案提供商与本地企业对接交流搭建合作平台。

（二）强化顶层设计

贯彻落实《国务院关于深化"互联网＋先进制造业"发展工业互联网的指导意见》《智能制造发展规划（2016～2020年）》等国家战略部署，加快制定河南智能制造三年行动计划。

1. 实施三大行动

突出企业智能化改造、工业互联网、企业上云协同推进，实施智能制造产业培育、智能制造示范推广、智能制造支撑提升等三大行动，促进五种新型制造模式深度应用。

2. 实施智能制造应用"十百千万"工程

培育10个行业级工业互联网平台，建设100家标杆性示范智能工厂（车间），带动1000家企业开展智能化改造，推动10万家企业上云。

3. 完善"111"支撑体系

设立省智能制造发展基金，为智能制造项目提供资金支持；引导省内龙头企业与科研机构联合创建河南智能制造发展研究院，为河南智能化改造提供战略咨询和解决方案；支持河南企业、高等院校、科研机构等围绕智能制造、工业互联网、工业大数据、3D打印装备及材料、人工智能等重点领域，每年引进培育100名高层次人才。

（三）打造示范标杆

突出主导产业，坚持传统产业改造和新兴产业培育并重，围绕五大智能制造新模式，实施一批重点智能化改造示范项目，在各行业形成"点—线—面"示范体系，分层次、有步骤推进智能制造落地，加强经验总结和推广，在区域内形成可复制、可推广的标杆样板，发挥示范引领作用，带动广大中小企业开展智能化改造。

1. 围绕主导产业打造智能工厂（车间）示范标杆

重点在装备、食品、新型材料、电子信息、汽车等河南主导产业，突出分类施策，引导企业围绕离散型智能制造、流程型智能制造、网络协同制造、大规模个性化定制和远程运维服务五大模式探索有特色、可落地、见成效的智能制造标杆模式，打造一批智能工厂（车间）示范标杆。

2. 围绕优势领域打造行业级工业互联网平台示范标杆

重点在冷链食品、特色装备、新型材料、新能源汽车、智能传感、信息安全等河南优势领域，依托龙头企业探索培育数据驱动、智能主导的行业级工业互联网平台标杆。

3. 围绕产业集聚区打造智能化园区示范标杆

引导知名工业互联网平台企业和智能制造综合解决方案提供商与河南新型工业化示范基地、优势产业集聚区合作，建立园区云平台，整体推动企业上云和智能化改造,打造一批智能化园区,积极培育物联网、云计算、大数据等新兴产业集群,带动河南产业集聚区提质增效。

(四)完善支持政策

参考借鉴江苏、山东、湖南等省份推进智能制造的政策措施与成功经验,制定出台含金量高、操作性强的支持政策。

1. 加大财政支持

对进入国家智能制造试点示范、综合标准与新模式应用、服务型制造试点示范、制造业"双创"示范平台等,给予一次性奖补。完善河南机器换人、智能工厂(车间)、重大技术装备首台(套)等奖补政策,制定"两化融合"贯标、工业互联网平台建设、企业上云以及新一代信息产业发展等奖补政策。对本省智能制造综合解决方案提供商、智能制造租赁公司等,按照服务本省企业合同金额给予一定比例的奖补。对引领型智能制造标杆企业、标志性工业互联网平台以及智能制造公共服务平台,采取"一企一策""一事一议"的方式给予重点支持。

2. 完善人才政策

对在智能制造、工业互联网、物联网、大数据、人工智能等领域引进培育的高端人才,优先入选"中原千人计划"。支持高等院校设立智能制造、大数据、人工智能、机器人等专业院系和学科方向,发挥河南职业教育优势,支持职业教育机构与企业联合建设智能制造实训基地,创新智能制造专业技能人才培养模式。

3. 鼓励各地出台配套奖补政策

引导各地对进入国家和省级示范项目的给予配套资金支持,制定更具吸引力的人才政策。

(五)营造良好氛围

围绕智能制造,大力开展交流研讨、培训考察、现场观摩、案例分析、创新大赛等活动,构建政府、行业协会、企业、科研机构互动机制,营造适合智能制造发展的良好氛围，形成发展合力。

1. 持续开展智能制造"深度行"活动

围绕企业智能化改造、制造业与互联网融合、工业互联网、企业上云等专题，组织行业专家、智能制造解决方案提供商、两化融合管理体系贯标服务机构、产业联盟、行业组织等，开展宣讲推广活动，提升企业开展智能化改造的主动性和积极性。

2. 开展智能化改造供需对接活动

依托航天云网、明匠智能、树根互联、东方国信、中机六院等省内外智能制造解决方案提供商，引导供需双方开展技术、产品、模式、平台等多层次战略合作，促进智能制造先进模式、解决方案、服务平台等在河南落地。

3. 组织优秀案例发布暨现场会

围绕标杆企业，总结典型案例和经验模式，编制年度优秀案例研究报告并召开发布会，同时分行业组织企业到省内外智能制造标杆企业进行实地考察学习，引导企业加快实施智能化改造。

4. 设立省智能制造发展专家库

聘请省内外智能制造、大数据、物联网、工业互联网等领域专家学者和相关企业负责人等进入专家库，为企业智能化改造提供咨询和服务。

参考文献

周济、李培根、周艳红等：《走向新一代智能制造》，Engineering 1（2018）。

徐恒：《周济：新一代智能制造将推动实现第四次工业革命》，《中国电子报》2017年12月12日。

孙小蕊、贾蒙飞：《洛阳，机器人产业高地正隆起》，《洛阳日报》2017年10月13日。

《河南省人民政府关于印发河南省深化制造业与互联网融合发展实施方案的通知》，2017年2月。

周济：《智能制造——"中国制造2025"的主攻方向》，《中国机械工程》2015年第17期。

孟凡生、赵刚:《传统制造向智能制造发展影响因素研究》,《科技进步与对策》2018年第1期。

龚绍东、龚羽:《智能化:河南工业转型发展的战略重点》,《河南日报》2017年4月21日。

唐海峰:《以创新引领智能制造发展的对策建议》,《创新科技》2017年第8期。

河南省工业和信息化委员会:《河南:建设先进制造业大省 加快制造业与互联网融合》,《中国电子报》2016年7月22日。

卢松:《河南制造加速迈向河南智造》,《河南日报》2018年1月25日。

B.6
以生产性服务业促进河南工业高质量发展研究

侯红昌*

摘　要： 近年来，河南生产性服务业发展取得了阶段性成就，发展结构趋优，固定资产投资稳步提升，从业人员增长稳定。事实证明，正是生产性服务业的快速发展，使河南的工业制造业有了很强的发展后劲和潜力。但是，即便如此，也不能忽略河南生产性服务业与沿海发达地区相比面临的一些困境。例如，生产性服务业总量及其占GDP比重均低于全国平均水平，"供需错位"结构性失衡明显，市场竞争力弱，缺乏龙头企业等。因此，必须从构建生产性服务业和制造业的深度融合机制，推进技术服务外包加快发展等方面，加速河南生产性服务业的发展，以助力实现河南建设经济强省的目标。

关键词： 河南　生产性服务业

党的十九大报告中指出，深化供给侧结构性改革，支持传统产业优化升级，要加快发展现代服务业。发达国家现代服务业的发展实践表明，当生产性服务业发展速度超越工业制造业的发展速度之后，现代服务业就已经成为

---
* 侯红昌，男，河南省社会科学院副研究员，主要从事区域经济和服务业发展研究。

国民经济的重要支柱产业。国务院曾于2014年印发《关于加快发展生产性服务业促进产业结构调整升级的指导意见》，具体部署我国生产性服务业发展的主要任务。河南省在2015年下发的《关于推动生产性服务业加快发展的实施意见》中提出，要实现生产性服务业的发展增速高于全省GDP和全国服务业增加值的平均增速，以充分发挥其对全省经济发展的支撑和引领作用。2017年，河南全省上下深入贯彻习近平新时代中国特色社会主义思想，全面落实党中央、国务院决策部署，坚持稳中求进工作总基调，以新发展理念为引领，以提高发展质量和效益为中心，以推进供给侧结构性改革为主线，着力发挥优势打好"四张牌"，积极推进"三区一群"四大发展战略，扎实开展"四大攻坚战"，全省经济保持稳中有进、稳中向好的发展态势，向决胜全面小康迈出坚实的步伐，在生产性服务业发展方面取得阶段性成就。

一 河南生产性服务业发展态势分析

生产性服务业与工业制造业密切相关，但又不同于工业制造业，其所产出的产品或服务表现出明显的差异性和无形性。其显著特征是：业态融合性、产业关联性、知识密集性、创新活跃性等。理论界一般认为，生产性服务业主要是为制造业、农林牧渔业等生产活动提供中间服务或需求产品的行业。最新的投入产出表显示，河南省生产性服务业的中间需求比重达49.4%，这其中工业制造业对生产性服务业的需求比重高达70%以上。2015年国家统计局发布的《生产性服务业分类（2015）》，将生产性服务业划分为10个大类，34个中类和135个小类，进一步细化和明确了生产性服务业的分类，笔者参照此原则，在数据的可获得性基础上进行生产性服务业的大致分类研究。

（一）生产性服务业发展稳中有增

最新统计公报显示，2017年河南全省国民生产总值为44988.16亿元，比上年增长7.8%。其中,服务业增加值19198.68亿元,同比增长9.2%。三次产业结构为9.6∶47.7∶42.7,服务业增加值占全省国民生产总值的比重比上年提高0.9个百分点。具体到生产性服务业而言,近年来河南生产性服务业发展稳步提升(见图1)。

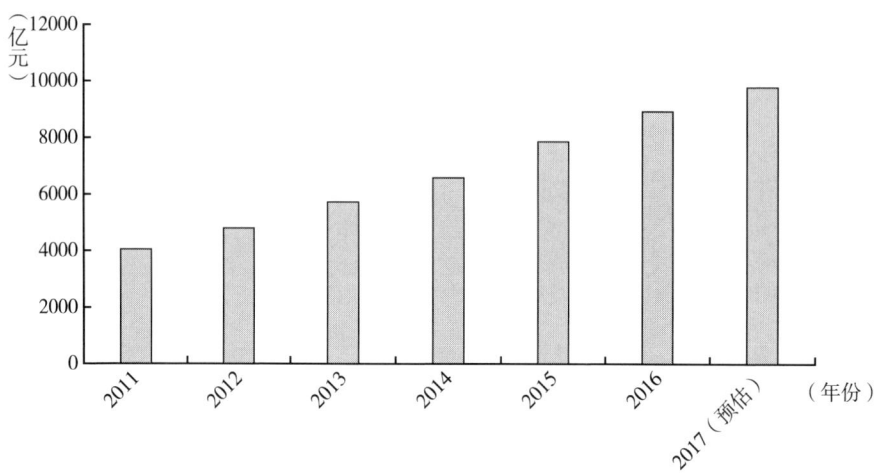

图1 2011~2017年河南生产性服务增加值

数据来源:根据历年《河南统计年鉴》和2017年统计月报测算所得。

在生产性服务业内部可以看到,其中交通运输、仓储和邮政业发展比上年有很大提升,全年增速由2016年的4.8%增长到7.4%,批发和零售业虽然比上年的14%的高速增长有所回落,但全年依然保持6.2%的增长速度。金融业的发展态势更为稳健,在国家全面推进金融去杠杆的大背景下,全年的增速依然保持在7.4%,略低于全省GDP的增速,作为河南生产性服务业的重要组成部分,为河南经济的发展提供了有力的支撑。其他生产性服务业门类中增速最快的是租赁和商务服务业,全年平均增速保持在30%以上,科学研究和技术服务业全年的增长速度也保持在10%以上(见图2)。

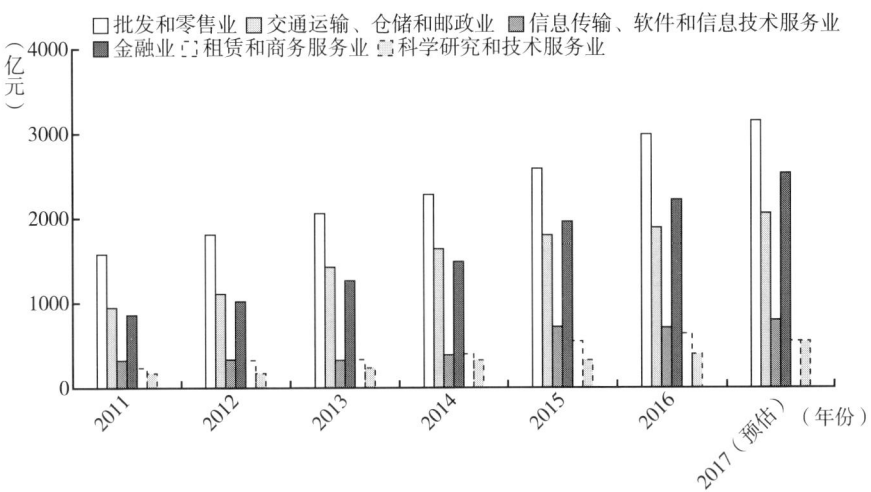

图 2　2011～2017 年河南生产性服务业六大门类增加值

数据来源：根据历年《河南统计年鉴》和 2017 年统计月报测算所得。

（二）生产性服务业发展结构趋优

现代服务业虽然包括生产性服务业和生活性服务业，但生产性服务业是主体，尤其是在产业结构优化升级方面发挥着无法替代的作用。一方面生产性服务业的发展有助于推进工业制造业的结构优化和产业升级，另一方面生产性服务业自身的快速均衡发展本就是产业结构优化的一个重要表现。从生产性服务业在全省 GDP 中的比重来看，河南的生产性服务业在 GDP 中的比重呈现出稳步上升的趋势（见图 3）。考虑到河南近年来 GDP 快速发展的现实情况，稳步趋升的生产性服务业在国民经济中的占比，正是全省产业结构优化升级的重要表现。

从生产性服务业的内部发展结构来看，传统的生产性服务业比重在缓慢降低，如批发零售业。现代生产性服务业的代表，如租赁和商务服务业以及科学研究和技术服务业在生产性服务业中的比重呈现稳步趋升的态势，较好地显示了河南生产性服务业的内部结构正处在优化升级的进程中（见图 4）。

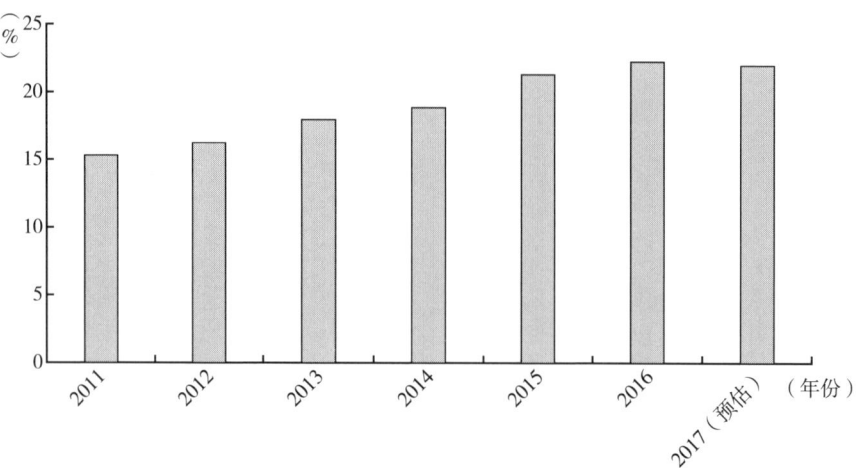

图3 2011～2017年河南生产性服务业占GDP的比重

数据来源：根据历年《河南统计年鉴》和2017年统计月报测算所得。

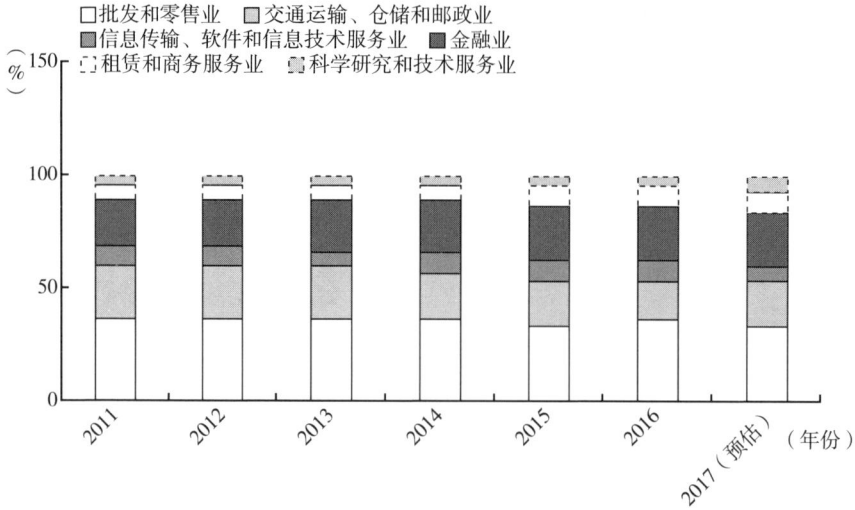

图4 2011～2017年河南生产性服务业六大门类占生产性服务业的比重

数据来源：根据历年《河南统计年鉴》和2017年统计月报测算所得。

（三）生产性服务业投资稳步提升

固定资产投资额的不断增长不仅是确保生产性服务业发展的重要体现，也是对生产性服务业高度重视的体现。2017 年，河南固定资产投资比上年增长 10.4%，增速有所下滑。但是服务业的固定资产投资增速保持在 15.7%，生产性服务业的固定资产投资也是 15%，不但比上年增加了 9 个百分点，而且改变了自 2014 年以来的生产性服务业固定资产增速下滑的趋势（见图 5）。

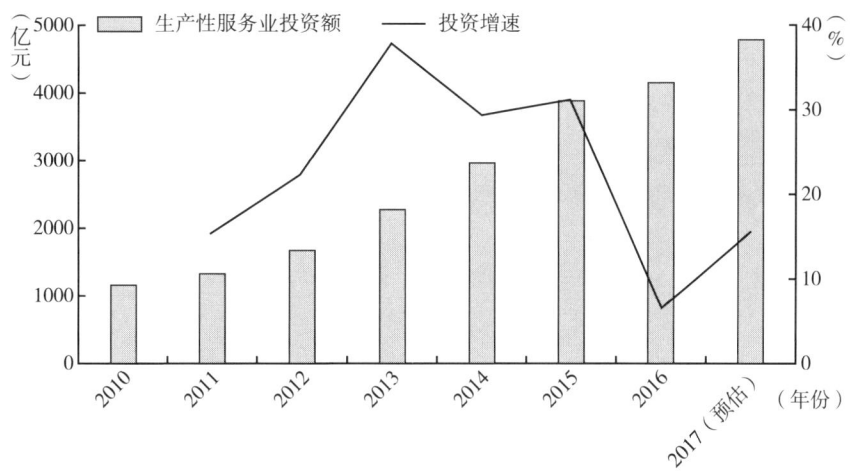

图 5　2010~2017 年河南生产性服务业投资额及增速

数据来源：根据历年《河南统计年鉴》和 2017 年统计月报测算所得。

从生产性服务业内部来看，固定资产投资增速较快的是金融业，信息传输、软件和信息技术服务业，以及交通运输、仓储和邮政业等，增速都在 25% 以上，科学研究和技术服务业的固定资产投资增速高于服务业固定资产投资增速，为 17%（见图 6）。

（四）生产性服务从业人员稳步增长

近年来，河南生产性服务业吸纳的从业人员数量稳步增长。不仅生产性

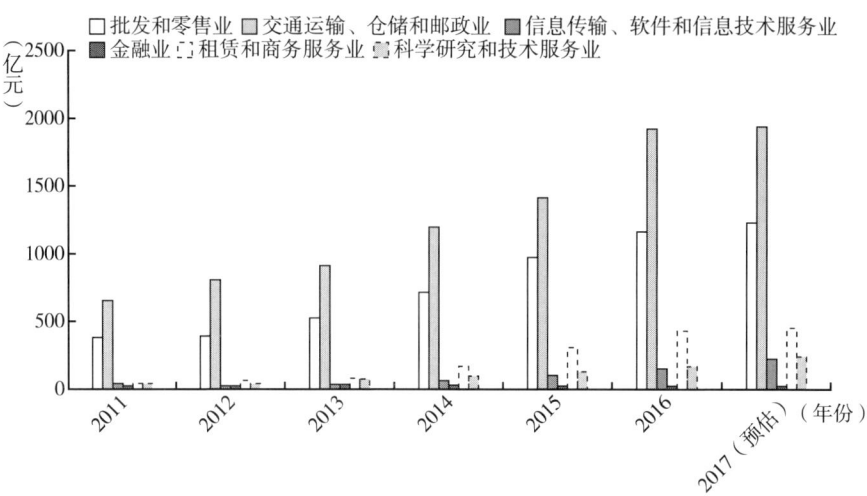

图 6　2011～2017 年河南生产性服务六大门类投资额

数据来源：根据历年《河南统计年鉴》和 2017 年统计月报测算所得。

服务业从业总人数保持稳健增长的态势，在具体的各个服务业门类中，其从业人员也保持着平稳的增长态势（见图7）。

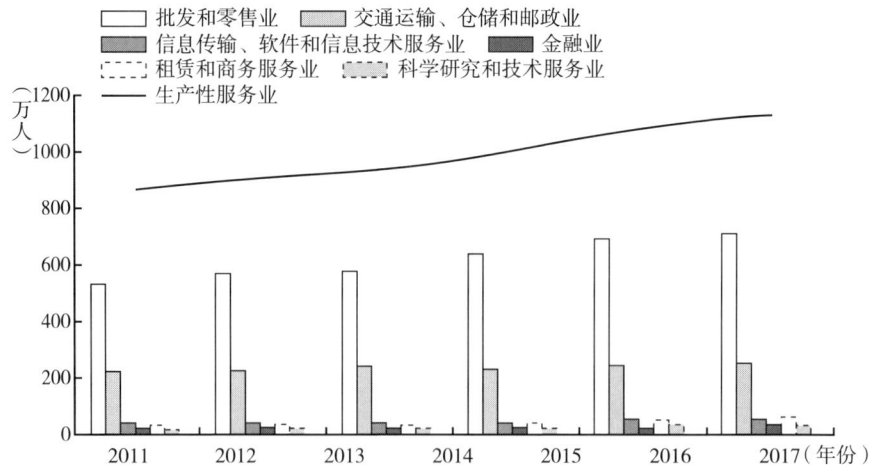

图 7　2011～2017 年河南生产性服务业各门类及总的从业人员数

数据来源：根据历年《河南统计年鉴》测算所得。

最新的统计月报数字显示，2017年前三个季度，"四上"单位（是指规模以上工业企业、资质等级建筑业企业、限额以上批零住餐企业、限额以上服务业企业）生产性服务业从业人员，在未考虑金融业的前提下，增速最快的是传统的批发和零售业，以及现代的租赁和商务服务业，增速都在12%以上，较好地证明了河南生产性服务业的整体发展规模和态势。

二 河南生产性服务业发展存在的问题

改革开放40年来，河南经济取得了极大的发展，特别是近年来，经济总量一直保持在全国第5位。这与工业制造业的快速增长是分不开的，而工业制造业的发展离不开生产性服务业的支撑。事实也证明，正是生产性服务业的快速发展，使河南的工业制造业有了很强的发展后劲和潜力。即便如此，也不能忽略河南生产性服务业与东部沿海地区相比所面临的差距和挑战。

（一）河南省生产性服务业与全国相比还有差距

目前，河南生产性服务业总量偏小，在国民经济中的比重低于全国平均水平。按照最新的可得数据显示，全国生产性服务业占国民经济的比重接近30%，2014年为28.12%，2015年为29.56%，而同期的河南该比值，2014年为19%，2015年为21.38%，2016年为22.3%，2017年的预估值为21.94%，远远低于全国平均水平，这表明河南的生产性服务业的整体规模仍与全国有不小的差距。从同为中部地区的湖北省该指标来看，也有一定差距。2017年，湖北省的服务增加值为16503.40亿元，同比增长9.5%，三次产业结构由2016年的11.2∶44.9∶43.9调整为10.3∶44.5∶45.2，其服务业比重提高了1.3个百分点。其中，最具代表性的生产性服务业，交通运输仓储和邮政业、批发和零售业、金融业等的增加值分别增长6.9%、6.5%和9.0%。河南省相对应的数值是，2017年实现服务业增加值19198.68亿元，增速为9.2%，略低于湖北省的增速，三产结构由2016年的10.6∶47.6∶41.8

调整为9.6∶47.7∶42.7，服务业比重提高0.9个百分点，低于湖北省的提升速度，加上服务业比重比湖北省低了2.5个百分点，因此总体来看，河南省的生产性服务业整体发展水平与同为中部省份的湖北省的生产性服务业的发展差距较大。

（二）生产性服务业的内部结构还有进一步优化空间

河南生产性服务业面临的挑战不仅来自总量规模和发展水平上，从内部结构来看，依然存在很大的优化空间，如各产业的比值优化问题，与全国平均占比水平的差距问题等。目前，河南生产性服务业内部结构面临的最大挑战是以交通运输、仓储和邮政业等为代表的现代生产性服务业的发展增速和以批发和零售业等为代表的传统生产性服务业增速之间的差异。2016年河南省批发和零售业的增速为14.5%，与上年基本持平，而交通运输、仓储和邮政业的增速为7.1%，也与上年持平，但两者之间的增速相差7.4个百分点。相应的，全国平均水平在2015年分别为，批发和零售业的增速与（6.03%）交通运输、仓储和邮政业的增速（6.97%）仅相差0.9个百分点。从内部占比情况来看，全国批发和零售业在生产性服务业的比重为32%，交通运输、仓储和邮政业的比重为15%；而河南的相应比重在2015年分别为33%和23%，2016年分别为33%和21%。这种比重上的变化差异，隐含着河南传统生产性服务业比重有增加的趋势，而现代生产性服务业比重有减小的趋势，笔者从2017年统计公报的预估值中发现：这一趋势依然还在延续。这是河南生产性服务业面临的另一个重要挑战，需要尽快调整优化生产性服务业的内部结构。在全省各地市间存在的生产性服务业在地理空间层面上的结构失衡也是长久以来就一直存在的问题。

（三）生产性服务业仍存在"供需错位"的供给侧失衡

河南正在推行的供给侧结构性改革，有助于工业制造业的产业结构升级和优化，但同时也对生产性服务业的发展提出了更高要求，这就需要河南的生产性服务业在高端产品的供给上能够跟上工业制造企业的升级需求。但现实是，河南的生产性服务业主要集中在仓储物流等低附加值的领域，以设计、研发和市场开发等为代表的高端生产性服务业领域的供给较少。与此同时，河南以能源、化工等传统产业的改造升级对生产性服务业的需求主要在设备更新升级和工艺改造等领域，而以电子信息和汽车及零部件为代表的新型制造业对生产性服务业的需求主要集中在新技术和快速的市场变化反映等方面，目前在这两个方面，河南的生产性服务业还无法提供有效的供给来满足需求。

河南生产性服务业发展供需错位失衡还表现在所需要的高技术人才供应不足，且对外部相应人才的吸引不具有比较优势。河南省虽然是全国的人口大省，但人力资源基础薄弱，教育资源不发达，省内高水平一流大学较少，导致河南本地优秀人才通过外出求学的方式而流失，而本地大学培养的优秀人才又少，且河南的薪酬水平在全国排名靠后，难以形成对全国范围内高精尖优秀人才的吸引力。人才供应不足对生产性服务业的加速发展来说是重大缺陷，直接影响生产性服务业的产业规模扩张和结构优化升级。

（四）生产性服务业企业市场竞争力弱，缺乏龙头企业

河南省的生产性服务业企业无论是营业收入还是企业的资产规模，都无法与世界级企业或国内500强服务业企业抗衡，如企业内在创新动力不足、企业规模偏小、实力较弱等。河南的一些生产性服务业企业由于缺乏科学化的管理、规模化的经营、标准化的服务，因此在国内市场竞争中处于不利的地位，其提供的产品服务大部分是满足河南本地市场需求，能够走出去，在全国市场展开竞争的企业较少，具有标志性的龙头企业就更少。即使在服务河南本地工业制造企业方面，由于其和制造业的融合度不够深入，导致一些工业制造业企业对一些高端的生产性服务需求无法得到满足，只能通过内部解决，或在国内市场，或在世界市场上寻找高端的生产性服务业企业为其提供服务。失去和工业制造企业深度融合机会的河南生产性服务业企业，在市场上的竞争力变得更弱，只能在低端服务和较小规模上徘徊，更难浮现全国性的龙头企业。

三 以生产性服务业促进制造业高质量发展的对策建议

当前,我国经济发展进入新时代,由高速增长阶段转向高质量发展阶段。对河南而言,推动高质量发展必须大力转变经济发展方式、优化产业结构、转换增长动力。这就离不开生产性服务业的跨越式大发展,通过实施中西部地区科技创新高地建设,推动生产性服务业和制造业的深度融合,有助于加快推动河南高质量发展。

(一)构建两业深度融合机制

生产性服务业与制造业的互动融合发展是产业演进的客观规律,必须大力推动生产性服务业和工业制造业的深度协同发展,构建两业深度融合发展机制。

1. 大力发展制造企业的工业设计

整合现有资源,推动建立工业技术研究院等,培育专业化、开放型的工业设计企业和工业设计服务中心。加大研发投入和开放创新力度,把优先发展战略性新兴产业和高新技术产业作为示范区建设的核心任务,推动郑洛新国家自主创新示范区的大力发展。

2. 大力提升重点产业研发设计能力

突出电子信息、装备制造、汽车及零部件、生物医药等重点制造行业,通过集聚高端技术和人才,完善创新激励机制,提升研发设计能力。鼓励有条件的制造业企业通过剥离内部研发设计机构、与高校和科研院所合作等方式,组建和发展独立的研发设计服务企业,扩大生产性服务业的产品供给,推动生产性服务业和制造业的一体化融合发展。

3. 大力构建富有活力的两业协同创新体系

推动工业制造骨干企业与高等学校、科研院所、上下游企业等建立以利益为纽带、网络化协同合作的产业技术创新战略联盟。鼓励研发设计类生产性服务企业综合运用云计算、大数据、物联网等互联网技术,建立协作共享机制和平台,实现深度协同发展。

（二）推动技术服务加快发展

生产性服务业的重点在于科学研究和技术服务，河南在这个方面不具有比较优势，因此应加大政府在这个方面的政策导向和扶持力度。

1. 大力发展信息技术服务

对面向制造业企业的信息技术咨询设计、集成实施、运行维护、测试评估、信息安全等系统化服务给予政策扶持，促进工业生产业务流程再造和优化。鼓励软件、信息服务提供商与制造业企业联合开发适用于生产经营管理全过程的软件和信息服务。积极发展涉及网络新应用的信息技术服务，加速制造业服务化转型。

2. 大力发展软件服务

重点发展工业软件、行业应用软件和整体解决方案，每年推出一批具有全国影响力的工业软件和典型行业解决方案。鼓励和支持企业与高校、科研机构联合创建重点实验室、企业技术中心。

3. 大力推进新技术推广应用

在制造业重点行业开展"数字化车间"和"智能工厂"试点，推广应用数控、传感器、工业机器人等先进技术。加快国家和省级工业云创新服务试点建设，面向产业集聚区及工业企业提供软件服务和行业资源库。

（三）补齐金融服务发展短板

作为生产性服务业重要组成部分的金融业一直是河南的发展短板，因此应大力整合现有要素资源，创新企业融资模式，补齐金融业发展短板。

1. 加快区域性融资服务平台建设

加强银行类融资服务，鼓励发展产业基金、股权、证券、信托、债券、保险等融资产品，加快发展互联网金融等新兴业态。积极拓展融资租赁服务领域，推动服务产品创新，建立形成渠道多样化、监管统一化、制度规范化的融资租赁服务体系。

2. 大力拓宽企业融资渠道

加快省级涉企资金基金化改革，探索建立财政、国有资本收益滚动投入机制，引导带动社会资本、大型金融机构发起设立大型产业投资基金。支持符合条件的企业在境内主板、中小板、创业板、全国中小企业股份转让系统及海外市场上市或挂牌，支持上市企业开展多种形式的并购重组再融资。积极发展私募股权投资基金和风险投资基金引导企业通过发行公司债、短期融资券、中期票据、中心企业集合票据、资产支持票据、中小企业私募进行融资。

3. 大力完善融资租赁服务体系

开展大型制造设备、施工设备、运输工具、生产线等融资租赁服务，采取离岸业务、跨境租赁业务、出口设备保税租赁业务等形式发展跨境融资租赁。

（四）增强物流服务的优势

物流业是河南的传统优势产业，也是近年发展较快的生产性服务业，应进一步强化优势，加速发展。

1. 打造多层次物流体系

依托全省区域物流节点城市和铁路、公路等交通骨干网，建设一批省际物流集散中心，连接长江经济带、京津冀、珠三角经济区。加快郑州国际航空物流中心建设，开辟、加密国际货运航线航班，打造"一带一路"国际物流通道枢纽。大力构建以卡车航班为主的地面集疏运体系，引进基地航空公司和国际物流集成商，建设航空货物中转集散中心、快件分拨中心等功能设施，提升郑欧国际货运班列运营水平，增加出入境口岸和目的地，扩大国际货运规模。

2. 大力发展第三方、第四方物流

培育具有核心竞争力的物流骨干企业，引导物流企业提升供应链服务能力。大力发展冷链、医药、电子信息、汽车及零部件等行业物流，增强快递服务制造业能力，建设一批具有区域影响力的专业物流服务基地。

3. 规划建设和改造提升一批物流基地和平台

对现有的货运枢纽、生产服务、商贸服务、口岸服务、综合服务等类型的物流园区进行改造，提升物流园区功能。建设完善一批区域性、行业性的物流信息平台，推进物流云平台建设，建成全省物流园区公共信息平台，加强物流信息化、标准化建设。

（五）推动电子商务服务发展

电子商务是一种新兴的生产性服务业，在生产性服务业的发展中具有重要地位，能够促进工业制造业的产品更好地流通和销售。

1. 大力推进企业电子商务应用

在企业中开展原材料、工业品网上交易、定制、销售等业务，实现上下游关联企业业务协同发展。深化电子商务服务集成创新，加快并规范集交易、电子认证、在线支付、物流配送、信用评估等服务于一体的第三方电子商务综合服务平台发展。引导小微企业依托电子商务服务平台开展业务。

2. 大力开展"豫货通天下"制造业与电子商务企业对接活动

建立互动发展平台和机制，支持制造、流通企业依托现有服务网点建设升级一批线上线下服务中心。推动城市社区设立电商综合服务点，开展快件自取、电子缴费、网上预约、社区配送等服务。

3. 大力推动电子商务集聚发展

制定完善支持政策，加快河南省电子商务产业园、郑东新区国家级电子商务示范基地、河南网商园、中国中部国际贸易电子商务服务基地等重点园区建设，吸引国内外知名电子商务企业入驻发展。大力推进中国（郑州）跨境电子商务综合试验区建设，推动跨境电子商务通关服务平台建设，建立E贸易商业运行体系。

（六）创造良好的外部发展环境

进一步加大对生产性服务业企业的支持力度，为生产性服务业发展创造良好的外部政策环境，是促进河南生产性服务业加快发展的基础性支撑。

1. 进一步降低生产性服务业准入门槛

降低门槛有利于吸引各先进要素进入生产性服务部门，同时进一步建立健全法律法规，清除生产性服务业内部出现的各种不公平、不公正现象，提高行业整体素质和竞争力，规范全省生产性服务业的发展基础环境。

2. 放松行业管制，构建公平竞争的市场环境

要把生产性服务业放在与制造业同等重要的地位，变革原来那种固化的、条线分割的行业管理政策，减少生产性服务业重点领域前置审批和资质认定项目，鼓励社会资本以独资、合资、合作、联营、参股、特许经营等多种方式发展生产性服务业。

3. 完善支持生产性服务业发展的税收政策

将为高新技术企业服务的中介服务业和应用高技术的知识密集型生产性服务业纳入高新技术企业的范围，使其享受相关的优惠政策。对高成长性服务业的发展给予支持，并制定优惠税收政策。鼓励服务业开展在岸、离岸等业务。支持技术密集型、知识密集型的生产性服务业提高产业层次、引进高端人才，对生产性服务业企业给予一定的如房产税、土地税等税费优惠措施。

4. 鼓励生产性服务业高端领军人才的流入

鼓励并出台一系列政策，吸引国内外高端人才。鼓励企业、高校等机构通过各种渠道招揽生产性服务业高端领军人才，引导用人单位给予一定的补贴和资助，对表现突出的，政府应给予一定奖励。

参考文献

国务院：《关于加快发展生产性服务业促进产业结构调整升级的指导意见》，2014。
河南省人民政府：《关于推动生产性服务业加快发展的实施意见》，2015。
王啸吟：《服务业与经济增长稳定性的实证与理论分析》，上海社会科学院博士学位论文，2012。
李恒：《河南省生产性服务业发展研究》，郑州大学硕士学位论文，2010。

黄亚洲:《河南省生产性服务业与制造业融合发展研究》,郑州大学硕士学位论文,2014。

侯红昌:《河南生产者服务业与制造业协同发展研究——基于VAR模型系统分析》,《地域研究与开发》2011年第4期。

汤晓莉、尚文英、苗长虹:《河南省产业关联能力变动研究》,《经济地理》2010年第12期。

B.7
深化河南工业企业改革的问题研究

张志超*

摘　要： 2017年是河南工业企业改革力度较大的一年。在省委、省政府的正确领导下，以供给侧结构性改革为主线，紧紧围绕各项改革攻坚目标，在完善企业法人治理结构、规范有序发展混合所有制经济、加快推进企业战略重组、推进企业降低杠杆率和防风险、提升企业管理水平、全面加强党的建设等方面的工作进行改革攻坚，各项工作取得重大突破，开创了国资国企改革发展和党建工作的新局面。当前，河南工业企业改革继续保持着强力推进的好势头，工业企业改革总攻战正在向广度与深度推进。

关键词： 河南　工业企业改革　国企改革

2016年6月以来，河南以工业企业的"三煤一钢"改革为突破口，打响了国企改革攻坚战。一年多来，全省上下紧紧围绕"五个全面"改革目标，通过一套统筹联动的国企改革"组合拳"，取得了明显成效。尤其是剥离企业办社会职能工作的全面完成，标志着河南工业企业改革取得了阶段性成果，对下一步河南国企改革的全面纵深推进产生了重大而深远的影响。当前，河南工业企业改革继续保持着强力推进的好势头，改革攻坚的另一块"硬骨头"——处置"僵尸企业"正在进行中。

---

* 张志超，河南社科院工业经济研究所助理研究员。

一　河南国有企业改革的基本现状

2016年6月以来，为从根本上解决国有企业竞争力不强的问题，省委、省政府把国企改革攻坚战作为当年全省要打好的"三大攻坚战"之一，以工业企业中的"三煤一钢"改革为突破口，狠抓清产核资、理顺产权关系、完善法人治理结构、加强内部监管、剥离企业办社会职能和化解过剩产能六项重点工作，拉开了新一轮国企改革大幕。随着改革的深入，省委、省政府2017年3月召开了全省国企改革推进会，提出了"三个转变"，突出"三个重点"，实现"五个完成"的总体工作思路。三个转变，即由工业企业改革向全部企业改革转变，从重点发力向全面发力转变，从启动攻坚向全力攻坚转变；三个重点，即产权结构改革、治理结构改革和组织结构改革；五个完成，即完成50%以上"僵尸企业"处置出清任务、完成剥离省属企业办社会职能任务、省管煤炭企业完成化解过剩产能1834万吨、完成省管企业资产负债率下降5个百分点的年度目标、完成国有资产管理体制调整任务。2017年9月25日，省政府又召开了全省深化国企改革工作会议，发出了攻克千家"僵尸企业"处置难题的动员令，强调要抓住"僵尸企业"处置这个"牛鼻子"，下决心用一年时间啃下这块"硬骨头"，奋力打好国有企业改革"总攻战"。

一年以来，全省上下凝聚了广泛共识，形成了攻坚合力，国企改革取得了明显成效，遏制了国有企业生产经营下滑势头，总体保持平稳运行。近两年全省关闭矿井数、退出产能量、安置职工人数均居全国前列，在全国率先完成涉及百万职工家属大移交的剥离企业办社会职能工作，比国家要求提前了一年半。全省处置"僵尸企业"200户，超额完成年度目标任务。半数以上省管企业管理层级控制在三层以内，三大煤炭工业集团压减法人单位273个。61%的省管企业子公司实施了混合所有制改革，按照现代企业制度要求，规范建立董事会，在部分符合条件的省管企业配备外部董事，在竞争类企业开展市场化选聘经理层，实行契约化任期制管理。中国平煤神马集团已经形成了煤焦、尼龙化工、新能源新材料三大核心产业相互支撑、协调发展的格局。河南能源化工集团和郑煤集团,在深化煤炭改革的同时,也大力促进产业结构优化,转换发展动能。郑煤集团推动旗下金苑置业、龙力水泥等项目混合所有制改革,让企业焕发新活力。截至2017年底,河南省市两级国资监管企业实现营业收入5544亿元,同比增长17.5%;实现利润259亿元,同比增长159%。其中省管企业实现营业收入4268亿元,同比增长14.9%;实现利润135亿元,同比增利153亿元。"三煤一钢"等重点工业企业一举扭转了连年大幅亏损的局面,效益创近五年最高水平。当前,在新一轮的改革中,河南国有企业正焕发出新的活力。

二 河南深化国有工业企业改革的经验总结

河南省国有工业企业改革以去产能为突破口,以"三煤一钢"为重点,全面打响深化国企改革攻坚战;剥离企业办社会工作尽管起步晚,但进展快,三年任务一年完成,攻克了国企改革久攻未克的难点问题,标志着河南国企改革取得了阶段性成果;通过清算注销、破产重整、破产重组和重组兼并多种方式,真正把"僵尸企业"处置作为深化国企改革的"牛鼻子"紧紧抓住;以战略合作、吸引外资等扩大混改的途径,通过产权结构、组织结构、治理结构三项重点改革,试点先行、因企制宜、稳步推进,分层分类发展混合所有制经济,为转变方式和高质量发展留下空间,着眼长远做强、做优、做大国有企业。其中很多做法经验值得归纳、总结和提升。

(一)强化顶层设计,加强组织领导

各级政府高度重视国有企业改革,全省上下成立了以政府主要负责同志为组长的深化国有企业改革领导小组,极大地增强了改革的执行力。为搞好顶层设计,明确了2016~2018年三年改革攻坚时间表,坚持"先试点、后推开"的工作思路,突出了国企改革同产业结构调整、转型升级,淘汰落后产能、培育新兴产业,盘活存量资产、做大企业主业,剥离社会职能、降

低企业成本的"四个结合"。在制度设计上,省委、省政府层面印发了20多个国企改革指导性文件,省直单位印发了40多个政策性文件,基本形成了与中央政策全面对接、符合河南实际的国企改革政策体系。同时,国资监管的规范性加强,出台了省管企业违规经营投资责任追究办法等制度性文件,完善了监管链条,企业的抗风险和运行能力得到加强。这些对推动国有企业改革向纵深推进发挥了很好的引领、促进和指导作用。

(二)分类改革,因企施策

坚持分类改革,推进分块搞活,实行分级负责,搞好分步实施。2016年启动了"三煤一钢"等重点省属国有工业企业改革,2017年将国企改革引向纵深,由工业企业转向全部企业,由重点发力转向全面发力,由启动攻坚转向全面攻坚。在企业改革中因企施策,通过战略重组,引入战略投资伙伴,借助外力提升自身,实现跨越式发展;实施人员分流,妥善安置职工;依法实施破产,资产变现安置职工;注销工商登记等。目前,一些企业在重点难点问题上取得了新的突破和进展,为进一步深化改革攻坚克难奠定了坚实基础。

(三)落实措施,统筹推进

2016年以来,陆续出台了被称为"1+N"的系列国企改革实施意见,从工业企业着手,出台了工业企业改革"1+4"文件及相关细则,形成了工业企业改革的路线图,以在河南举足轻重的"三煤一钢"为切入点,着力从包括法人治理结构的完善、混合所有制的推进、化解产能、去僵尸(企业)、去杠杆和国企党的建设加强等14大项的国企改革措施入手。同时,注重统筹推进,把国有企业改革与剥离社会职能、化解过剩产能、盘活企业资产、促进转型发展有机结合起来,打出了一套统筹联动的国有企业改革"组合拳"。为保证各项改革措施落地,从实际出发,探索出很多有效的办法,涌现出混改"优势互补、劣势对冲"等有特色的经验。在处理劳动关系方面,搞好相关政策的衔接,切实规范改革过程中分流人员及其劳动关系处理工作,依法制订职工安置方案,企业依照内部挖潜安置、内部退养、转岗就业创业、公益性岗位兜底安置等渠道,依法分类妥善处理职工劳动关系。正是凭借混合所有制改革带来的巨大活力,郑煤机从破产的边缘一跃而起。作为全省首批混合所有制改革试点单位——平煤神马集团,通过健全职业经理人市场化选聘管理办法,合理压缩管理层级。截至2017年底,该集团下属混合所有制企业119家,与40多家央企、世界500强企业和优秀民企进行合资合作,实现了股权多元化和国有资产保值增值,混改经验写进了国务院的"混改教科书"。

(四)突破难点,成效显著

新一轮的改革,面对的情况比以往更加复杂。河南省委、省政府审时度势,将"瘦身健体"作为国企改革的"突破口",完成了剥离企业办社会职能,解决了多年来想解决而没有彻底解决的难点问题。至2017年底,全省已全面完成剥离省属企业"办社会"职能工作,有38.7万户"四供一业"全面完成改造移交,29.7万名退休人员基本信息资料全部移交街道和社区;52.1万人的医疗生育保险信息审核录入工作全部完成。当前,改革攻坚的另一块"硬骨头"——处置"僵尸企业"正在进行中。剥离企业办社会职能工作的全面完成,标志着河南国企改革取得了阶段性成果,有利于国有企业减轻社会负担,促进了企业"瘦身健体"、轻装上阵,集中精力发展主营业务,公平地参与市场竞争,成为市场竞争的真正主体;有利于政府、企业、社会权责边界更加明晰,职能定位更加合理,使公共资源得到了优化配置,能够发挥更大效益;公共服务专业化,有利于改造提升基础设施,改善职工的公共服务,进一步改善职工居住生活环境。此外,把剥离企业办社会职能作为深化国企改革的基础性工作,企业主动剥离,政府积极接收,部门密切配合,汇聚了同心协力、攻坚克难的改革动力和热情,为进一步深化国企改革,营造了浓厚的改革氛围。

(五)加强党建工作,汇聚国企改革发展正能量

在国企改革中,加强党建工作,安钢集团创立了"四个三"党建工作

法，充分发挥了企业党组织的政治核心和领导核心作用，把国企的政治优势转化为企业改革发展的优势。当前，全省在推进国有企业改革中，认真贯彻党中央、省市委关于加强国企党建工作部署，坚持以"固本强基、忠诚担当"为主题，扎实开展了国企党建工作，把加强党的领导和建立现代企业制度统一起来。同时，把加强党的领导贯彻到国企改革具体实践中，许多企业在改革中，加强党的建设，充分发挥党员的先锋模范作用，将党的建设写入公司章程，明确了党组织的设置方式、职责定位和管理模式，建立从严治党监督检查常态化机制等，将党组织在公司法人治理结构中的地位法定化，汇聚了国企改革发展的正能量。

三　当前国有工业企业改革中面临的困难和问题

当前，全省上下国企改革凝聚了广泛共识，形成了攻坚合力，取得了明显成效，并保持了强力推进的好势头，但国有企业改革也存在一些困难和问题，特别是存在改革推进不平衡、体制机制不健全、布局结构不合理等问题。

（一）国企改革进展不够平衡

当前，国企改革进展不够平衡，省属国有企业改革进展相对较快，市县属国有企业与省属国有企业相比，在改革力度、工作进度上有一定差距。

（二）企业自身在国有企业改革中发挥的积极主动作用不够

当前的改革已进入深水区，国有企业改革更是一场攻坚战，深水区既"险"又"难"。许多企业缺乏只争朝夕、锐意进取的精神。在实践中，步子不快、动力不足。在表现形式上，对企业改革仍然存在着等、靠、要的思想，没有发挥出积极主动的作用。许多企业领导得过且过，把改革看成是"烫手的山芋"，总怕麻烦缠身。

（三）企业改革中的一些难点问题尚未破解

在处置僵尸企业、关闭落后产能中，面临着债务处理难、资产处置难、人员安置难等难题；在推进企业"瘦身健体"、压缩管理层改革进程中，干部能上能下、人员能进能出、工资能增能减的问题还没有得到很好的解决；加强董事会建设、市场化选聘经营管理者、推进职业经理人制度、改组组建资本投资运营公司等重大问题上，仍有待深入探索，寻求新的突破。此外，一些历史遗留问题也制约了企业改革的展开，比如国有煤炭企业过去在兼并重组中，与地方政府、村民签订的土地赔偿、土地租赁等协议，难以兑现。在重组煤矿资产处置方面，因资产大量减值，民营股东不认可，工作推进较难。

（四）国有企业改革政策措施还未得到落实

一些已出台的改革措施，执行时存在较大的阻力，未得到完全的落实。化解过剩产能、处置僵尸企业中的债务和资产问题，涉及复杂的利益调整，存在着较大的阻力，如何用好市场化、法治化手段，有效降低资产负债率等政策方面还存在盲区或不完善。债务处理问题也可能会恶化企业信用评价和融资环境，甚至对金融机构造成不同程度的冲击，需要相关政策措施和更加有效的办法来解决。

（五）混合所有制改革层次质量有待提升

当前，在国有企业混合所有制改革中，大部分只能在一些二级或三级以下的企业进行。国有大企业特别是省管工业企业在推进混改过程中，一些非主业、经营状况良好或发展前景较好的项目寻找战略投资者相对容易，但主业因经营困难、负担沉重等原因，寻找高质量投资者比较困难，提高混合所有制改革层次质量的难度较大。

四 促进河南国有工业企业改革的几点建议

习近平同志在党的十九大报告中强调，要完善各类国有资产管理体制，改革国有资本授权经营体制，加快国有经济布局优化、结构调整、战略性重组，促进国有资产保值增值，推动国有资本做强、做优、做大，有效防止国有资产流失。深化国有企业改革，发展混合所有制经济，培育具有全国、全球竞争力的一流企业，是在新的历史时期，以习近平同志为核心的党中央对国有企业改革做出的重大部署，为新时代河南国有企业改革指明了方向。

（一）各级政府要坚定改革的决心，进一步完善工业企业国有资产管理体制

国有企业改革是我国经济发展进入新常态的必然选择，目前我国的国企改革的主体框架已经搭了出来，很多重要的改革措施也有了实质性进展。但由于当前的国有企业改革已经进入深水区和攻坚期，需要啃的都是"硬骨头"。各地区、各部门要继续解放思想，深入贯彻落实党的十九大对国有企业改革的重大部署，把思想和行动统一到党中央、国务院和省委、省政府的决策部署上来，树立坚定的信心，勇于探索，只要是符合社会主义市场经济改革方向，符合以解放和发展生产力为标准，符合增强活力与强化监管相结合，就要给予支持，鼓励试、大胆改，使国有企业通过改革，能够在激烈的市场竞争中拼搏进取、发展壮大。同时，各级政府要着力完善监管体制机制，明确出资人监管权责边界，健全规范国有资本运作机制，增强投资回报意识，控制投资风险，进一步提升国资监管效能和水平。要科学界定出资人监管边界，使市场和政府有效发挥各自作用，加大国有资产监管力度，为发展壮大国有经济提供坚实保障。

（二）企业自身应在国有企业改革中发挥积极主动作用

企业自身要敢于担当，只要是符合实际、符合规则、符合群众需要，就要敢闯敢试、稳扎稳打、积极有为地推进改革攻坚。对现有的政策用足用好，比如加强和改进党对国企的领导、推进国有企业资产证券化等。由于国有企业改革是一项复杂的系统工程，要充分考虑可行和可能，从易到难，优先解决存量，有序引导增量，把握好改革的节奏，控制好改革的风险，做到

积极稳妥、规范有序。要着力创新体制机制，加快建立现代企业制度，发挥企业各类人才积极性、主动性、创造性，激发各类要素活力。着力提升现代化管理水平，进一步增强企业竞争力、创新力。针对当前省管企业管理中存在的突出短板和弱项，坚持问题导向，查摆原因，对症下药，着力强化战略管理、集团管控、成本管理、资本运营和创新驱动，培育具有全省乃至全球竞争力的一流企业。

（三）将混合所有制改革作为推进国有企业改革的重要突破口

国企混合所有制改革是真正涉及产权层面的改革，对建立现代企业制度意义重大。党的十八届三中全会明确提出，混合所有制经济"是基本经济制度的重要实现形式"。党的十九大提出了"深化国有企业改革，发展混合所有制经济，培育具有全球竞争力的世界一流企业"。为此，企业应通过混合所有制改革不断完善公司法人治理结构、健全市场化经营机制，促进国有企业转换经营机制，放大国有资本功能，实现国有资产保值增值。在混合所有制改革中要学习借鉴省内外成功经验，结合企业实际，创造条件，有计划地积极推进。各级政府必须在政策、体制和工作层面多管齐下，力争取得良好的成效。要调动民营企业参与国企混改的积极性，形成更为强大的改革动力。行业及主管部门也要以实际行动最大限度地减少涉及企业改革中的行政审批事项，大力支持国企混合所有制改革，加快建设中国特色现代国有企业制度。比如，当前一些企业反映的，受土地、房产、规划政策调整影响，改制企业资产过户慢的问题，相关部门就应设法解决。发展混合所有制经济，积极推进主业处于充分竞争行业的国有工业企业混合所有制改革，在引导子公司层面改革的同时探索在集团公司层面推进混合所有制改革。大力推动国有企业改制上市，根据不同企业功能定位，逐步调整国有股权比例。要在取得经验基础上稳妥有序开展混合所有制企业员工持股，建立激励约束长效机制和混合所有制企业治理机制。形成有效制衡的公司法人治理结构和灵活高效的市场化经营机制，不断提升企业核心竞争力，真正使国有资本做强做优做大。

（四）完善相关政策措施，提高国有企业改革措施的整体协同性

改革成功的关键是提高改革措施的整体协同性。各级政府及相关部门已经出台了许多政策措施，但关键是要充分调动各方面积极性和主动性，提高改革措施的整体协同性，形成合力共同推进改革。当前，河南国企改革"1＋N"政策体系框架已经形成，而在实际操作层面上，由于改革的情况千差万别，要适时对国有企业改革的关键政策进行细化，制定配套的实施细则。对混改中的变更登记、职工劳动关系调整、党团组织关系交接等相对容易解决的政策，相关部门应尽快拿出措施；对于一些难点问题，如债转股、设立国企改革发展基金、促进国企改革的土地政策、用人及薪酬市场化等方面政策措施，应进行深入研究，试点运行，切实减轻国有企业改革中的困难和阻力；对涉及国家层面的政策措施，比如建议免除"僵尸企业"欠缴的税款等问题应积极向上反映。同时，要采取措施巩固改革成果，比如承担剥离企业办社会职能改革而本身财政实力较弱的地方政府，如何得到政策和资金支持的问题。此外，因深化国企改革不可避免地会出现许多新情况、新问题，所以要在依法治国的原则下积极探索容错纠错机制，设置科学合理的容错认定的程序，制定容错纠错机制的实施细则，切实保护好地方、部门和企业推进国企改革的积极性、主动性、创造性。

营造国有企业改革良好环境的氛围。一是各级政府和国有企业要加强政策解读。国有企业和地方层面要加大政策解读和试点成果宣传推介的力度，及时总结新一轮改革的新亮点和成功经验，发挥好先进典型的示范引领作用，消除对于国企改革存在的认识误区，增强各级政府和国有企业领导的担当意识。二是加强组织保障，确保对国有企业改革各项促进措施落到实处。当前，各级政府要强化组织领导，把推进国有企业改革列为各级政府重点督查事项和目标考核内容。要通过建立考评制度，明确各项任务并细化分解落实到各有关部门和单位，适时组织开展专项督查。三是要加强宣传推进国有企业改革的新思路、新举措和新成效，运用正确的舆情引导，传播各级政府保障和促进国有企业改革的"好声音"和"正能量"，切实营造国有企业改

革良好环境的社会氛围。四是着力加强国有企业党的建设。把坚持党的领导、加强党的建设摆上国有企业改革的重要位置，深入贯彻党的十九大精神和习近平新时代中国特色社会主义思想，把推动企业改革发展作为党建工作的出发点、着力点和落脚点。同时要强化企业领导的学习，提升其素质，进一步推动企业领导成员树立与新时代相适应的思想观念，进一步增强使命感、责任感，努力引领新时代、打造新国企、实现新作为。

参考文献

习近平：《决胜全面建成小康社会、夺取新时代中国特色社会主义伟大胜利》，人民出版社，2017。

肖亚庆：《深化国有企业改革》，《人民日报》2017年12月13日。

许保利：《关于完善国有资产管理体制的构想》，《中国经济周刊》2017年第44期。

胡洁：《新一轮国企混合所有制改革：问题及建议》，《发展》2015年第1期。

谢峰：《新时代国有企业改革与发展之路》，《首都建设报》2017年12月25日。

王兆力：《贯彻落实党的十九大精神 深入推进国有企业改革》，《黑龙江日报》2017年11月11日。

B.8
河南省制造业竞争力实证分析

王海杰　冯雨飞*

摘　要： 制造业是工业的重要组成部分，也是国民经济发展的支柱。笔者运用偏离—份额分析法对2011～2016年河南制造业各行业增加值数据进行计算，得出各行业竞争力分量、产业结构分量、增长份额分量、部门优势指标，并从竞争力和增长优势两个角度分析了制造业内部问题所在。分析结果表明：河南省制造业产业结构不合理，缺少优势产业，并且部分产业发展前景与现状偏离较大。对此，笔者提出政策建议：制定长期产业规划，鼓励战略产业发展；完善市场经济制度，保证产业健康发展；深化金融领域改革，破解中小企业融资难问题，建立退出机制，减少资源浪费，解除企业家转型的后顾之忧。

关键词： 河南　制造业　竞争力实证分析

经过改革开放40年的发展，河南省制造业逐步融入全国甚至产业分工体系，在承接产业转移的同时，逐渐成为制造业强省。河南省经济保持高速增长，在很大程度上得益于制造业的快速发展。然而，当前河南省制造业发展依然面临着日益复杂的内外部环境，环境约束和自主创新能力不强已成为

---

* 王海杰，郑州大学商学院副院长，主要从事区域经济与产业发展研究；冯雨飞，郑州大学商学院硕士研究生。

河南省制造业发展面临的主要瓶颈。河南省制造业要实现由大变强，必须对现有产业结构进行变革，尽快转向依靠科技创新和技术进步，以提高效率为主要动力，注重节约资源、环境保护的集约化发展轨道。特别是随着经济进入新常态，以往大量依靠自然资源投入、以牺牲环境为代价的粗放式发展道路不仅无法支持经济增长，还会面临被发达国家和地区"低端锁定"的情况。新时代河南省需要通过调整制造业产业结构，培育优势产业，找准经济增长点，在实现经济结构合理的基础上实现经济高速可持续发展，实现"调结构，稳增长"的目标。

一 理论模型

本文主要选取计划经济时期的地区经济发展结构，结合实际的产业运营管理状况，和全国标准产业结构进行对比，进而认知优化产业结构对地区经济发展水平带来的实际效用价值。选取特定时期 [t, T]，地区 a 和全国标准化经济总量都有所变化，并且其对应的产业结构也有所调整。假设地区 a 的制造产业增加数值为 $b_{i,t}$，报告期阶段产业的增加值规模为 $b_{i,T}$。结合我国的相关划分依据进行类别区分，进而把地区经济界定为 N 个产业部门，即以 $b_{ij,t}$，$b_{ij,T}$（$j=1, 2, 3, \cdots, n$）来代表地区 a 第 j 个产业机构不同阶段的实际增加值规模，进而为之后的深入探究工作提供充分保障。将 B_t、B_T 代表的地区和国家对应阶段的实际增加值规模进行对比，界定 $B_{j,t}$ 和 $B_{j,T}$ 代表其不同阶段第 j 个产业结构的实际增加值规模水平。a 地区的第 j 个产业部门在周期内的变化率为：$r_{ij} = $ （$j=1, 2, 3, \cdots, n$）。国家的 j 个部门在 [t, T] 时期内的变化率，即 $R_{ij} = $ （$j=1, 2, 3, \cdots, n$）。通过国家不同部门的实际占比来对 a 地区的部门进行规模化，进而可以获得其实际的规模指标数据，即 $b_{ij} = $ （$j=1, 2, 3, \cdots, n$）。这样一来，[t, T] 周期内 a 地区第 j 个产业机构的实际增长量 G_{ij} 可以分解为 N_{ij}、P_{ij}、D_{ij} 三个分量，其基本的表述内容如下：

$$G_{ij} = N_{ij} + P_{ij} + D_{ij}$$

$$N_{ij} = b'_{ij} \times R_j$$
$$T_{ij} = P_{ij} + D_{ij}$$
$$P_{ij} = (b_{ij,0} - b'_{ij}) \times R_j$$
$$D_{ij} = b_{ij,0} \times (r_{ij} - R_j)$$

在这一表述内容之中，N_{ij} 主要指地区平均的增长效应，是地区的个体产业结构和国家平均标准发展水平对比后得出的基本变化量；P_{ij} 主要指地区产业结构的增长效应，是产业机构和国家对应部门之间占据的实际比例差异导致其增长水平有一定的偏差，数值水平越高，其对经济增长造成的积极影响就愈加显著；D_{ij} 主要指地区的份额效应，由于发展速度有所差异导致其有一定偏差，表示考察地区该行业综合竞争实力与国家标准水平的差距。

二　数据来源

文章采用《中国统计年鉴（2017）》《中国统计年鉴（2013）》《河南统计年鉴（2017）》《河南统计年鉴（2013）》中工业按行业分规模以上工业企业主要指标中的增加值指标。采用增加值指标能较好地反映各行业的整体赢利能力，能较为全面地反映行业的发展水平。

三　实证分析

（一）河南省制造业份额偏离度分析

经计算，河南省制造业产业份额偏离度如表1所示。

表1　河南省产业份额偏离度分析

行业	N_{ij}	P_{ij}	T_{ij}	S_{ij}	D_{ij}
煤炭开采和洗选业（B06）	-178.11	-36.66	-214.77	-0.35	-114.29
石油和天然气开采业（B07）	-279.89	283.12	3.23	54.88	-149.28
黑色金属矿采选业（B08）	-37.55	28.59	-8.96	0.16	2.60

续表

行业	N_{ij}	P_{ij}	T_{ij}	S_{ij}	D_{ij}
有色金属矿采选业（B09）	-8.82	-20.13	-28.95	0.18	26.65
非金属矿采选业（B10）	10.09	7.08	17.17	0.06	2.10
农副食品加工业（C13）	99.68	59.54	159.22	0.26	74.58
食品制造业（C14）	83.17	62.32	145.49	0.02	2.32
酒、饮料和精制茶制造业（C15）	71.42	1.68	73.10	-0.29	-22.56
烟草制品业（C16）	23.68	-12.34	11.33	0.42	11.57
纺织业（C17）	45.76	-1.25	44.51	0.29	36.73
纺织服装、服饰业（C18）	44.88	-25.23	19.65	2.00	57.95
皮革、毛皮、羽毛及其制品和制鞋业（C19）	29.33	12.74	42.06	0.33	22.40
木材加工及木、竹、藤、棕、草制品业（C20）	30.36	21.04	51.40	-0.59	-39.98
家具制造业（C21）	22.80	6.39	29.19	0.39	11.07
造纸和纸制品业（C22）	10.88	6.23	17.11	-0.35	-31.37
印刷和记录媒介复制业（C23）	20.71	-5.96	14.75	0.46	7.81
文教、工美、体育和娱乐用品制造业（C24）	66.42	-43.20	23.22	11.95	53.90
石油加工、炼焦和核燃料加工业（C25）	51.69	-23.24	28.44	-0.57	-29.73
化学原料及化学制品制造业（C26）	120.04	-58.82	61.22	0.54	77.61
医药制造业（C27）	138.88	-21.30	117.59	-0.01	-0.50
化学纤维制造业（C28）	2.29	-1.39	0.90	-0.50	-5.48
橡胶和塑料制品业（C29）	58.58	-8.47	50.11	0.53	46.45
非金属矿物制品业（C30）	107.83	128.22	236.04	0.15	71.74
黑色金属冶炼及压延加工业（C31）	-29.21	12.02	-17.19	1.03	101.45
有色金属冶炼及压延加工业（C32）	28.89	3.25	32.14	0.17	24.51
金属制品业（C33）	80.04	-30.16	49.87	0.78	51.75
通用设备制造业（C34）	36.43	-7.68	28.75	0.28	46.44
专用设备制造业（C35）	33.08	3.18	36.26	0.27	42.08
汽车制造业（C36）	217.46	-138.35	79.11	0.58	79.41
电气机械及器材制造业（C38）	158.33	-87.67	70.66	0.84	90.62
计算机、通信和其他电子设备制造业（C39）	171.02	-159.24	11.78	7.72	119.01
仪器仪表制造业（C40）	22.00	-13.28	8.72	0.83	13.70
其他制造业（C41）	-15.12	-2.53	-17.65	-0.19	-6.23
废弃资源综合利用业（C42）	7.65	-4.75	2.90	0.94	3.19
电力、热力生产和供应业（D44）	167.96	-186.10	-18.14	-7.32	121.17
燃气生产和供应业（D45）	19.49	-5.30	14.19	-0.13	-1.81
水的生产和供应业（D46）	11.52	-13.04	-1.52	-18.65	11.56

通过对计算出的河南省制造业部门增长量 G_{ij} 的排序可以发现，河南省制造业增长量的部门排序靠前的五个部门依次为电力、热力生产和供应业，计算机、通信和其他电子设备制造业，电气机械及器材制造业，医药制造业。除电力、热力生产和供应业外，其余全部属于高端制造业，是"中国制造2025"鼓励的产业。

N_{ij} 代表的是国家平均增长效应，是地区产业结构和国家标准增长幅度进行对比而产生的实际变化量。通过计算出的 N 值进行排序发现，河南省大部分产业保持增长，特别是汽车制造业，计算机、通信和其他电子设备制造业，电力、热力生产和供应业，电气机械及器材制造业，医药制造业，化学原料及化学制品制造业均保持增长（见表2），表明在国家供给侧改革背景下，河南高端产业取得发展，而煤炭开采和洗选业，黑色金属矿采选业，有色金属矿采选业，石油加工、炼焦和核燃料加工业，化学纤维制造业，黑色金属冶炼及压延加工业，有色金属冶炼及压延加工业，其他制造业，电力、热力的生产和供应业有所萎缩。这部分产业均为资源型、高耗能、高污染行业，这些行业的萎缩与国家经济大环境的因素（电力、热力的生产和供应业）和政策限制及资源市场波动不无关系，使这些产业落后于全国经济增长。

表2　河南省平均增长效应较高的产业

	N_{ij}
汽车制造业（C36）	217.46
计算机、通信和其他电子设备制造业（C39）	171.02
电力、热力生产和供应业（D44）	167.96
电气机械及器材制造业（C38）	158.33
医药制造业（C27）	138.88
化学原料及化学制品制造业（C26）	120.04

P_{ij} 是河南省地区结合参考地区 i 产业增长数据资料，与国家的平均增长率 R 对比所产生的实际增长额差值，表明河南省地区对于产业结构的优劣水平。如果 P_{ij} 值为正数，就表明地区的产业结构趋向规范合理，可以为地

区经济持续发展带来显著效用价值；如果 P_{ij} 值为负数，就代表其产业结构存在诸多不足和缺陷，很有可能阻碍河南省经济总量的增长，需要进行改进。河南省有色金属矿采选业，石油加工、炼焦和核燃料加工业，化学纤维制造业，黑色金属冶炼及压延加工业，有色金属冶炼及压延加工业，以及其他制造业的 P_{ij} 值均为负，表明河南省这些产业内部结构不合理，发展水平落后于全国平均水平，正处于增长缓慢或衰退的状态。根据计算结果，石油和天然气开采业、非金属矿物制品业、食品制造业、农副食品加工业、黑色金属矿采选业为排名前5位的产业，并且 P_{ij} 值均在20以上（见表3），表示这些产业在全国具有一定的竞争力，有能力在竞争中取得优势地位。

表3　河南省产业结构增长效应较高的产业

行业	P_{ij}	行业	P_{ij}
石油和天然气开采业（B07）	283.12	农副食品加工业（C13）	59.54
非金属矿物制品业（C30）	128.22	黑色金属矿采选业（B08）	28.59
食品制造业（C14）	62.32		

D_{ij} 是区位偏离份额（或竞争力偏离分量）。表明河南省地区的 i 产业结合其具体增长率水平和国家平均产业增长数额的差值，彰显出其和参考地区对比下的竞争优势条件；假设地区的竞争实力超过参考地区标准化指标，则 $D_{ij}>0$；反之，$D_{ij}<0$。区位竞争力分量的构成相当复杂，竞争力实际水平受到生产率能力、投资规模以及地区福利政策等影响。河南省共有27个行业 D_{ij} 值为正，为制造业中37个产业的73%，表明河南省制造业总体表现良好，但河南制造业总体 D_{ij} 值较低，有20个行业 D_{ij} 值处于0~1，表明河南省制造业虽然与全国平均水平相当，但在竞争中没有竞争优势。值得注意的是电力、热力的生产和供应业，计算机、通信和其他电子设备制造业，汽车制造业，电气机械及器材制造业的 D_{ij} 值均大于70（见表4），表明这五个行业在全国具有较强的竞争优势，可以成为河南省未来的储备产业。石油和天然气开采业，煤炭开采和洗选业，木材加工及木、竹、藤、棕、草制品业，酒、饮料和精制茶制造业，造纸及纸制品业为 D_{ij} 值最低的5个行业，这五

个行业除均为低级产业和资源型产业,政府可以通过建立适当退出机制的途径,引导其进行转型升级,提高制造业发展水平。

表4 竞争力偏离分量较高的产业

行业	D_{ij}	行业	D_{ij}
电力、热力生产和供应业(D44)	121.17	电气机械及器材制造业(C38)	90.62
计算机、通信和其他电子设备制造业(C39)	119.01	汽车制造业(C36)	79.41
黑色金属冶炼及压延加工业(C31)	101.45		

S_{ij}是部门优势指标,表示该部门在考察期内增长率与全国增长率的差异,S值大于零显示产业部门发展速度较快,反之则发展速度较慢或者衰退。通过对河南省制造业各行业的部门优势分析,发现除石油和天然气开采业,文教、工美、体育和娱乐用品制造业,计算机、通信和其他电子设备制造业,纺织服装、服饰业,黑色金属冶炼及压延加工业,电力、热力生产和供应业,水的生产和供应业外,其他产业的值均在 -1~1 区间内,表明河南省制造业发展水平与全国基本持平。在S_{ij}值较高的产业中,石油和天然气开采业的S_{ij}值最高达54.88(见表5),但由于河南省石油和天然气资源储量较小,该行业可利用技术和管理优势转型成为制造服务业,继续发挥优势。

表5 竞争力偏离分量较高的产业

行业	S_{ij}	行业	S_{ij}
石油和天然气开采业(B07)	54.88	纺织服装、服饰业(C18)	2.00
文教、工美、体育和娱乐用品制造业(C24)	11.95	黑色金属冶炼及压延加工业(C31)	1.03
计算机、通信和其他电子设备制造业(C39)	7.72		

(二)河南制造业竞争力分析

根据《国民经济行业分类》(GB/T 4254-2011)所制定标准,整理2011~2016年河南制造业的竞争力和产业结构进行分析绘制河南省制造业竞争优势和发展优势分析图(见图1)。

竞争力优势分析是以竞争力分量（D_{ij}）为横坐标，以产业结构分量（P_{ij}）为纵坐标建立坐标系，坐标值趋近于 P 轴上方表明其在全国的产业基础好；坐标值趋近于 D 轴右边，表明部门竞争力强。从图 1 可以看到，河南省制造业在竞争力图中集中于第一、二象限，并且处于第二象限的行业多于处于第一象限的产业（见图 1），表明了虽然由于政策、市场波动等原因使河南省制造业大部分行业增长缓慢，但是有巨大潜力。例如，电气机械及器材制造业、汽车制造业、医药制造业的竞争力分量均大于 50，但产业分量（P_{ij}）却小于零，表明河南省一些有潜力的产业正面临增长缓慢和衰退的情况。处于第二象限的行业多于其他象限，说明河南省制造业还有很多潜力尚待挖掘。

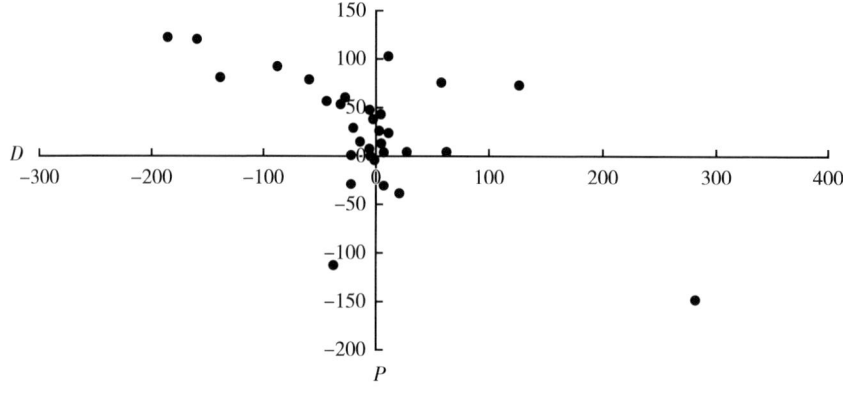

图 1　河南省制造业竞争力分析

增长优势分别是以增长份额分量（N_{ij}）为横坐标，部门优势指标（S_{ij}）为纵坐标建立坐标系，坐标值趋近于 N 轴上方，表示其所占总份额越大；趋近于 S 轴表明增长优势越明显。通过对河南省制造业各行业的分析发现河南省部门优势指标小于 0 的产业共有 10 个，其中只有水的生产和供应业，电力、热力生产和供应业 S_{ij} 值低于 -1，其余 8 个大于 -1，表明河南省产业整体竞争力与全国平均水平相当，除石油和天然气开采业，文教、工美、体育和娱乐用品制造业，计算机、通信和其他电子设备制造业，纺织服装、服饰业,黑色金属冶炼及压延加工业,电力、热力生产和供应业,水的生产和供应业外,其他产业的值均在0~1区间内(见图2)。综合考虑增长份额发现河南省制造业中初级产业所占比重较高,如农副产品加工业和电力、热力生产和供应业所占比重较高,制造业产业偏向低端化。

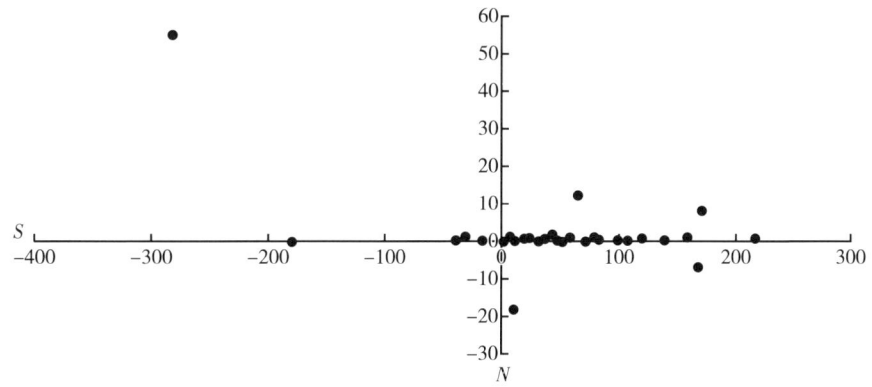

图2　河南省制造业增长优势分析

四　结论及政策建议

(一)结论

文章利用2012年和2016年全国和河南省制造业各行业增加值数据,对河南省产业偏离度进行分析发现,河南省制造业发展虽然体量大,但水平较低,河南省制造业在高端制造业的发展中存在较大潜力。

1. 河南省制造业产业结构不合理

河南省制造业虽然没有明显短板,但也没有优势产业。由于缺少优势产业,使河南省制造业在未来的竞争中缺乏核心竞争力,可能导致经济发展停滞甚至衰退。通过部门优势分析,河南省制造业中各行业大部分与全国平均水平相当,只有5个行业的部门竞争优势分量大于1,而其中除计算机、通信和其他电子设备制造业外均为资源密集型产业,表明河南制造业发展水平总体较低。虽然经济总量高居全国第五位,但制造业的发展水准与经济大省的地位极不相称,通过对河南省制造业的分析,发现其制造业规模虽大,但发展水平较低,急需进行结构性改革,改善产业结构,提高制造业发展水平。

2. 部分行业发展前景与现状偏离较大

笔者通过对河南省制造业竞争力的分析发现,河南省制造业发展较好的行业为劳动密集型、资源密集型行业,而发展潜力较高的技术密集型、资本密集型行业在现阶段发展缓慢甚至衰退。通过计算河南省制造业竞争力分量与行业份额分量的产值可以看出,竞争力与份额差超过警戒水平（>100）的产业达到5个,最严重的包括电力、热力生产和供应业,计算机、通信和其他电子设备制造业。发展潜力与发展水平的不平衡表明现阶段经济资源没有得到最优配置,大量资源流入潜力相对较小的行业,导致资源没有达到最优配置,减缓了河南经济发展速度。政府对这些行业加以适当引导、扶持,这些行业将会成为河南经济的支柱产业,发挥溢出效应,带动其他行业发展。

（二）政策建议

1. 制定长期产业规划,鼓励战略产业发展

政府在制定产业政策时,首先应该根据制造业发展水平以及未来科技发展规律,有效识别河南省地区制造业产业内的优势条件,确定具有发展潜力的产业为战略产业,并为其发展提供金融、政策支持,推动产业的持续发展,为地区经济发展打下坚实基础。建立产业基金,引导基金投入,明确建立退出机制和容错机制,优化投入方式,精确扶持战略新兴产业和特色优势产业发展。分析结果显示,可以将汽车制造业,计算机、通信和其他电子设备制造业,电气机械及器材制造业,医药制造业作为河南省的战略产业进行发展。政府要通过立法方式制定长期战略规划,在未来一段时间内,对战略产业给予人才、资金方面的倾斜,保证战略产业在未来的发展中占得先机。

2.完善市场经济制度

笔者通过对制造业的分析发现,河南省制造业产业结构不合理,要改善产业结构,仅仅通过政府力量还远远不够,还需要充分利用市场的力量,调动企业家的积极性。企业是从事经济活动的主体,在运营管理过程中,要引导其重视要素禀赋结构和比较优势,避免其只追求短期经济效益增加,忽视长远发展。在企业发展过程中,利润的获取依赖于产品和要素的价格,而价格信号只有在竞争性的市场中才能较为充分地反映要素禀赋结构。要使企业家自发选择符合本地区比较优势的技术和产业,必须加快竞争性市场结构的转变。由于竞争性市场建立的复杂性,在现阶段可以通过建立参考价格制度的方式,促进企业家对现有要素价格及未来经济形势形成客观评价,减少不对称信息,进而完善现有市场制度。

3.深化金融领域改革,破解中小企业融资难问题

产业发展、转型离不开资金的支持,而融资难、融资贵是当前河南省制造业面临的主要问题之一。根据2016年第四季度对河南省143家重点企业问卷调查,有49%的企业认为流动资金紧张,11.2%的企业认为贷款余额增加,14.7%的企业认为融资成本增加。企业融资难、融资贵问题,既有金融体系和机制设计问题,也有信息不对称、诚信体系建设不到位等问题,这是一个系统工程。目前,首先应强化制度设计,探索建立中小企业政策银行,完善多层次资本市场,构建金融机构和企业的利益共同体,加大金融支持实体经济,特别是对战略产业的支持力度,进一步减轻企业负担。其次,支持金融机构开展金融创新,建立产业金融体系,将企业资产资本化,在为企业融资提供便利的同时建立相应的退出机制,解除企业发展的后顾之忧,激励企业开拓进取。

参考文献

张约翰、张平宇:《东北装备制造业竞争力评价及影响因素研究》,《中国科学院研

究生院学报》2011年第7期。

傅晓霞、吴利学：《技术差距、创新路径与经济赶超——基于后发国家的内生技术进步模型》，《经济研究》2013年第6期。

杨家伟、乔家君：《河南省产业结构演进与机理探究》，《经济研究》2013年第9期。

杨飞：《南北贸易与技能偏向性技术进步——兼论中国进出口对前沿技术的影响》，《国际经贸探索》2014年第1期。

董直庆、焦翠红、王林辉：《技术进步偏向性跨国传递效应：模型演绎与经验证据》，《中国工业经济》2016年第10期。

产业篇

Industry Article

B.9 河南装备制造业发展态势分析

杨志波[*]

摘 要： 装备制造产业是河南省现代产业体系的重要组成部分，是河南省工业供给侧改革的重要抓手和高质量发展的基础。河南省装备制造产业面临对外依存度高、自主创新能力薄弱、高端人才要素支撑不力等问题。今后河南省应优化装备制造产业创新体系，加快装备制造业智能化信息化改造，加快装备制造业创新载体和平台建设，培育有国际竞争力的装备制造集团。

关键词： 河南 装备制造 高质量发展

---

[*] 杨志波，河南省社会科学院工业经济研究所助理研究员。

装备制造业是为国民经济发展和国防建设提供技术装备的基础性、战略性产业，是衡量一个国家和地区工业化水平发展的重要标志之一，已经成为世界各国抢占竞争优势的制高点。加快发展装备制造产业，有利于缩短产品研发和生产周期、降低生产成本和资源消耗率、提高客户响应率和产品质量，装备产业的发展对于河南省工业供给侧改革和先进性制造强省建设具有重要战略意义。因此，深入研究河南省装备制造产业发展现状及存在的问题，并提出促进河南省装备制造产业发展的对策，具有十分重要的现实意义。

一 河南装备制造产业发展现状

从装备制造业规模来看，2017年上半年，由于国家政策支持和市场需求回暖两方面同时发力，装备制造产业整体实现平稳较快增长。但受原材料价格上涨、融资成本增加、人力成本上涨等多重因素影响，产业整体利润空间受到挤压，利润增长较慢。其中，高端装备制造产业的表现明显优于传统装备制造产业。从装备制造业增加值占比来看，装备制造业占规模以上工业增加值比重一直处于上升阶段，从2017年1月的16%上升到12月的16.7%，提高了0.7个百分点，与2016年相比，月度同比提高0.4个百分点（见图1）。

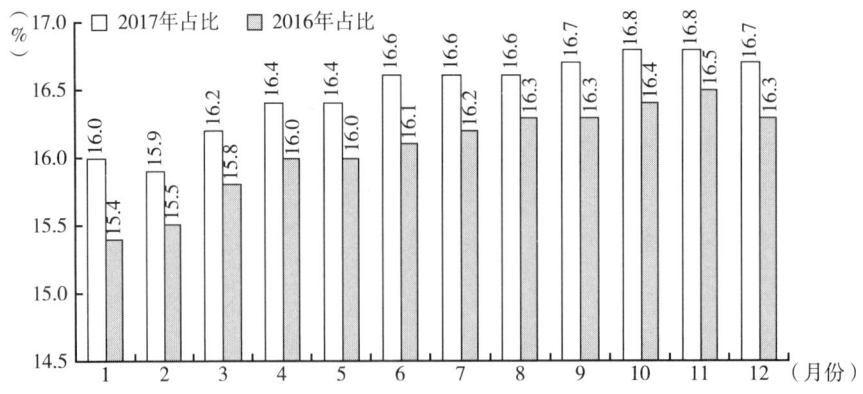

图1　2016~2017年河南省装备制造业工业增加值占比

从装备制造业增速来看，2017年装备制造业工业增加值一直保持较快增长，保持在12%以上，月平均增速在13%左右，单月工业增加值增速高出五大产业工业增加值增速2个百分点。装备制造业工业增加值增速在9月和10月出现了下降（见图2）。全年规模以上装备制造企业工业增加值同比增长14.2%，高于全省工业同期水平。预计2018年，在投资需求收缩和外贸形势压力下，工业增加值增速回升幅度有限。全年有望保持在14%左右。

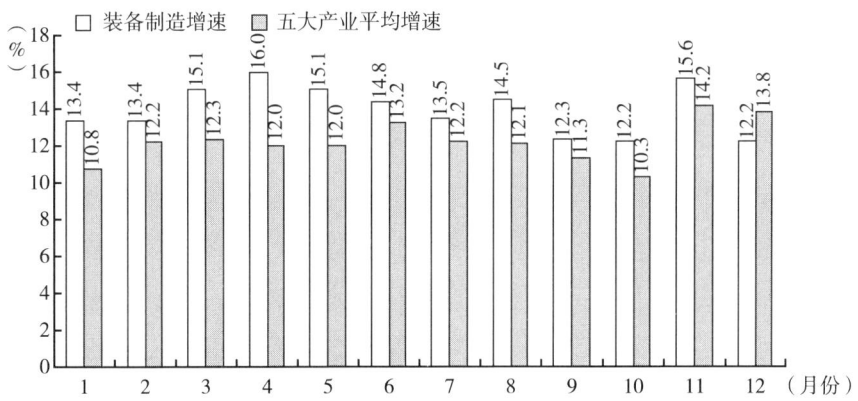

图2 2017年河南省装备工业增加值增速与五大产业工业增加值平均增速

二 河南推进装备制造业发展的主要举措

（一）谋划实施装备制造业转型升级顶层设计

一是河南省政府印发了《河南省装备制造业转型升级行动计划（2017~2020年）》。2017年7月出台了《河南省消费品和装备制造业标准与质量提升实施方案》，明确提出要加快推进智能变电站、智能配电网、柔性交直流输变电设备等核心关键技术研发和标准研制，建设国际先进的智能输变电装备研发生产基地。建设国际先进的智能农用机械研发生产基地，组建跨行业产业技术联盟，推动形成面向农业生产的整体解决方案。打造全国重要的冶金矿山及石油成套装备研发生产基地，建设国内领先的盾构装备研发生产基地、轴承产业研发生产基地，建设全国重要的新型节能电气研发生产基地，发展地铁、轻轨、城际列车和轨道交通大型施工与养护装备，形成配件产品规模化配套能力，主要产品达到国际先进水平。二是积极组织召开装备制造业发展会议，如在10月组织召开省装备制造业转型发展工作会议，11月在洛阳举办全省装备制造业智能化转型发展工作现场观摩及培训会议。三是建立重点项目库月调度机制，加强重点项目的动态管理，持续加强支撑引领类、技术转化类和承接转移类项目的谋划和建设。

（二）加大装备制造业智能化、高端化支持力度

一是积极申报国家智能制造项目。河南心连心化肥等5家企业的5个项目被工信部认定为智能制造试点示范项目。组织开展2017年智能制造综合标准化与新模式应用项目申报工作，共征集各省辖市、省直管县上报项目26个，8个项目被工信部评为2017年智能制造综合标准化与新模式应用项目，取得国家专项资金支持7400万元。二是鼓励重大技术装备创新。将重大技术装备的首台（套）支持政策从郑洛新自主创新区范围扩大到全省；组织开展2017年度首台（套）重大技术装备认定，认定66家企业的102个产品为2017年河南省首台（套）重大技术装备产品。三是实施机器人"十百千"示范应用倍增工程。在10个重复劳动特征明显、劳动强度大、有一定危险性的重点行业，10个装备制造特色产业园区的200余家重点企业示范应用2820台机器人产品。

（三）推动智能装备工业开放式发展

一是组织召开河南省智能装备与机器人产业产销对接专题会议，邀请郑州大学、郑州机械研究所等教授专家举办讲座；组织省内重点机器人企业进行产品展示活动，展现河南省机器人产业发展进步的成果；收集产销对接项目40余个，金额达2亿余元，有效地促进了全省智能装备与机器人产业的

发展。二是组织做好2017年豫沪产业合作对接活动，举办了装备制造暨汽车产业专题对接会，组织省内外企业211家300余人参会。三是分别组织全省装备工业400多家企业的行业管理人员、企业负责人800余人参加在上海、济南、哈尔滨、贵阳、濮阳等地举办的装备工业博览会（展览会），促进对全国各地装备工业发展动态的了解和行业交流合作。

三 河南装备制造转型发展中存在的问题

虽然河南省装备制造业近年来呈现了良好的发展势头，但其中也存在不少问题，主要表现在以下几个方面。

（一）产业链不健全

当前，河南智能装备制造产业缺乏大而强的核心零部件产业体系，整机协同创新步伐缓慢，集中度低，产业链配套不完善，现代制造服务业发展滞后，机械基础件、基础制造工艺及基础材料等相关产业基础薄弱，相关产业协同发展机制有待完善，产业链整体竞争力不强。此外，河南省智能装备制造业大型骨干企业少，缺乏行业排头兵和龙头企业。特别是缺乏集研发、生产、服务于一体的多功能成套企业，围绕大型企业的中小企业集群还没有发育完善，原材料供应、相关零部件生产供应等相关产业发展不足，尚未形成社会化配套的制造体系，这种状况严重影响智能装备制造企业迅速做强做大，难以充分发挥装备制造业对地方经济发展的拉动作用。

（二）协同创新机制不完善

自20世纪80年代开始，河南省建设了一大批制造业创新载体。有科技部批准建设的国家重点实验室和国家工程技术研究中心，国家发改委批准建设的国家工程实验室、国家工程研究中心、国家认定企业技术中心，教育部批准建设的协同创新中心，以及省内各个相应厅局建设的各种创新载体。这些创新载体为推动全省的科技创新和产业创新发挥了重要作用。这些已建成的创新载体基本上处在"技术产生—扩散—首次商业化—产业化"链条上的不同位置,彼此相对独立,这些创新载体多为事业单位或依托高校、科研院所及国有企业而建立的,创新力量比较分散,难以适应网络化协同创新的新趋势和新要求,亟须组建新型创新载体,打造制造业协同创新网络。

(三)成果转化通道不畅

成果转化通道不畅突出表现为科技成果向产业转移转化不够,主要原因在于产业共性关键技术供给主体的缺失和产学研合作不够紧密。原有的行业科研院所转制后,为了自身生存和应付资产保值增值等考核要求,无暇更无力顾及共性技术研发,专业人才队伍不断弱化、流失。同时,产学研协同创新的有效机制尚未形成。高等院校、科研院所与企业拥有不同的评价机制和利益导向,各自创新活动的目的严重分化,导致了创新链上研发与产业化环节出现脱节。此外,河南省装备制造业创新服务体系建设尚不完善,技术创新服务资源分散,各类技术创新服务机构能力不足、服务模式陈旧,无法对产业技术创新提供有效服务。特别是大多数平台主要提供信息咨询、产品检测、产业信息宣传等单一服务,而对于融资担保、人才交流、质量检测技术指导、培训服务、国际合作等提供不足,服务和支撑产业创新的能力亟待提升。

(四)品牌影响力不强

河南省智能装备制造业长期处于产业链的中下游,产品面临同质化严重、技术含量低等问题,行业整体准入条件低,行业规范不够完善,装备制造业整体形象不佳,同业之间恶性竞争现象频发。此外,行业龙头企业不强,没有形成一批规模大、实力强的行业龙头企业,缺乏通过参与资本市场和同行业优势企业整合的能力,龙头企业与中小配套企业的协作联动性不强,尚未形成国际一流水准的企业和品牌。很多企业更倾向于为大型企业贴牌生产,这样既可以利用国内廉价劳动力和土地成本,又省去了创造自身品牌所需的资本。但这种企业运营模式缺乏持续盈利的能力,企业进行重复劳动,只能分得小部分利益。

四 河南装备制造发展面临的新形势

(一)"一带一路"建设为河南"走出去"创造了条件

"一带一路"沿线国家GDP总和预测为12.0万亿美元,占全球GDP的16%;人口总数为32.1亿人,占全球人口的43.4%;对外贸易总额为71885.5亿美元,占全球贸易总额的21.7%。构筑"一带一路"全球经济贸易新的大循环,有望形成继大西洋、太平洋之后的第三大经济发展空间。一方面经过过去十年的发展,河南省工程机械、电力装备、轨道交通装备企业在产品的研发、生产及管理方面积累了丰富的经验,以中信重工、许继电气、中铁装备为代表的龙头企业已经具备了国际竞争力。另一方面"一带一路"沿线大部分国家的工业化程度均不高,这些国家未来对铁路、管线、机场、核电、电信等能源设备和基础设施的需求量将持续增长,这也为河南省智能装备制造业"走出去"提供了巨大的市场空间。

(二)全球装备制造稳步复苏

全球工程机械行业已步入复苏阶段。根据美国2016年至今的月度机械设备制造指数来看,2017年1月和2月PPI指数已经由2016年同期的131.9和132.0分别上升至132.9和133.1。根据日本自2016年至今的月度工程机械产量及增速来看,从2016年9月起,工程机械产量增速逐渐增加,呈现稳步上升的态势。2017年我国挖掘机增速超预期,并在2月达到近5年单月峰值。2017年3月,全国挖掘机销量为2.06万台,同比增速57.04%,继续保持较高水平。"十三五"期间,我国铁路和轨道交通装备固定资产投资将逐步增长,城轨投资额复合增速将达15%,总投资额有望突破3万亿元。2018年特高压有望进入建设高峰期,配网投资加速,第二批增量配网PPP试点已经落地,2018年将落地第三批;国际市场,"一带一路"政策落地后加速推进多边合作,电力设备乘政策东风"走出去",2018年电力装备需求有望加速。

(三)政策支撑逐步加强

随着《中国制造2025》的出台,我国制造业正式踏上了以智能制造为重要发展方向的转型升级之路。2016年12月7日,工业和信息化部、财政部联合制定并印发了《智能制造发展规划(2016~2020年)》,为全国各地大力发展智能制造提供了明晰的发展路径。2017年以来顶层政策不断完善和落地(见表1),装备制造发展再迎契机。

表1 2017年顶层政策不断完善和落地

时间	事项
2017年1月23日	工信部公布第一批制造业单项冠军示范(培育)企业名单
2017年4月20日	习近平在广西考察指出:一个国家一定要有正确的战略选择,我们的战略选择就是要继续抓好制造业
2017年5月17日	李克强主持召开国务院常务会议,部署推进《中国制造2025》深入实施,促进制造业升级
2017年6月25日	中国铁路总公司牵头组织研制、达到世界先进水平的中国标准动车组被命名为"复兴号",这标志着我国高速动车组技术全面实现自主化、标准化和系列化。
2017年7月3日	《人民日报》记者发表调查报告《制造业升级莫成"洋装备"盛宴》
2017年7月10日	李克强考察秦川机床,鼓励企业员工要进一步创新,提升智能制造水平,造出真正的中国机器人
2017年7月17日	苗圩在全国工业和信息化主管部门负责同志座谈会上强调要大力振兴制造业,加快新旧动能转换
2017年7月19日	李克强主持召开国务院常务会议,部署创建"中国制造2025"国家级示范区,加快制造业转型升级
2017年7月27日	谢少锋表示,将出台《制造业"双创"平台培育三年行动计划(2017~2020年)》
2017年8月1日	科技部"智能机器人"重点专项近日正式启动,"智能机器人"重点专项实施周期为5年。2017年拟安排国拨经费总概算约6亿元
2017年8月23日	工信部发布《关于加快推进环保装备制造业发展的指导意见(征求意见稿)》,提出提升环保装备制造业水平,到2020年产值达到1万亿元

续表

时间	事项
2017年8月25日	李克强主持召开推动制造强国建设、持续推进经济结构转型升级座谈会,研究部署相关工作
2017年10月30日	李克强主持召开国务院常务会议,通过《深化"互联网+先进制造业"发展工业互联网的指导意见》,促进实体经济振兴加快转型升级
2017年12月12日	习近平在江苏徐州市考察时指出,必须始终高度重视发展壮大实体经济,抓实体经济一定要抓好制造业。装备制造业是制造业的脊梁,要加大投入、加强研发、加快发展,努力占领世界制高点、掌控技术话语权,使我国成为现代装备制造业大国

(四)良好的发展基础

河南省装备制造业具有良好的发展基础。河南在盾构装备、农机装备、矿山装备和电力装备四个领域具有产业优势,研发了国内最大直径泥水平衡盾构机、世界最大的油压机、领先的矿用自磨机、国内一流的风力发电机组偏航轴承、国内领先的褐煤提质成套装备等。在节能环保装备、轨道交通装备、数控机床和机器人等新兴产业领域发展势头迅猛,拥有安阳鑫盛、贝英数控、台湾友嘉等数控机床生产企业,中信重工瞄准煤矿、军工、电力、消防、化工和市政建设等领域研发的特种机器人现已形成五大机器人系列产品,可以满足灭火、搜救、爆破、拆除、侦察等不同情景下的需求,在国内处于领先水平。宇通重工、郑州锅炉、新乡威猛等节能环保装备企业研发实力强劲。

五 推动河南装备制造产业发展的对策建议

(一)加快装备制造业智能化信息化改造

积极应用数字技术、传感技术改造传统工艺技术和生产装备,增加传统产品的功能和性能,提高技术附加值。集中抓好重点行业数字化、智能化车间示范应用。针对汽车、电工电器、铸造、锻造等市场需求量大、劳动强度高，工作环境差、安全保障条件亟待改善等问题，选择钣金、焊接、锻压、机加工等有代表性的行业和产品，推广应用数控技术、传感器技术和工业机器人，加快建设数字化车间和智能化车间。一是以数字化、智能化技术改造提升输变电装备等4条优势产业链和节能环保成套装备等4条特色产业链，提升相关产业核心竞争力。二是全面落实国家首台（套）政策，鼓励研发重大智能制造成套装备和核心智能测控装置与部件，以首台（套）装备示范应用为载体，调整优化产业产品结构，打造河南装备产业升级版。

（二）培育有国际竞争力的智能装备制造集团

优化企业兼并重组的政策环境，引导企业间进行合理的兼并重组，增加装备制造业中大型企业及特大型企业的数量，利用制造业规模经济效应，发挥不同规模企业的自身优势，促进装备制造企业的协同创新；在装备制造体系较为完善的工业园区，引进产业链上下游企业，提高产业集中度，形成完整的产业集群；提高核心装备制造的自主研发能力，降低重大技术装备的对外依存度，借助"一带一路"平台输出国内优质高端装备制造产品，搭建国际技术交流平台，增强省内产品的国际认可度；利用丰富的创新型融资工具，帮助国有企业解决不良债务问题，为中小企业提供技术研发资金支持；建设装备制造业国际信息平台，及时了解全球消费者的需求变化，在新兴装备制造业领域积极创新，填补国际市场空白，在国际市场中占据主导地位。继续在全省装备制造行业开展以"自主创新、降本增效"为主旨的示范活动，倡导企业引进、推广先进的管理模式，创新驱动、优化结构、降低成本、提高效益。同时，引导企业延伸拓展产业链条，增强生产服务能力，全面提升装备制造业生产服务化水平。重点围绕产业升级转型，支持中信重工、许继集团、森源集团、宇通重工、郑煤机等骨干企业在系统成套、工程承包、维修改造、备件供应、设备租赁、再制造等方面开展增值服务，促进企业由单一提供设备向提供成套设备和工程总承包转变。以输变电设备、大型水泥设备、大型化工装备、煤炭综采设备等企业为重点，加强与工程设计、施工单位的战略合作，提升企业的系统成套和工程承包能力，发展成为具有总承包能力的大型企业集团。鼓励中信重工、许继集团等有条件的企业，延伸扩展研发、设计、信息化服务等业务，逐步实现服务专业化、社会化。

（三）加快智能装备制造业创新载体和平台建设

一是把创新作为制造业发展的主引擎，面向海内外搭建高水平要素整合平台、引领性创新平台，与"互联网＋""双创"结合，在创新体系建设、智能制造和绿色制造等方面先行先试。二是加快建设制造业创新中心。总结首批创新中心培育和创建成功经验，通过组织座谈、培训、研讨等方式加强指导，进一步突出协作化、市场化、产业化和可持续发展的导向，加快建立"公司＋联盟""小核心＋大协作"的组织架构，构建多元化投融资渠道，探索更加有效的运营模式和盈利模式。三是完善跨界协同的装备制造业创新生态系统，弥补装备制造业创新链从实验室产品到产业化之间的缺失环节，鼓励和支持民营企业建立研发机构、实验室和中试基地。鼓励开展产学研联合攻关，发挥骨干企业主导作用、中小企业协同配套作用、高校科研院所技术支撑基础作用和行业中介组织的保障服务作用，形成联合开发、优势互补、成果共享、风险共担的产学研协同创新机制。依托装备制造业基础雄厚、研发创新实力强的市区，探索创建一批区域级制造业创新中心，在现有的基础上加快推进输变电装备、农机装备等创新中心的建设，开展共性关键技术的研究和产业化的应用示范，充分发挥溢出效应，优化装备制造业创新生态环境，破解行业共性技术供给不足的难题，构建装备制造业多层次、网络化创新体系，提高创新生态系统开放协同性。

（四）统筹兼顾"引进来"与"走出去"

1. 调整产品出口结构

调整河南省装备制造业"走出去"的产品结构，在新兴领域和发展空间较大的领域投入技术人才和科研基金，培养装备制造行业的竞争优势。完善装备制造业出口配套行业服务，积极开发配套产业链，提高配套行业出比例，提高河南省装备制造业的口碑和售后服务的质量。充分发挥河南省在输变电装备、农机装备、盾构装备和矿山装备等领域的竞争优势，积极打造国际知名品牌。鼓励社会资本向高端装备制造领域投资，使用创新型融资模式。

2. 提高海外工程总包能力

提高海外工程总包能力，将贸易方式由加工贸易向总工程承包贸易转变，通过海外出口承包贸易搭建国外产业链和技术的学习平台，学习国外先进技术和管理模式。通过海外承包贸易向国外输出国内产业链和技术标准，在质量认定标准上掌握主动权；通过海外承包推动整个行业集群的发展，促进工程设计到施工生产再到后续服务等环节的能力同步提升，同时可以推动配套产业发展，扩大省内原材料市场，提高装备制造业国际承包能力的综合竞争力，将工程承包能力提升到国际先进水平。

3. 增强企业风险防范意识

在企业"走出去"与"引进来"的过程中，增强法律保护意识，了解主要合作国家的相关法律法规，增加工作人员的法制教育。设立专门的法律咨询机构帮助企业解决跨国贸易诉讼问题，鼓励企业间多方面的合作，共同应对贸易摩擦，减少不必要的资本流失。鼓励企业与国外当地企业进行深层次的交流与合作，了解当地的文化风俗和消费习惯，采取品牌间的协作和联合，分散企业风险。

参考文献

王影、冷单：《我国智能装备制造产业的现存问题及发展思路》，《经济纵横》2015年第1期。

张文利、周友良：《我国智能装备制造产业发展的调控策略》，《经济纵横》2016年第12期。

李海海、苗龙：《以军民融合推动我国智能装备制造产业发展研究》，《经济纵横》2016年第10期。

王媛媛、张华荣:《全球智能制造业发展现状及中国对策》,《东南学术》2016年第6期。

王媛媛、宗伟:《第三次工业革命背景下推进我国智能制造业发展问题研究》,《亚太经济》2016年第5期。

孟凡生、赵刚:《传统制造向智能制造发展影响因素研究》,《科技进步与对策》2018年第1期。

尹响、杨继瑞:《我国高端装备制造产业国际化的路径与对策分析》,《经济学家》2016年第4期。

夏后学、谭清美、王斌:《装备制造业高端化的新型产业创新平台研究——智能生产与服务网络视角》,《科研管理》2017年第12期。

李晶、井崇任:《促进高端装备制造业发展的财政税收政策研究》,《财经问题研究》2013年第4期。

孙柏林:《未来智能装备制造业发展趋势述评》,《自动化仪表》2013年第1期。

B.10
河南食品制造业发展态势分析

李婧瑗*

摘　要： 食品制造业既是重要的消费品工业,也是与民生紧密联系的基础性产业。食品制造业作为富国强省的万亿元级传统优势产业,在制造业供给侧结构性改革中,在河南省先进制造业强省的建设步伐中,被列为五大主导产业之一。在新旧动能转换、消费升级的历史方位中,河南食品制造业亟须从大到强,以满足人民日益增长的美好生活需要。

关键词： 河南　食品制造业　消费升级

一　河南食品制造发展态势

河南地处中原腹地,具备食品制造业发展的自然优势,有较大规模的农业和畜牧业基础。2017年,河南食品制造业继续突破万亿元的主营业务收入,既是全省工业经济发展的重要组成部分,也是全省经济总量呈现良好走势的支柱产业之一。

（一）万亿元级产业保持较快增长

2017年1~10月,河南食品制造业主营业务收入已突破万亿元大关,达10639亿元,同比增长9.9%。2017年3~12月,食品制造业规模以上工

---

* 李婧瑗,河南省社会科学院工业经济研究所助理研究员。

业增加值月平均增速为11.6%，高于全省规模以上工业增加值月平均增速3.5个百分点，略低于五大主导产业增加值的月平均增速（12.3%）0.7个百分点（见图1）。2017年4～12月，食品制造业规模以上工业增加值占规模以上工业增加值的比重与上年同期相比有所下降。在五大主导产业中，食品制造业的发展处于中等水平，正在努力实现加快结构转型、动力转换、方式转变，提高供给质量效率，促进稳增长、调结构、增效益的改革发展。

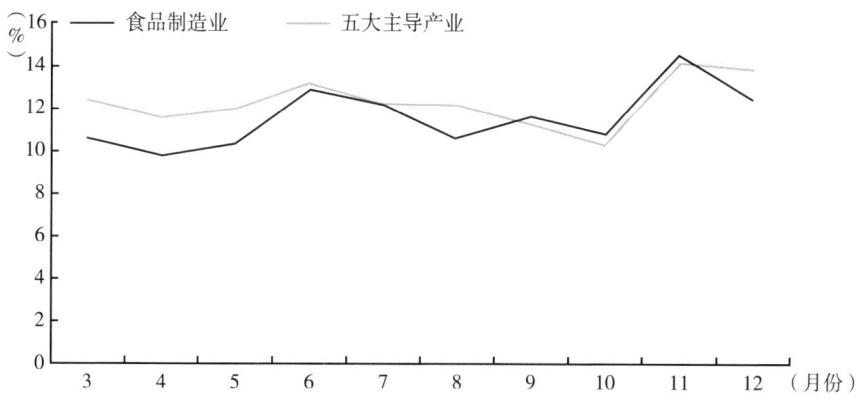

图1 2017年3～12月河南食品制造业与五大主导产业增加值增速比较

数据来源：河南省统计局。

（二）主要产品产量保持领先

2017年3～11月，河南畜肉制品产量为168.9万吨，与2016年的171.7万吨相比略有下降，同比增长-1.6%（见图2）。2017年3～11月，河南速冻米面食品产量为278万吨，与2016年的254万吨相比有较大幅度的增长，增长率为9.4%（见图3）。

（三）重点产业转型升级步伐加快

1.借助互联网、物联网等技术支撑，河南冷链食品呈现平台化发展态势

以河南鲜易供应链为例，作为全国温控供应链的标杆企业和河南省服

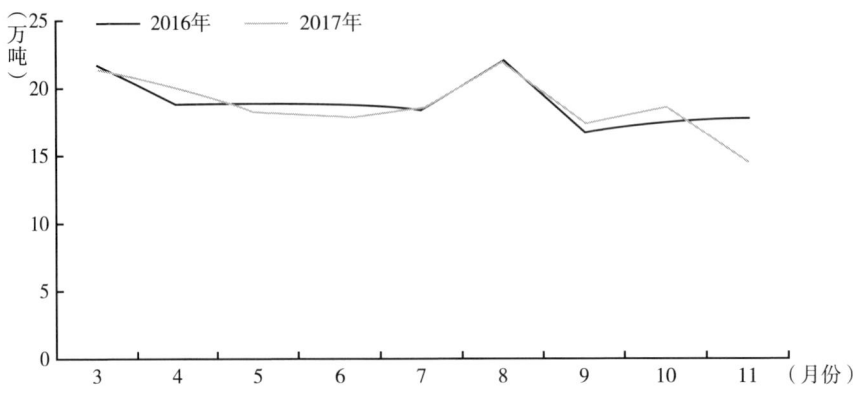

图2 2016年和2017年3~11月河南畜肉制品产量

数据来源:河南省统计局。

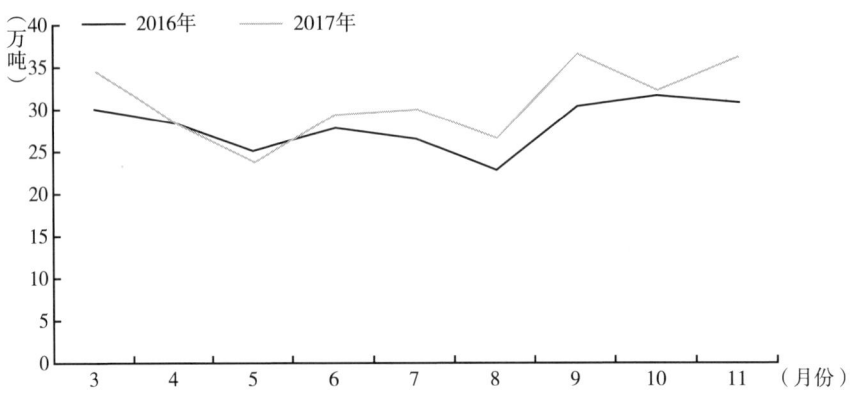

图3 2016年和2017年3~11月河南速冻米面食品产量

数据来源:河南省统计局。

型制造示范企业,河南鲜易构建起集冷链物流平台、集采分销平台、供应链金融平台于一体的温控供应链服务平台,以生鲜食品行业的互联网背景为基础,深度融合供应链、服务链和产业链,打造温控供应链集成服务商。

2. 白酒产业转型步伐加快

河南省是全国重要的白酒生产大省、消费大省和酒文化大省。2016年,全省规模以上白酒企业133家，实现产量117.5万千升，居全国第2位；实现销售收入328.9亿元，居全国第5位；实现利润27.83亿元，居全国第7位；先后培育出以仰韶、宋河、杜康、赊店、宝丰、张弓和皇沟等为代表的白酒品牌。2017年3～11月，河南白酒产量高达97.9万千升，比2016年同期增加8.2万千升，同比增长8.9%（见图4）。其中，1～11月仰韶和赊店两大酒企的主营业务收入同比分别增长32%和30%。

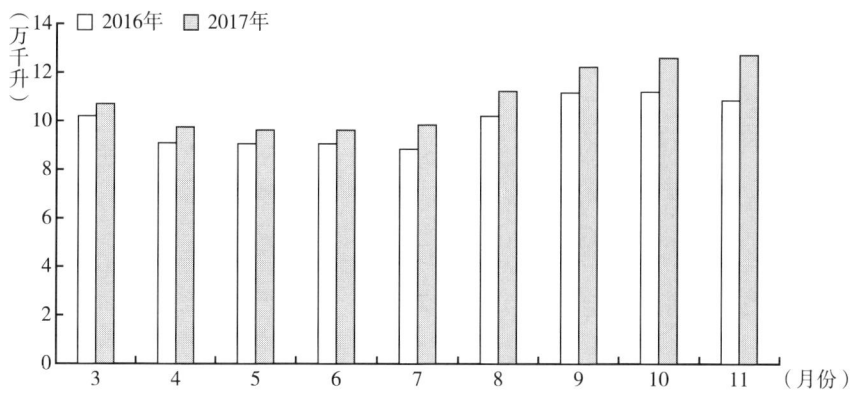

图4 2016年和2017年3～11月河南白酒产量

数据来源：河南省统计局。

（四）企业国际化发展成效明显

2017年，双汇集团借助世界500强优势，充分发挥全球100多家子公司的协同效应，加快外贸发展，支持主业做大做强。2017年1～11月，双汇集团实现销售收入481.7亿元，年度超500亿元已成定局。挂面作为主打食品之一，国际市场需求较大，出口前景较好。2017年8月，河南挂面制品首次出口澳大利亚，为该类产品扩大出口积累了经验。2017年11月，思念食品宣布美国工厂开工建设，这是河南食品制造企业在欧美地区直接切入市场腹地的又一国际化举动。在国家质检总局公布的2017年度国家级出口食品农产品质量安全示范区名单中，河南有7家入选。目前，河南此类国家级示范区已达30家，稳居全国第2位。

二 河南推进食品制造转型发展的主要举措

2017年,河南食品制造业以推动冷链食品、豫酒、高端产品供给,打造知名食品品牌和全产业链企业品牌为重点工作,加快食品制造业转型攻坚,增强创新优势。

(一)实施"三品"专项行动

食品制造业以供给侧结构性改革为重点,开展增品种、提品质、创品牌的"三品"专项行动,提高食品产品的有效供给能力和水平。通过实施营造营商环境,严格市场监管,完善产业政策,加强政策支持,夯实人才支撑,发挥协会作用,加强舆论引导等保障措施,把实施"三品"战略作为推进食品产业供给侧结构性改革的重要举措。河南省工信委联合河南日报报业集团、黑蜘蛛电子商务股份有限公司研究起草《2017年"精品河南—豫优食品"推荐评选工作方案》,谋划评选推出河南省优质食品,提升河南省产品知名度,打造河南食品名优单品品牌效应,进一步提高河南省食品制造业市场竞争力和品牌附加值。

(二)完善企业诚信管理体系

建立食品制造企业诚信管理体系是保障食品质量安全、促进行业健康发展的治本之策。建设食品制造业诚信体系,既要提高企业诚信意识,规范企业诚信经营行为,建立企业诚信管理制度,也要完善食品制造业诚信市场监督机制。2017年7月,我国正式颁布《食品工业企业诚信管理体系》国家标准,为保证食品质量安全提供法律法规保障。河南省积极推动食品工业企业诚信管理体系建设,探索制定激励企业开展诚信体系建设的政策和措施,同时联合有关职能部门共同完善监督惩戒机制,加快行业诚信体系建设。为贯彻《食品工业企业诚信管理体系》国家标准,推动全省食品工业诚信管理体系建设工作,于2017年11月15日在郑州举办全省食品工业企业诚信管理体系贯标培训班,邀请国家认监委认证认可技术所食品诚信管理体系专家进行贯标,并进行食品工业企业诚信管理体系认证培训,30 余家食品企业近 200 人参加了培训。

(三)组织系列深度对接活动

1. 组织全省冷链食品专题对接活动

2017 年 3 月 21 日,在郑州组织召开全省冷链食品专题对接活动,有 240 家企业前来参加,现场 13 个企业签约,签约金额高达 43.3 亿元。其中,冷链食品物流签约金额突破 1.68 亿元,许昌鲜易直接突破 1.2 亿元,推动全省冷链食品产业链的发展,将产业链、供应链与金融链有机融合在一起,促使全省冷链食品产业加快发展。

2. 开展豫沪食品产业对接活动

2017 年 5 月,河南省延津、汤阴、潢川、虞城和临颍县的 9 个食品工业强县的产业集聚区赴上海开展豫沪食品产业对接活动,部分县(区)委书记、县长亲自进行推介,有效推动了豫沪食品企业间的互动、互补和交流合作。

3. 举办各类食品展会

组织食品企业积极参加第九届中国(永城)面粉食品博览会、第十五届中国(漯河)食品博览会和 2017 商丘食品博览会等地市开展的各类食品业展览、展会。

(四)着力培育行业互联网平台

重应用、树示范,加速河南省食品制造业与互联网融合发展,推动"两化融合"贯标工作。积极组织省内企业参加互联网与制造业深度融合系列论坛,加快互联网技术与制造业的融合发展,推荐一批有技术、有实力的企业成为省级工业云应用、物流大数据应用、电子政务应用示范企业。扶持一批有条件的互联网平台型企业,比如双汇集团"万家便利网"、南街村集团"食品追溯网",实现全产业链高效协同,带动关联企业向网络化、服务化新型生产方式转变。

（五）推进转型发展专项行动

以白酒产业为例，为加快酒业结构调整和转型升级，全面提升豫酒核心竞争力和综合实力，2017年10月，河南省出台《河南省酒业转型发展行动计划（2017~2020年）》，提出实施企业重组、推进品牌重塑、优化产品结构、提高产品品质、加快营销模式重建、大力开拓市场、发展原酒基地和原料基地、培养人才队伍、建设专业园区、推动绿色发展的重点任务。随后，建立工作责任制，细化分解任务，明确时间节点，有效推动计划落实。成立河南省酒业转型发展协调推进工作领导小组，明确议事协调机构的工作框架。组织系列推进会议和活动，召开全省白酒业转型发展工作会议。成立白酒业转型发展专家委员会，切实加强对豫酒转型发展全局性、战略性和前瞻性重大问题的研究。

（六）深入开展专题调研

为深入了解产业转型发展面临的问题，省委、省政府领导及各部门开展了系列深度调研活动。以白酒为例，省工信委和酒企代表等先后赴江苏调研洋河酒业，到贵州调研茅台、习酒、董酒等企业，至四川调研五粮液、泸州老窖、中国白酒金三角酒业园区等，学习洋河"真绵柔、更绵柔、最绵柔"的理想信念和茅台"一瓶茅台酒要经过30道工序、165个工艺环节的锤炼，至少历时五年才能出厂"品质坚守的精神，以及四川白酒业资源整合、集中推介、抱团发展的经验。通过考察学习、深入讨论，对标一线酒企开展精益化管理提升活动，进一步明确豫酒风格风味特点，提出提升豫酒品质，打造"河南好酒"大单品和超级单品，加快豫酒振兴步伐。

三 河南食品制造高质量发展面临的新形势

面对消费驱动力的持续增强，以健康为核心的食品产品转型，食品品牌价值提升的机遇,河南食品同样迎来了更加严格的食品安全监管和进口食品的冲击。

(一)面临的机遇与有利条件

1. 消费升级拓展食品产业空间

2018年,国家将进一步扩大消费,持续释放内需潜力。根据预测,未来5年,我国消费者的消费增长速度将保持在年均14%左右,并呈现出新的食品消费品升级趋势。一是年轻消费者数量激增。随着"80后""90后"成家立业,年轻人逐渐成为食品消费领域的重要人群,消费能力约占食品市场的65%。他们更愿意购买高档、健康、新鲜、有机、进口的高消费食品。二是人口老龄化现象。预计到2020年,我国60岁及以上老人将达到2.48亿人。老年人在选择食品时会注重营养、保健功效,具有降血糖、降血脂、促消化的药食同源的食品更受老龄消费者的欢迎。三是全面放开"二孩"政策。随着二孩时代来临,新生儿数量增加,与婴幼儿、儿童相关的食品市场需求变大,包括配方奶粉、婴儿辅食系列、儿童面条、儿童水饺等。四是消费者更加重视零食的健康属性。与过去追求食品口感与味道不同,现在的消费者不再过多地购买例如火腿肠、方便面、碳酸饮料等,而是选择坚果、牛奶、短保面包等较为健康的零食,并成为一种生活习惯。

2. 安全健康重塑产业竞争格局

对食品制造业而言,粮食安全是基础,食品安全是保障,健康、营养食品产品是未来的发展方向和终极目标。作为产品的实现主体,食品制造企业要紧密追踪食品行业最新法规和标准要求。在国家大健康产业背景下,随着消费水平的提高和对自我健康意识的重视,中国保健食品市场将迎来巨大的发展机遇。根据预测,中国保健食品市场在未来五年将新增1000亿元规模。在需求增长的同时,不断有新的保健食品行业竞争者进入并伴随着商业模式的创新。

（二）面临的挑战与制约因素

1. 更加严格的食品安全监管

习近平总书记在党的十九大报告中指出："实施食品安全战略，让人民吃得放心。"这是党中央对群众呼声的直接回应，也是对群众期盼的郑重承诺。民以食为天，加强食品安全工作，关系我国13亿多人的身体健康和生命安全，必须抓得紧而又紧。2017年2月，国务院印发《"十三五"国家食品安全规划》，提出保障食品安全是建设健康中国、增进人民福祉的重要内容，是以人民为中心发展思想的具体体现。当前，我国食品安全事件仍然频发，食品安全风险隐患依然严峻，未来将迎来更加严格的防范、监管和控制，全面做好"从农田到餐桌"全过程的食品安全工作。重视基层基础工作，必须用职业化的检查员队伍，以最严谨的标准依法治理，以最严厉的方式进行处罚，以最严肃的态度追究问责，保障食品安全监管的统一性和专业性。

2. 进口食品的冲击

当前，越来越多的进口食品开始进入国人的餐桌。在进口食品高歌猛进地收割中产阶层消费需求时，国内食品厂商却困顿于萎靡不振的销售业绩。如何搭上国民消费升级的"高铁"、应对进口食品冲击，是当下国内食品行业共同面对的问题。食品饮料作为市场化程度较高的消费品种类，包括葡萄酒、啤酒、乳制品在内的多个子行业都在不同程度上受到了进口产品的冲击，而线上渠道的快速发展和跨境购业务的高速增长都减弱了消费者获取进口产品的门槛和壁垒，国外产品的进入蚕食了国内企业的市场份额，对国内企业收入规模和盈利能力层面都产生了负面的影响。特别是电子商务的兴起，使世界各地的优质产品得以涌向中国。根据国家发改委进口商品协会发布的数据，中国未来进口食品市场销量将以每年增长15%的速度保持高速增长，预测到2018年进口食品市场将达到5258亿元。国内进口商品市场的持续扩张，使大批淘金者争相前来分割这块蛋糕。

四 河南食品制造转型发展中存在的问题

河南食品制造业总体规模较大,利润水平较高,是河南制造业中重要的经济支撑。但在新消费市场转变过程中,与发达地区相比,河南食品制造业仍存在产品层次偏低,企业缺乏核心竞争力,中小企业融资难,食品安全问题仍然突出等问题。

(一)产品层次依旧偏低

食品产品中高端供给能力与人民对美好生活的需要不适应。食品工业初级加工和低档次产品多,精深加工产品少。粮食、花生、蔬菜、果品、水产品等产量居全国前列,在粮食加工、果蔬加工行业占据了优势,但果蔬加工率与发达地区相比还有不小的差距,大多数中小企业存在原料综合利用率低的问题。

(二)企业缺乏核心竞争力

河南食品制造企业数量多,但规模以上企业占比较少,且多数企业生产规模较小、层次较低,分布零散,缺乏规范的产业体系和集群化管理,抗风险能力较弱,缺乏核心竞争力。在产品定位方面,缺乏战略定位,多数企业以粗加工的一般中低端产品为主,在高端产品领域几乎是空白,与高端化的食品消费趋势脱节,产品竞争力较低。在技术创新方面,模仿式的"家庭作坊"生产方式较为普遍,除了双汇、思念等食品龙头企业主动建立了研发部门,其他多数企业对食品技术创新、高档食品开发的理念还比较落后。

(三)中小企业融资难

受市场不景气、有效需求不足等因素影响,企业投资食品制造业的意愿不强。受劳动力成本上升较快等因素影响,承接产业转移难度加大,融资成本较高,已落地的企业不愿继续投资扩大产能。河南省大部分食品企业为中小型或小微企业，其自身资产规模较小，例如固定资产少、缺少抵押物等，或因资信程度较低、财务制度不健全等因素，导致融资能力有限，企业发展遭遇资金瓶颈。

（四）食品安全问题仍然突出

河南是食品生产、消费和输出大省，食品安全关系人民群众切实利益、社会大局和谐稳定、食品产业持续发展。2018年河南省政府工作报告提出要推进食品安全省的建设，让人民群众吃得更安全、更放心。近年来，河南省食品安全工作成效显著，但在生产、包装等环节中仍存在不少隐患。例如，豫酒缺乏全国一流的领军品牌和领军企业，低、小、散、乱仍是河南白酒行业的普遍现象，导致白酒安全问题时有发生。2017年，全省共查处酒类行政处罚案件154起，打击假酒犯罪全国集群战役9起，破获案件11起，捣毁假酒生产、仓储窝点24个，严厉打击了白酒生产经营中的违法违规行为。

五 推动河南食品制造高质量发展的对策建议

突出优势行业的引领带动作用，坚持以互联网、物联网等新一代信息技术改造提升食品制造业，培育新业态新模式，推动食品产业迈向高质量发展。

（一）聚焦高端化提升产品层次

当前，正是中国食品企业向世界级万亿元市值食品巨头迈进的关键历史机遇期。瞄准食品产业"六化"目标，引导激励企业开展精深加工、增加产品种类、提升产品质量、确保产品安全健康。引导支持食品企业加快技术创新和新产品研发，大力发展功能食品、保健食品，推动食品产业向更高、更好、更安全、更高质量的发展。进一步强化食品产业集聚效应，打造特色鲜明、配套完善的食品产业集群。进一步发挥龙头企业的带动辐射作用，激励企业持续开展技术改造，升级产品，巩固和保持技术领先优势，增强核心竞争力。

（二）聚焦"三品"行动提升附加值

把"三品"战略的理念拓展到食品制造业的各个行业领域，加强分类指导，强化科技创新驱动，谋划一批新举措、新手段，加快河南省食品制造业从低成本竞争的优势向高质量高适应性优势的转变。引导支持食品制造企业适应食品消费需求升级的新趋势，在食品产品开发、外观设计、产品包装、市场营销等方面加强创新，积极运用新技术、新工艺、新材料来改善食品质量，形成具有高附加值的产品。培育一批著名食品企业，制定品牌发展战略，引导企业增强品牌意识，实施名牌品牌激励措施，对世界名牌、中国名牌产品的企业进行奖励。

（三）聚焦产学研合作加快新产品开发

鼓励企业走技术引进与自主创新相结合的创新路径。打造由龙头食品企业、中小企业、科研院所形成的"产、学、研"相结合的创新平台，建立多方稳定、高效的协作关系，形成较强的创新驱动能力，提升专业、精细、特定的食品产品技术水平。鼓励企业筹建食品产品研发中心，不断开发具有自主知识产权的创新型食品产品。

（四）聚焦龙头企业打造工业互联网平台

2017年11月，国务院出台《关于深化"互联网+先进制造业"发展工业互联网的指导意见》，推动互联网与实体经济深度融合。河南食品产业在全国具有较大规模和影响力，要引导具有互联网优势的食品制造企业打造互联网平台，培育食品平台经济。例如，鲜易控股旗下有鲜易网、日日鲜、冷链马甲等互联网平台，在打造食品互联网平台方面积累了经验。既要加快工业互联网平台建设，推动平台功能不断完善，又要提升现有平台的运营能力，重点依托龙头企业培育食品工业互联网平台，形成包括消费者、供应链、销售商、物流等在内的生态圈，为整个行业提供转型升级的平台支撑。

B.11
河南新型材料制造业发展态势分析

宋 歌[*]

摘　要： 新型材料制造业是河南建设先进制造业强省着力推进的五大主导产业之一和转型发展攻坚的12个重点产业之一，近年来受到高度重视。2017年，在一系列有力措施推动下，河南新型材料制造业平稳运行，行业效益好转，新产品开发、企业升级等方面表现突出；但同时，其在转型发展中也存在着规模小、速度低、产品结构不合理、创新能力不强以及要素保障不健全等突出问题。展望未来，河南新型材料制造业作为新材料产业的一部分，既面临有利条件和巨大机遇，也存在系列挑战及制约因素；在新形势下，应重点围绕创新发展、集聚发展、绿色发展及整合发展等方面采取相应对策，在扩大总量、加快发展的同时，努力实现产业的高质量发展。

关键词： 河南　新型材料制造业　高质量发展

河南是全国重要的材料产业大省，在合金材料、超硬材料、化工材料等领域具有明显优势，向新型材料制造延伸具有广阔的提升空间。因此，在建设先进制造业强省和推进转型发展的攻坚进程中，新型材料制造被置于重要位置，成为河南着力推进的五大主导产业之一和转型发展攻坚的12个重点产业之一。作为新材料产业的一部分，河南所提出的新型材料制造主要聚焦

---

[*] 宋歌：河南省社会科学院工业经济研究所副研究员。

于铝加工及特色有色金属材料、新型钢铁材料、新型化工材料、新型建材、新型耐火材料以及超硬材料等领域，这是河南立足现状、依托优势所做出的新定位。2017年以来，河南新型材料制造业发展势头良好，对全省经济发展的支撑和引领作用显现。面对经济发展新阶段，河南新型材料制造业发展机遇与挑战并存，必须摆脱传统产业发展的束缚，努力实现产业的高质量快速发展。

一 河南新型材料制造业发展态势

2016年底出台的《河南省推进制造业供给侧结构性改革专项行动方案（2016~2018）》提出，围绕先进制造业强省建设，要壮大装备制造、食品制造、新型材料制造、电子制造、汽车制造等主导产业。这是河南首次在正式文件中提出要壮大"五大主导产业"，同时，也首次将新型材料制造提高到重要位置，列入主导产业之一。2017年以来，在一系列有力措施的助推下，河南新型材料制造业平稳运行，行业效益好转，在新产品开发、企业升级等方面表现突出。

（一）产业增长保持平稳

2017年，全省新型材料制造规模以上工业增加值同比增长7.3%，占规模以上工业的比重达到4.3%，对全省国民生产总值的贡献率为3.7%，拉动经济增长0.3个百分点。分月度来看，2017年上半年，全省新型材料制造规模以上工业增加值增速较快，至6月同比增长达到12.7%，高于全省规模以上工业增加值增速4.2个百分点；下半年增速虽逐渐回落（见图1）。从整体上看，全年累计增速呈前高后稳的态势，相对较为平稳。

（二）行业效益整体向好

2016年，河南新型材料制造业主营业务收入5000亿元，同比增长10%。2017年前三季度，河南新型材料制造业实现营业收入3302亿元，同

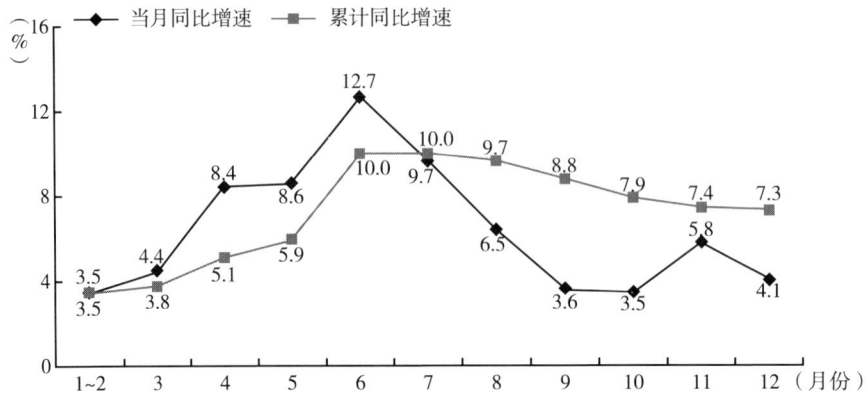

图1 2017年河南新型材料制造规模以上工业增加值月增速变化

比增长20%；利润241.9亿元，同比增长38.6%，增长幅度高于全省工业利润增长幅度24.8个百分点。2017年，全省钢铁、有色金属、建材、耐材等行业大力开展去产能、补短板、调结构、增效益等系列工作，行业经济效益普遍好转，呈整体向好的态势。尤其在钢铁行业内，一些长期亏损的企业实现了扭亏为盈。在过剩违规产能退出并出清的背景下，钢铁行业的优势产能获得更大空间，安阳钢铁、信阳钢铁、凤宝钢铁、舞阳钢铁、济源钢铁、亚新钢铁、永兴锅炉、汉冶特钢、新普钢铁9家重点企业经营效益明显好转，自7月大量盈利，8月全部实现盈利，全年销售收入915.70亿元，同比增长27.27%；利润43.91亿元，同比增长606.54%。其中，安阳钢铁利润总额超过20亿元，同比增长1619.09%；新普钢铁同比增长1282.65%，凤宝钢铁同比增长803.41%。总体上，全省钢铁行业销售利润率达4.31%，远远好于上年。

（三）新产品开发取得突破

近年来，随着河南新型材料制造向中高端迈进，一批重点企业主动进行战略调整，向高技术含量、高附加值产品延伸，新型材料开发不断取得重大突破。

在钢铁行业，2017年全省重点钢铁企业研发新产品44项。其中，安钢电力高压变压器用高磁感取向硅钢获发明专利3项，低碳贝氏体Q420Q系列高强度桥梁钢获发明专利1项，经济型高扭公铁两用桥梁钢系列产品开发获发明专利2项。永通特钢经数年奋斗，自主研发成功索氏体高强不锈结构钢S600E，使结构钢里有了不锈钢，不锈钢里有了结构钢。该钢种具有高强度、耐腐蚀和良好的焊接性能，可以广泛用于军工、石化、建筑、电力、海洋工程等多个行业。舞阳钢铁自主研发的厚390毫米20MNNIMO电渣钢应用在我国C919大客机上；研发的厚200毫米铬钼钢SA387GR11CL2创国内厚度最大，供中石化茂湛世界级炼化基地用于热高压分离器核心装备。

在有色金属行业，鹤壁万德芙镁与中南大学合作研发出新型高强韧镁合金材料，该材料具有性能稳定、质量轻、防腐等特点，可作为陆航武器装备材料在航空航天领域应用。郑州轻研合金研发的超轻镁锂合金成功应用于我国某型号军机吊舱，该材料比铝合金材质减重了46%，实现了镁锂合金在航空领域恶劣环境下大规模应用的重大突破。

在耐火材料行业，濮阳濮耐、中钢耐研院、河南熔金、洛阳利尔等企业开发了一批具有国际、国内先进水平的技术成果，有十余项通过了技术评定（评价），巩义通达、河南瑞泰、河南特耐等企业多项成果获得了国家建材、省建材技术革新奖，推动了新型耐材的发展。

（四）传统企业升级步伐加快

面对向新型材料制造转型发展的新形势，全省材料制造业加快产业产品结构调整步伐，一批传统企业围绕产品质量、规模结构、技术装备水平以及节能减排、发展循环经济等方面推进转型升级，取得明显成效。2017年以来，钢铁、煤炭、电解铝、水泥等过剩行业产量进一步下降，低端无效产能逐渐退出市场，材料制造的高端化、绿色化正成为发展的主流。钢铁行业主动向优质特种钢铁、服务型钢铁转型。安钢集团积极适应钢铁行业减量发展新形势，在不增加产能的基础上，推进工艺完善、技术进步和装备升级，重点打造精品冷轧工程，镀锌机组2017年3月热试生产，1550冷轧工程全线贯通，进一步改善了河南钢铁产品的供给质量。

有色金属行业加快向精深加工环节拓展，以煤、电、铝联营为代表的企业如豫联集团、万基铝业、伊川电力等企业利用自身的铝水优势向铝合金加工进行大规模投资，相继引进国外的高端装备或高端铝合金生产线（主要集中在板带箔材），使河南铝板带箔装备水平达到国际先进水平，铝板带箔的产量和产能占国内近半壁江山。豫光金铅投资19.27亿元建设再生铅资源循环利用及高效清洁生产技改项目开工，投资9亿元组织建设了废铅酸蓄电池网络回收体系。

全省水泥企业规模不断扩大，技术装备水平显著提高，新型干法水泥窑外分解窑，系列先进的大型主机设备基本已经成为河南现有水泥企业的主要装备，省内日产2000吨以上水泥熟料生产线全部安装了余热发电和脱硝设施，能耗和污染物排放值均达到国内先进水平；天瑞集团日产12000吨新型干法水泥熟料生产线，是目前国内单线规模最大、世界上第二条日产12000吨新型干法水泥熟料生产线。

耐火材料企业更加注重清洁生产，整体装备水平不断提升，中钢耐火、郑州振东科技、郑州瑞泰、三门峡刚玉等9家耐材企业的19条生产线获得了工信部行业准入公告公示，郑州瑞泰被评为首批国家绿色工厂。多氟多化工承担的高纯晶体六氟磷酸锂项目在工信部组织的"工业强基工程"验收中，顺利通过专家组验收，成为河南省首个通过国家"工业强基工程"项目验收的企业。

二 河南推进新型材料制造业转型发展的主要举措

作为全国重要的能源原材料大省，河南发展新型材料制造具有明显优势，但受制于长期以来传统发展模式的影响，由传统材料制造向新型材料制造转型发展任重道远。2017年以来，河南省委、省政府将新型材料制造业作为大力推进的主导产业之一给予高度重视，在出台专项行动计划进行扶持的同时，根据材料制造业的发展现状、特征采取了一系列有针对性的措施。

（一）力促转型升级出台三年行动计划

加快发展新型材料，对河南改造提升传统产业、加快新旧动能接续转换、建设制造强省具有重要战略意义。为推动新型材料制造业加快发展，2017年10月，河南省人民政府办公厅印发《河南省新型材料业转型升级行动计划（2017~2020年）》，强调要以满足传统产业转型升级、战略性新兴产业发展和重大技术装备急需为主攻方向，以"企业、产品、技术、项目、基地"五位一体协同发展为基本路径，突出高端化、终端化、集群化、服务化、绿色化发展，构建技术创新引领、下游产品带动、骨干企业支撑的新型材料制造业发展新格局。在目标上，提出了要构建"2+3+2"新型材料业创新发展格局，将铝加工、特色有色金属、新型钢铁、化工、建材、新型耐火材料、超硬材料作为发展重点。在重点任务上，提出要着力推进链式整合、龙头带动、技术创新、质量品牌、市场拓展及绿色发展六大工程。在发展目标上，力争到2020年新型材料业主营业务收入突破7000亿元、年均增长10%以上，建成全国重要的合金材料生产基地，后来居上的优质钢、新型化工材料、新型建材生产基地，国内领先、国际知名的耐火材料、超硬材料生产基地。这一行动计划的出台明确了短期内河南新型材料制造业的发展目标、方向、任务，尤其是为新型材料划定了重点领域并细化了各领域的工作重点、任务等，既紧扣实际体现了地方特色，又立足优势突出重点，有助于各级政府、相关行业及企业各司其职、形成合力，对引领河南新型材料制造业转型发展具有重要意义。

（二）创新发展思路搭建产业对接平台

新型材料从研发到应用贯穿产业链上下游，加快新型材料制造业发展必须创新思路，创新举措，加强产业链上下游企业的协同发展，加大新型材料产品的推广应用力度。正是基于这一认识，2017年河南省企业服务活动办公室、省工信委组织召开了安阳钢铁、济源钢铁区域加工中心现场会，为钢铁龙头企业与装备制造企业、科研院所、金融机构等搭建起对接合作平台，探索了钢铁产业上下游协同发展的有效方式。省内各地工信部门，110余家钢铁上下游、电商、钢贸企业参加现场活动，坚持以生产企业为主体，采取集中对接与专题对接相结合、座谈交流与产线考察相结合的方式，将传统的产销对接会从会议室拉到生产现场，让下游用户近距离感受到省内钢铁龙头企业先进的装备、工艺和制造水平，促进了钢铁先进材料的产销对接，对推动省内新型钢铁材料与装备制造业链式发展以及钢铁产业链协同创新具有重要意义。通过召开区域加工中心现场会搭建产业对接平台的方式，有助于生产端与消费端的无缝对接，有助于供需双方信息的互通互联，不仅为钢铁企业发展启发了新思路，对省内其他产业的发展也具有重要启示意义。

此外，在2017豫沪产业合作对接活动中，专门组织了电子信息暨新材料产业专题对接，通过豫沪产业合作平台促进了与省外先进企业间的合作交流，引入了一批新型材料制造领域的高端项目。

（三）淘汰落后过剩产能扫除产业发展障碍

材料制造业是去产能的主战场，淘汰落后产能、化解过剩产能是拓展新型材料发展空间，实现新旧动能转换的必然选择。2017年，河南以钢铁、有色金属、建材等领域为重点，严格执行国家相关规定，加快淘汰落后过剩产能，为新型材料制造业发展腾出空间，扫除转型升级障碍。在钢铁行业，按照党中央、国务院关于推进供给侧结构性改革、化解过剩产能的决策部署，为贯彻落实国家钢铁行业去产能工作会议和国家23个部委《关于做好2017年钢铁煤炭行业化解过剩产能实现脱困发展工作的意见》（发改运行〔2017〕691号）要求，全面开展打击取缔"地条钢"工作。2017年上半年，全省各地排查上报的22家"地条钢"制售企业已全部按照"四个彻底"完成拆除工作；8月，国家督查组对河南"地条钢"企业的拆除工作进行了现场验收，并给予充分肯定，认为河南完成了"四个彻底"拆除任务，成效明显；9月，省政府办公厅《关于继续做好取缔"地条钢"工作的通知》（豫政办明电〔2017〕126号），提出要完善"一机制、三制度"的长效监管机制（"一机制"即部门协作联动的工作机制，"三制度"即"地条钢"制售企业主要设备监控制度、涉钢企业台账制度、社会监督工作制度)。

在有色金属行业,按照国家发改委、工信部、国土部、环保部《关于清理整顿电解铝行业违法违规项目专项行动核查情况的通报》(发改电〔2017〕639号)要求,制定印发《河南省清理整顿电解铝行业违法违规项目专项行动实施细则》,开展了清理整顿电解铝行业违法违规项目专项行动。

此外,进行了产能严重过剩行业产能置换。按照《产能严重过剩行业进行产能置换管理办法》,2017年经过对全省符合条件的产能确认,发布需要产能信息钢铁592万吨、电解铝50万吨,出让产能信息钢铁481万吨、电解铝24.5万吨,达成置换产能钢铁184万吨。

(四)聚焦重点领域推进产业基地建设

建设产业基地是推动河南新型材料制造业集群化发展的重要举措。2017年以来,河南各级地方政府立足实际,聚焦本地重点企业及重点产业,通过优势资源和生产要素的集中,推进产业集群和园区发展,加快了新型材料制造业基地建设。

济源市为推进千亿元级绿色铅锌基地建设,委托中国恩菲工程技术有限公司编制《济源市有色金属行业评估报告及总体规划》。成立了河南装备制造企业家济源联盟暨济源市有色金属产业联盟,并搭建了济源有色金属产业联盟服务平台。积极引进江森自控、天能集团等国际、国内有色金属行业龙头企业,谋划了70个重点项目,总投资170亿元,其中,再生铅及铅酸蓄电池项目7个、锌及深加工项目7个、铜及深加工项目5个、金银及深加工项目4个、循环经济和节能减排项目47个。多次与中国有色金属工业协会进行沟通,积极推进"中国银都"申报工作。

平顶山市着力打造中国尼龙城和全国重要的不锈钢产业基地。围绕中国尼龙城建设,积极处理园区天然气改线、尼龙产业园供电供水等涉及企业及项目建设等问题。围绕不锈钢产业基地建设,以宝丰翔隆公司为龙头,不断完善上游热轧、中游冷轧和下游制品产业链条，壮大产业集群规模。加快市场交易中心建设，线下交易部分已规划占地150亩的不锈钢交易市场，总投资3亿元，重点吸引外地不锈钢制品企业和本地小微企业入驻；线上交易部分主要与淘金投资管理有限公司、北京金银岛科技有限公司合作建设中原大地不锈钢交易中心和中原大地资产交易中心。物流配送中心建设也在积极推进中。

三 河南新型材料制造业转型发展中存在的问题

以传统能源原材料产业为基础，河南新型材料制造业现有发展条件较好，初级产品具有较大成本优势，且积累了一定数量的加工人才，部分新型材料产品规模居全国前列，一批高端、大型项目将陆续建成。但从2017年的发展来看，河南新型材料制造业在平稳运行的同时，还存在一些突出问题。

（一）规模速度有待提高

1. 河南新型材料制造业整体规模偏低

2017年，河南新型材料制造业占五大主导产业的比重不足10%，占全省规模以上工业增加值的比重仅为4.3%。河南五大主导产业占全省规模以上工业增加值的比重达44.6%，装备制造和食品制造分别占16.7%和16.1%，而新型材料制造、电子制造和汽车制造占比相对较低，三者整体规模相差不大（见图2）。与电子制造和汽车制造相比，新型材料制造涉及范围广、种类多，尤其是钢铁、有色、化工、建材等作为河南的传统优势产业，起步早、总量大，为新型材料制造奠定了良好的发展基础，但新型材料制造业规模偏低，与河南原材料大省的地位不相符；冶金和建材等传统行业占规模以上工业的比重分别达到7.8%和11.9%，新型材料制造与之相比也存在较大差别。

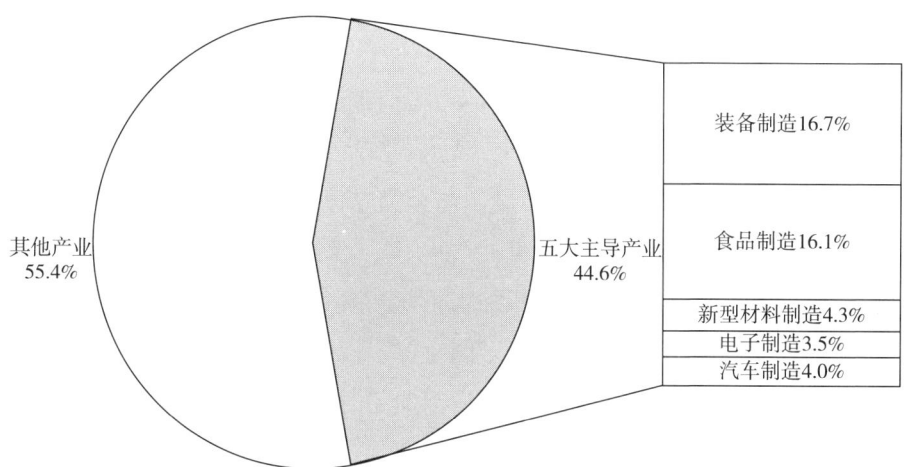

图 2　2017 年河南五大主导产业占全省规模以上工业增加值的比重

2. 与其他产业相比，新型材料制造业的发展速度相对缓慢

2017 年以来，新型材料制造业规模以上工业增加值增速一直低于其他四大主导产业，排在五大主导产业的末位（见图 3）。产业增速的低位运行既有环境管制等外在客观因素的影响，同时也说明传统材料制造向新型材料制造业转型升级中仍存在诸多阻碍因素，产业结构优化和产品结构调整步伐缓慢。

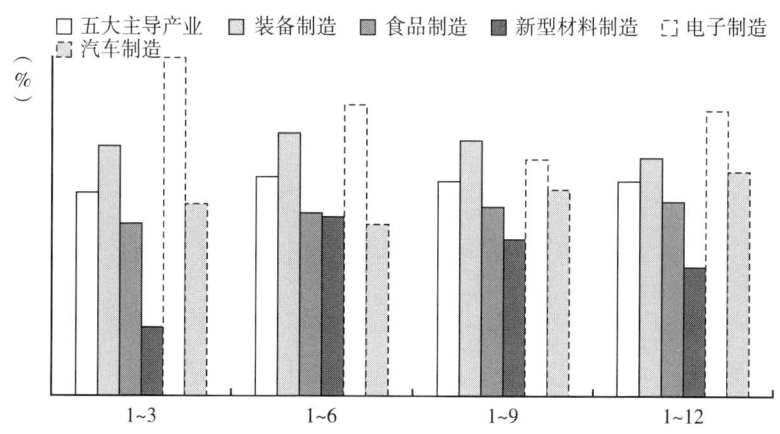

图 3　2017 年河南五大主导产业规模以上工业增加值增速比较

（二）产品结构有待优化

近年来，尽管河南在新型材料研发方面不断有所突破，但产品结构性矛盾仍然突出。在钢铁行业，河南一直是钢铁产品的净输入地，钢铁产业供需矛盾突出，需求缺口达1500余万吨，与全国整体供需格局完全相反，汽车用钢、建筑用钢等本地急需产品发展严重不足，特殊钢供需矛盾非常突出。

在铝加工行业，一方面省内铝加工企业基本上是生产中间产品的，直接用电解铝厂的铝水资源铸造成铝合金圆铸锭、板锭坯、线杆等初级产品，加工附加值较低，很少有企业进一步开发铝加工的终端产品市场。一些企业尽管引进国外先进装备形成了板带箔高端生产线，但高端装备生产中低端铝合金产品比重太大。另一方面，压延大，挤压小，发展极不平衡，压延和挤压比例与国际和国内铝消费需求结构严重偏离，全省基本放弃了占铝产品消费50%的挤压市场。近年来河南几乎所有新建的项目都是板带箔，全省300万吨的电解铝产量，只做铝板带箔，势必带来残酷的内部竞争。

在建材行业，受市场需求短期过热影响，主要建材产品产能过剩问题突出，大宗低档次产品居多，高端、终端产品少，产品同质化严重，导致以价格战为表现形式的恶性市场竞争。同时，一些地方对建材产业集聚缺乏全面的引导和规范，在承接产业转移、引进项目时忽视市场、资源及环境的承受能力，引入低质产品和污染装备，造成低水平重复建设。

（三）创新能力有待提升

创新能力不强、科技对产业发展的支撑能力不足是制约河南新型材料制造业转型发展的关键问题。基于全省科技发展水平总体不高的现实，新型材料制造技术创新方面同样形势严峻，一是基础研究落后，产业共性关键技术、精深加工技术和应用技术研发不足，原创性技术成果相对欠缺。二是企业自主创新体系尚未形成，产业技术创新力量分散，重复研究、重复投入现象比较突出。三是技术创新多由高等院校、科研院所主导，侧重于新型材料的开发，以实验室、小试为主，对工程化、产业化关注不多。

当前,河南重点发展的铝加工及特色有色金属材料、新型钢铁材料等技术要求高、产品附加值高,而高端的核心技术主要掌握在发达国家手中,省内钢铁及有色的精深加工技术与国内外水平差距较大,很多企业对此缺乏足够的重视,认为有了大投入和高精尖的设备就能干出高精尖的产品,因此往往热衷于引进高端生产线,却忽视了国内和河南省技术水平较低的现状,在技术研发上的投入严重不足。

同时,高端创新人才相对匮乏,创新团队建设严重滞后,相关行业没有建立和形成产业技术创新联盟,以此推动基础性、行业共性、战略性技术的研发。

基于以上原因,造成了相关行业产品雷同、企业技术水平难以长足进步、河南新型材料制造业创新能力较差和生产技术落后的被动局面。

(四)支撑要素有待完善

作为正在成长的新兴产业,人才、技术、资本等支撑产业发展的核心要素集聚能力不强也是河南新型材料制造业亟待解决的问题。近年来,河南在新型材料制造业发展中,不仅存在高素质技术技能人才资源匮乏、技术创新落后等问题,资本要素保障不足的问题也日益凸显。

2017年,河南新型材料制造领域相关行业投资普遍下降。以有色金属行业为例,1～10月,全省有色金属工业固定资产投资继续回落,累计完成固定资产投资597.13亿元,占全国同行业的12.31%,尽管仍保持同行业第一投资大省的地位,但同比下降12.46%,降幅多于全国平均水平3.88个百分点。在化工行业,受环保有关政策影响,大批化工项目环保审批缓慢,导致项目不能及时开工。新型化工项目投资大,回收期较长,大的资金投入与产出回报率持续处在低位,导致全省化工行业固定资产投资下滑较大,国有企业基本建设新增乏力,民营企业投资趋于谨慎,全省大的化工项目开工不多,与周边省份相比行业发展后劲明显滞后。

同时,一些行业出现流动资金周转困难的局面。铜加工、铝加工等产品市场订单需求严重下滑,货款回收周期较长,占用流动资金金额较大。部分贷款到期后续贷困难，致使现金流周转困难，不仅影响企业正常的生产经营，也对行业的转型升级形成制约。

四 河南新型材料制造业转型发展面临的新形势

近年来，我国新材料产业发展取得了长足进步，不仅业内普遍看好，国家也从政策层面给予重点关注，产业前景明朗。河南的新型材料制造业作为新材料产业的一部分，正进入加速发展的关键阶段，一方面利好政策不断，需求不断扩大，产业发展迎来巨大机遇；另一方面环保限产、过剩产能等问题对重点产业领域影响较大，对新型材料制造业的转型发展形成挑战。

（一）面临的机遇与有利条件

1. 相关政策密集出台，为新型材料制造业创造了良好的发展环境

作为我国七大战略性新兴产业和"中国制造2025"重点发展的十大领域之一，新材料产业是整个制造业转型升级的产业基础。进入"十三五"以来，国家对新材料产业的重视程度日益提高，通过纲领性文件、指导性文件、规划发展目标与任务等构筑起新材料发展政策金字塔，从顶层设计、研发创新、生产制造到组织领导，予以全产业链、全方位的指导和部署。自2016年底以来，围绕新材料产业发展，我国首次成立国家新材料产业发展领导小组，组建国家新材料产业发展专家咨询委员会，印发了《新材料产业发展指南》《"十三五"材料领域科技创新专项规划》《重点新材料首批次应用示范指导目录（2017年版）》《关于开展重点新材料首批次应用保险补偿机制试点工作的通知》等；实施新材料产业"折子工程"，并以此为抓手，加强统筹协作，财政部启动了核能材料、航空发动机材料、航空材料生产应用的示范平台建设，以及新材料测试评价平台主中心和行业中心的建设等。展望未来，2018年新材料产业"折子工程"即将实施，国家及地方一系列促进新材料推广应用的政策措施有望出台，我国新材料产业及河南新型材料制造业的发展将迎来更多利好，产业发展环境更加优化。

2. 需求领域不断扩大，为新型材料制造业提供了广阔的市场空间

市场需求是产业发展的基础，近年来随着新材料应用领域的不断拓展，各行各业对新材料的需求持续增长。在国际市场上，全球经济进一步增长，发展中国家尤其是新兴经济体快速发展，再加上一些发达国家的再工业化需求，为新材料提供了持续的发展空间。在国内市场上，随着交通、能源、保障性住房、城镇基础设施和新农村建设不断深入，对钢铁、有色、建材、化工等材料的需求仍将增长。尤其是随着《中国制造2025》的深入贯彻实施，工业强基工程、高端制造、智能制造等对新材料提出了越来越高的要求，对高端、新型材料的需求十分迫切。不仅如此，随着新材料技术的不断突破，很多产品的市场需求不再局限于航空航天、国防军工、高端装备、新能源、3D打印等战略性新兴产业和国民经济重大工程领域，更大的市场需求来自汽车、通信电子、3C行业、体育运动、生物医疗、纺织服装等与人民群众生活密切相关的领域，产业发展前景广阔。从河南情况来看，尽管2018年房地产开发投资、土地购置面积、新开工预计还是低位企稳，但2017年下半年全省围绕"米"字形高铁、中心城市地铁、高速公路互联互通等大型项目集中开工，2018年将陆续进入施工高峰期，对省内钢铁、有色、建材、化工等新型材料的需求提升具有重要的带动意义。

（二）面临的挑战与制约因素

1. 环保限产常态化对新型材料制造业的转型发展形成一定压力

2017年，习近平同志在党的十九大报告中不仅提出了解决生态文明问题的总体指导思想，更重要的是提出了详尽的生态文明建设举措。可以预计，今后环境管制更趋严格，错峰生产以及采暖季限产将会成为常态化的环保政策。环保限产对污染防治意义重大，但对钢铁、有色、建材、化工等企业生产经营也带来巨大影响，甚至波及一些骨干企业的正常连续稳定运行，对材料制造业的安全、经济运营提出了严酷的挑战。一是造成企业产量、产值及主营业务收入下降，二是生产成本居高不下，行业赢利下降。以焦作万方铝业公司为例，2017年9~11月受环保限产因素制约，影响利润1.81亿

元，而整个采暖季期间预计影响公司利润在3亿元以上。同时，2018年1月1日，《环境保护税法》《环境保护税法实施条例》和新修订的《水污染防治法》《生态环境损害赔偿制度改革方案》等多个环保新政正式落地实施，这些政策法规的实施从长远来看对工业绿色可持续发展是有利的，因为它将保护在环保方面投资巨大的合法企业正常生产，对不具备环保条件的污染企业起到限制作用。但是，在实施初期，它对诸多行业尤其是材料制造相关行业生产和效益的影响还不得而知，还需要观察。

2. 过剩产能对新型材料制造业的转型发展形成制约

淘汰落后产能、化解过剩产能是推进产业转型升级的必然选择。近年来，河南积极去产能并取得明显成效，但产能过剩仍然对钢铁、有色、化工、建材等传统产业的发展产生困扰，一些行业生产能力中仍存在大量过剩产能，制约了新型材料制造业的转型发展。尤其在建材领域，全省水泥熟料产能严重过剩，据河南省建筑材料工业协会初步统计，河南省现有粉磨企业136家、磨机234台、产能1.15亿吨，这些粉磨企业主要以32.5等级硅酸盐水泥的产销为主，每年的产销量约在6000万吨。32.5等级水泥是个大杂烩，一些粉磨企业为了蝇头小利，本来是70%的熟料加30%的混合材，现在却用30%的熟料加70%的混合材，这不仅带来巨大的安全隐患，且减少熟料用量加剧了熟料产能过剩。此外，水泥行业门槛相对较低，各地仍存在一些装备差、规模小、无熟料支撑的企业，据统计河南省现有Φ3.2m的磨机194台、产能8671万吨，其中无证经营42家、产能2940万吨。这些大量过剩产能的存在使得优势资源无法合理化集中，领先的经营管理和技术成果无法推广，企业间的并购重组无法实现，严重制约产业的转型升级。同时，必须看到，去产能越往后越难推进，越往后越是难啃的硬骨头，这些困难将对新型材料制造业的转型发展带来严峻挑战。

五 推动河南新型材料制造业高质量发展的对策建议

党的十九大报告明确指出："我国经济已由高速增长阶段转向高质量发

展阶段,正处在转变发展方式、优化经济结构、转换增长动力的攻关期。"新型材料制造业既关系到河南传统优势产业的转型升级,又是战略性新兴产业的重要组成部分,代表经济发展的新动能,对河南经济的重要性不言而喻。在新形势下,推动河南新型材料制造业在加快发展、扩大总量的同时,更重要的是要避免过去传统产业发展走过的弯路,打破传统产业发展的路径依赖,努力实现高质量发展。

(一)强化协同创新推进技术突破

推动河南新型材料制造业高质量发展,必须从要素驱动、投资驱动转向创新驱动,通过整合、统筹企业、高等院校及科研院所的优势资源,做好新型材料基础研究、应用技术研究和产业化的衔接,完善创新链条的薄弱环节,强化创新链与产业链的对接,形成上中下游协同创新的发展环境。强化企业创新主体地位,支持省内有色金属、钢铁、建材、化工等行业重点企业申报国家级企业技术中心、国家工程研究中心等,建设一批国家级研发平台;加大对企业工程技术研究开发中心和技术中心的扶持力度,推动大中型企业建立研究院,探索行业技术创新平台建设新模式。着力推进国家技术转移郑州中心、国家铝冶炼工程技术研究中心等平台建设,鼓励郑州大学、河南科技大学、河南理工大学、中铝郑州研究院、洛阳有色院、中船重工七二五所等高校、科研院所和大型企业围绕新型材料制造共建一批研发平台及产业联盟,如河南省先进钢铁材料产业联盟、河南省先进钢铁材料工程技术中心、河南省镁及镁合金产业联盟、河南省轻金属材料重点实验室、河南省先进铜合金研发中心、河南省钛及钛合金材料工程技术研究中心等,推进一批关键技术创新和产业化。围绕新型材料发展,选择一批关键核心技术,拟定一批重大科技专项、重点研发计划,着力提高关键核心技术研发攻关的协同和集成能力,对具有战略方向性关键共性技术,集中资金和产学研等多方力量实施重点突破。

(二)围绕链式发展推进产业集聚

推进河南新型材料制造业高质量发展,必须改变产业链上下游各自为战的经营模式，鼓励企业积极向上下游产业延伸，既充分发挥能源、原材料等产业的支撑作用，还要与汽车、装备制造、家电、石化、建筑等诸多下游用户行业的需求紧密结合，推进产销衔接，拓展延伸产业链条，形成链式发展格局。按照"节约、集约、循环、生态"的发展要求，推动资金、资源等生产要素向优势地区和重点企业集中，引导各地主要产能及辅料企业等向产业基地和产业集聚区集中；推进材料制造企业由单纯生产型企业向生产服务型企业转变，加强与下游企业的联合研发，促进下游行业生产工序向材料制造业前移，吸引下游行业的相关企业在企业周边集聚发展。推广安阳钢铁、济源钢铁区域加工中心的建设经验，重点引导省内铝加工、铜加工、钢铁等上游企业与汽车、电子信息、家电、装备制造等企业对接，促进大企业材料使用本地化。着力支持材料企业引入"先期介入"的新型材料开发模式，推动材料企业与终端产品客户联合组建研发中心，坚持新材料技术联合开发，形成稳固的研发合作关系，进入国内外大型企业的供应链。鼓励企业依托互联网等平台创新发展模式，引导互联网企业和材料企业联合搭建互联网产业链平台，借鉴"找钢网"运营模式，促进本地材料企业与客户产业链对接，降低成本。

（三）加快改造升级推进绿色发展

推进河南新型材料制造业高质量发展，必须摆脱对资源、环境等传统要素的路径依赖，在全省材料制造业实施绿色发展战略，全力淘汰落后和过剩产能，通过集约化布局、资源循环利用、产业链式开发、清洁化生产等途径，实现生产过程及产品绿色化，构建高效、清洁、低碳、循环的绿色制造体系。

要加大淘汰落后过剩产能的力度，在钢铁行业切实做好取缔"地条钢"的后续监管工作，坚决防止"地条钢"制售企业以停代关、异地转移、死灰复燃。在水泥行业走减量化发展之路，坚决淘汰 Φ3.2M 以下的水泥磨机和 2500t/d 以下的熟料生产线，取消 32.5 级等级水泥，提高熟料掺加比例，增加熟料消耗，缓解熟料产能的过剩。

要积极开发"节能、减排、安全、便利和可循环"的新型绿色材料，如在建材方面发展高强墙体和屋面材料、外墙保温材料，以及结构与保温装饰一体化外墙板，利用可再生资源制备新型墙体材料，发展生物质纤维增强的木塑、镁质建材等产品。

要推广先进节能技术，对现有生产企业实施节能技术改造；推广以信息化为支撑的生产过程精细化能源管理系统，全面降低生产过程中的能源、资源消耗和"三废"排放量。积极开展清洁生产审核，完善清洁生产评价体系，优化工艺流程，实施清洁生产技术改造。要按照减量化、再利用、资源化的原则，建设和改造各类产业园区和产业集聚区，构筑链接循环的产业体系。

（四）着力优化布局推进兼并重组

推进河南新型材料制造业高质量发展，必须改变一直以来分散布局、重复建设、无序竞争的局面，继续深入推进钢铁、有色金属等行业的兼并重组，探索推进建材行业的联合重组，整合优势资源、优质产能向优势企业集中，提升区域质量品牌，进一步优化产业布局，提高产业集中度。

在钢铁和有色金属领域，鼓励企业通过合并、股权收购、资产收购、资产置换、债务重组等多种方式，实施强强联合、兼并改造困难企业和中小企业，实现产能合理布局；支持优势企业延伸产业链，鼓励其在做强做大主业的基础上兼并重组上下游关联企业，推进"矿山－冶炼－加工－应用"一体化经营，实现规模化、集约化发展。

在建材领域，支持水泥、耐火材料、平板玻璃等行业优势企业搭建产能整合平台，利用市场化手段推进联合重组，整合产权或经营权，优化产能布局，提高生产集中度。鼓励由优势企业牵头，开展产能或经营权合作，建设产销一体化平台。鼓励中联、同力、天瑞三大水泥集团，以股权为纽带推进联合重组，压缩过剩产能，加快向综合建材服务商转型。政府应着力完善财税分配体制，加大金融支持力度以推进企业的兼并重组。

参考文献

陈辉：《工业增长：有速度 有效益》，《河南日报》2018年1月22日。

国家新材料产业发展战略咨询委员会：《"十三五"新材料技术发展报告（2016）》，国家新材料产业发展战略咨询委员会网站，http：//nacmids.org/publication_one.aspx?p=5&act=9v7OcK3Bl3H3K32lthXqGYFTxuuu849ZfrSou&TEXT_GUID=DD824C4B-A0E4-41F1-BE38-9ADB1A87091D，2017年7月4日。

苏俊杰：《上半年河南有色金属工业稳定增长》，《中国有色金属报》2017年7月6日。

任国战、张遂旺、魏庆军：《转型发展的安钢实践》，《河南日报》2018年2月4日。

杨霄、李传金：《济钢产业集群化探路》，《大河报》2017年9月7日。

陈辉：《聚焦五大主导产业，提升制造业新动能》，《河南日报》2016年10月26日。

屠海令、陈思联等：《中国新材料产业"十三五"发展的重要方向》，《科技中国》2017年第9期。

屠海令、张世荣、李腾飞：《我国新材料产业发展战略研究》，《中国工程科学》2016年第4期。

冀志宏：《新材料产业创新发展三大难题待解》，《中国工业评论》2016年第7期。

李巍：《深化供给侧结构性改革 加快推进原材料工业转型发展》，《中国电子报》2017年10月17日。

B.12
河南汽车制造业发展态势分析

王中亚*

摘　要： 汽车制造业是河南省五大主导产业之一，在构建现代产业体系、推进先进制造业强省建设和加快中原崛起进程中发挥着不可替代的作用。河南汽车制造业产业呈现出良好发展态势，产业规模不断壮大，研发水平不断提升，产业集群基本形成。但是，河南汽车制造产业也存在一些亟待破解的难题，如产业整体规模偏小、产业配套能力偏弱、研发投入偏少、品牌影响力偏低等。推动河南汽车制造产业高质量发展，要多策并举，一是加强关键核心技术和零部件研发，二是打造中西部重要的节能与新能源汽车研发中心，三是精心培育零部件集群特色优势，四是努力提升汽车智能制造水平。

关键词： 汽车制造业　新能源汽车　转型发展　智能制造

汽车产业是国民经济的支柱产业，是制造强国建设的重要支撑，是推动新一轮科技革命和产业变革的先导力量。汽车制造业是河南省五大主导产业之一，在构建现代产业体系、推进先进制造业强省建设和加快中原崛起进程中发挥着不可替代的作用。

---

* 王中亚，河南省社会科学院工业经济研究所副研究员。

一 河南汽车制造产业发展态势

(一)产业规模持续壮大

截至2017年底,河南全省拥有规模以上汽车、摩托车及零部件生产企业700余家。其中,国家《道路机动车辆生产企业及产品公告》内的汽车整车生产企业11家,汽车改装车企业68家,摩托车企业20家。2017年1~10月,全省汽车行业实现营业收入2538.22亿元,同比增长7.1%,占全省工业行业比重为3.59%;实现利润总额165.74亿元,同比增长1.3%,占全省工业行业的比重为3.53%。经过多年的发展,河南省汽车产业已具有客车、运动型多用途车(SUV)、多用途车(MPV)、轿车、载货车、专用汽车、微型客车等多品种、系列化的科研开发和生产制造体系。SUV、MPV、载货车、大中型客车、轿车成为河南省汽车产销的主要产品。

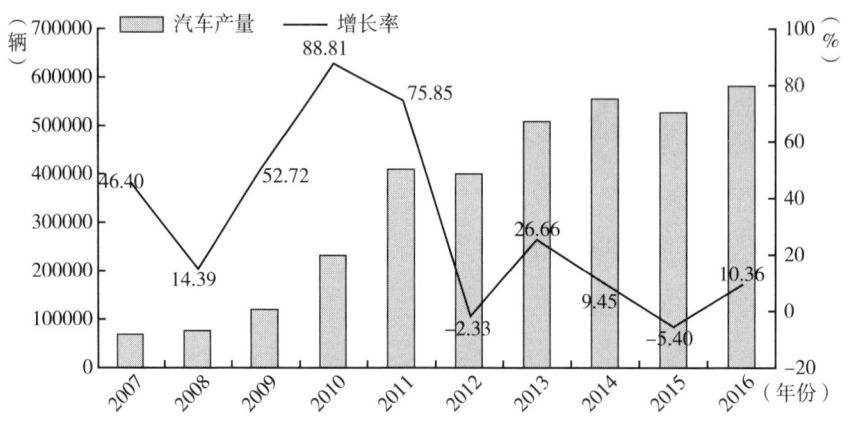

图1 2007~2016年河南汽车产量及增长率

资料来源:《河南统计年鉴》。

河南新能源客车产销量稳居全国首位。近年来,全省新能源汽车产销量不断增长,新能源客车产销增长迅猛,其市场占有率稳居国内第一位,新能源客车已基本实现产业化。2016年，新能源客车实现产量2.70万辆，同比增长25.89%；其中纯电动客车2.18万辆，插电式混合动力客车0.52万辆。截至2016年底，新能源客车累计生产6.3万辆。

（二）产销增速降幅收窄

2017年1~11月，受乘用车购置税优惠政策调整、新能源汽车补贴退坡机制等政策因素影响，以及汽车产品结构和企业自身经营等因素，河南省汽车整车产销同比均出现较大幅度的下降。2017年，全省汽车整车产销预计62万辆，略低于2016年实际产销。1~11月，河南省汽车整车（不含改装车）产销分别实现47.16万辆和46.60万辆，同比分别下降18.51%和18.91%，比1~10月降幅分别收窄2.92个和1.60个百分点。

在乘用车方面，1~11月，乘用车（含轿车、SUV、MPV、交叉型乘用车）实现产量35.57万辆，同比下降20.64%，比1~10月降幅收窄3.01个百分点。其中，轿车实现产量4.37万辆，同比下降42.99%，比1~10月降幅收窄10.82个百分点；SUV实现产量24.09万辆，同比下降21.34%，比1~10月降幅扩大了0.22个百分点；MPV实现产量6.55万辆，同比增长25.81%，比1~10月增速增加了2.47个百分点；交叉型乘用车实现产量0.57万辆，同比下降57.55%，比1~10月降幅收窄17.25个百分点。

在商用车方面，1~11月，商用车实现产量11.58万辆，同比下降11.17%，比1~10月降幅收窄2.71个百分点。其中，客车实现产量5.66万辆，同比下降8.64%，比1~10月降幅收窄2.68个百分点；载货车实现产量5.92万辆，同比下降13.45%，比1~10月降幅收窄2.63个百分点。河南汽车改装车2017年总体实现较快增长，产销形势明显好于上年同期。驻马店华骏1~11月实现产量2.45万辆，同比增长43.13%。

从产业增加值增速来看，2017年汽车制造产业维持了较高的增长速度，其中3月增速为13.9%，9月增速为18.8%，12月增速为23.5%，比五大主导产业平均增速分别高出1.6个百分点、7.5个百分点和9.7个百分点。在五大主导产业中，汽车制造业增加值增速显现出较大的波动性。

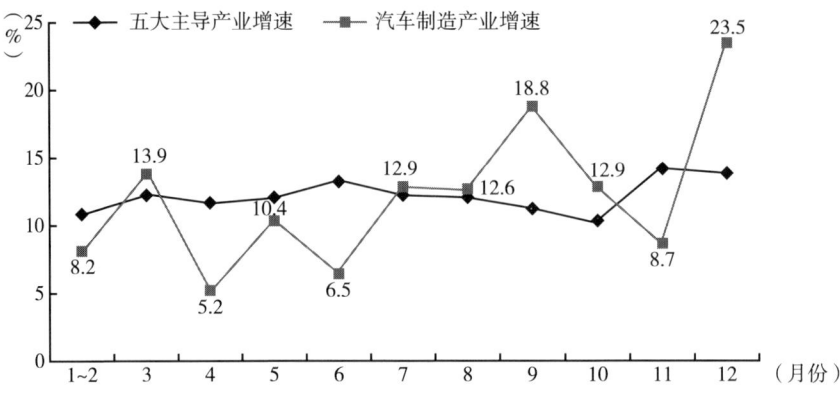

图2　2017年五大主导产业和汽车制造工业增加值增速

（三）研发水平不断提升

河南省汽车及零部件企业不断加大科技投入，加快创新平台建设，自主创新能力不断增强，初步建立了高校、科研机构和企业产学研用相结合的合作体系。在新能源汽车方面，其动力集成技术、整车管理与控制系统技术、电动转向器、电动空调、电子水泵技术等处于国内领先水平；在电池成组技术、电源管理技术以及高容量、大动力、长寿命电池及材料领域，获得了一系列技术突破。新乡电池研究院由新乡市政府与河南师范大学创新政产学研合作机制，依托河南省动力电源及关键材料工程技术研究中心联合组建成立。该研究院积极推进科研攻关、成果转化、市场应用，加快推进电池工程技术化步伐，初步确立研究院在国家动力电池及关键材料领域中的领先地位，成为行业标准和国家标准的制定者和参加者，成为中原地区国家级化学电池及材料的测评和认证机构。多氟多利用自身在锂离子电池原材料方面的优势，敲开整车制造大门，完成产业升级及业务衍生。

（四）产业集群基本形成

随着河南省汽车产业的不断发展，汽车及零部件企业已形成集聚发展的态势。目前，郑州、开封、焦作、洛阳、新乡、南阳、许昌、安阳、鹤壁等地聚集了众多汽车及零部件骨干生产企业,成为河南省汽车工业发展的新平台。郑州是河南省最重要的汽车生产基地,主要汽车整车生产企业在郑州地区集聚发展。河南省汽车产业的不断发展,郑州、开封、焦作、洛阳、新乡、南阳、许昌、安阳、鹤壁等地聚集了众多零部件骨干生产企业;转向器、减振器、传动轴、汽车水泵、气缸套、凸轮轴、汽车线束等10多种零部件产品产量居全国前列,并成为众多跨国公司的供应商(见表1)。

表1 河南省汽车及零部件产业集群

地市	主要企业	优势产品
郑州	宇通客车、郑州日产、海马汽车、东风日产、上汽乘用车、少林客车、郑州红宇	客车、SUV、轿车、MPV、皮卡、专用汽车
开封	奇瑞汽车、开封中达、开封威昌、开封长鹏	载货车、微型客车、MPV、内饰件、座椅、冲压件
洛阳	一拖集团、中集凌宇、北方易初、中航锂电、LYC轴承	载货车、专用汽车、摩托车、动力电池、轴承、齿轮
焦作	风神轮胎、中原内配、瑞庆发动机、中轴集团、好友轮胎、多氟多	轮胎、气缸套、发动机、凸轮轴、车架、车轮、动力电池
新乡	新飞专汽、河南高远、新航集团、河南万向、环宇集团、科隆集团	专用汽车、转向器、空调、滤清器、制动器、动力电池
许昌	许昌远东、森源重工、河南须河、环宇玻璃	传动轴、低速汽车、专用汽车、车轮、玻璃
安阳	定角实业、林州银桥、史家河集团、汤阴华兴	制动件、悬挂件、车用水箱、后桥壳、差减壳、轮毂、差速器、车轮
南阳	南阳二机、西峡水泵、西峡排气管、淅川减振器	石油专用车、汽车水泵、进排气歧管、减振器
鹤壁	天海集团、天淇模具、天鹤模具、金山镁业	汽车电线束、插接件、汽车模具、金属镁

资料来源:河南省汽车行业协会。

二 河南推进汽车制造产业转型发展的主要举措

(一)发挥政策引导作用

2017年6月22日,河南省人民政府发布的《关于印发河南省化解过剩产能攻坚方案等五个方案的通知》中指出,完善智能车间智能工厂评价指

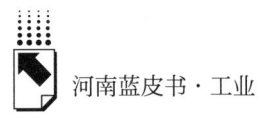

南,在汽车、家居等离散型制造行业开展试点示范,形成一批智能车间智能工厂综合解决方案;实施"双十百千"机器人示范应用工程,在机械、汽车等10个重复劳动特征明显、劳动强度大、有一定危险性的重点行业领域和10个特色装备园区示范应用机器人作业。

2017年11月8日,河南省人民政府办公厅发布的《关于开展制造业"三品"专项行动营造良好市场环境的实施意见》指出,聚焦主导产业和重点领域,按照"生产一代、储备一代、研制一代、预研一代"的要求,支持企业围绕加快产品升级换代、发展中高端产品开展技术革新和改造,增加重大装备、汽车和零部件、新型材料、智能产品、时尚消费品、基础部件、绿色产品供给,促进产品向高性价比优势转变。

(二)强化金融投资支撑

2017年9月26日,上汽中原母基金成立暨中原上汽汽车产业基金战略合作签约仪式在郑州市举行。其中上汽中原母基金规模为60亿元,主要投资方向为先进制造、医疗健康、消费升级、金融科技等领域;中原上汽汽车产业基金总规模20亿元,将紧密围绕上汽郑州工厂在新能源、互联网方面的主要车型,聚焦于新产品开发所形成的产业链上下游领域进行投资。两支基金均是上汽集团与河南省共同搭建的产业金融投资平台,由上汽集团与中原资产管理有限公司联合发起成立,双方将充分发挥自身优势,立足供给侧结构性改革,围绕国家产业发展战略和河南省经济结构调整方向,以金融投资促进产业转型升级。

(三)积极承接产业转移

近年来,东风汽车、上汽集团、海马汽车、奇瑞汽车、中集集团、中航集团、万向集团、国机集团、兵装集团、日本日产、英国吉凯恩、日本光洋等国内外大型企业集团纷纷向河南进行产业转移,加快了与河南省汽车工业企业的合资合作、兼并重组的步伐,促进了汽车产业的结构调整,促进了汽车产业的加快发展。

上汽集团乘用车郑州基地项目于2017年1月22日正式签约,2017年6月30

日总装车间首台车下线,2017年9月27日工厂一期工程竣工,荣威RX3车型同步量产。项目远期规划产能60万辆,主要生产荣威、名爵品牌乘用车。其中,一期规划产能为30万辆。上汽郑州基地二期项目建设启动。上汽乘用车郑州工厂的投产,显著提升了全省汽车整车产能,将进一步提升全省汽车产销量。

三　河南汽车制造产业转型发展中存在的问题

(一)产业整体规模偏小

尽管近年来河南省汽车产业增长较快,但与国内汽车产业大省的产销量、营业收入相比差距较大,产业规模明显偏小,缺少大型企业集团的强有力带动,河南省汽车整车产量仅占全国产量的1.81%(2017年1~11月数字)。2016年,河南省汽车产量仅居全国第13位,主营业务收入居第12位,和重庆、广东、湖北、江苏、北京、广西、山东、上海、吉林等省份差距较大(见表2)。从企业来看,上汽、东风、一汽等集团2016年汽车销量分别达到648.89万、427.67万、310.6万辆,而作为河南省营业收入最多的汽车集团,郑州宇通2016年客车销量仅为7.10万辆。

表2　2016年全国主要省份汽车产量排行榜

单位:万辆

排名	省份	产量	排名	省份	产量
1	广东	280.06	11	辽宁	107.88
2	重庆	266.34	12	山东	86.89
3	上海	260.77	13	河南	58.47
4	吉林	253.99	14	浙江	58.06
5	广西	245.30	15	江西	53.58
6	湖北	243.46	16	四川	53.03
7	北京	237.95	17	天津	52.91
8	安徽	139.12	18	湖南	47.74
9	江苏	138.63	19	陕西	42.04
10	河北	128.64	20	福建	21.79

（二）产业配套能力偏弱

汽车零部件本地配套率低是河南汽车产业发展中面临的一大问题。河南省整车、改装车生产企业的配套零部件中，外省采购占据相当大的比例，而省内零部件本地配套率较低。近两年河南省汽车零部件行业尽管得到了较快的发展，产业转移项目增多，但是本地配套率偏低、配套产品层次低、自主研发能力不强、产业链不完善、大型零部件企业相对偏少等问题仍然突出，这些制约着汽车行业的快速发展。郑州市聚集了河南省主要的汽车生产企业，但目前汽车零部件生产企业仅有100余家，且中小企业居多，还不能满足当地企业配套需要。

（三）研发投入要素偏少

近年来，河南省整车企业不断加大技术投入，技术创新能力不断提升。尽管如此，河南汽车产业的发展仍显得快而不强，大多数汽车及零配件企业科技研发实力不足，不具备独立开发能力。企业技术（研发）中心的档次和规模还较弱，高端R&D人才不足，与高校和研究机构的联系不紧密，技术进步与创新对增长的贡献率不高，自主品牌市场竞争力有待进一步加强，自主开发能力和零部件研发能力不强。有数据显示，2016年河南省研究与试验发展经费支出占比为1.47%，低于全国的平均水平（2.11%）0.64个百分点。

（四）品牌影响力偏低

汽车之家通过大数据分析形成的《2016中国汽车厂商品牌影响力指数报告》指出，在厂商品牌影响力综合榜单中，前三位分别为上汽大众、一汽大众和北京现代，均为合资企业，其中上汽大众以36.89的指数居该排行榜首位。长安汽车、吉利汽车、长城汽车等中国品牌在这个比拼当中也取得了较好的成绩，长安汽车更是以0.22的细微差距居该排行榜第4位（见表3）。

表3 厂商品牌影响力指数综合榜单 – TOP30

排名	厂商	指数	排名	厂商	指数
1	上汽大众	36.89	16	广汽丰田	15.65
2	一汽－大众	34.54	17	上汽通用雪佛兰	15.08
3	北京现代	26.38	18	北京奔驰	12.51
4	长安汽车	26.16	19	华晨宝马	12.36
5	吉利汽车	25.18	20	众泰汽车	12.26
6	上汽通用别克	25.04	21	比亚迪	12.03
7	东风日产	24.81	22	奇瑞汽车	11.01
8	长安福特	24.59	23	广汽乘用车	10.45
9	长城汽车	23.94	24	宝马（进口）	10.38
10	东风本田	21.90	25	上汽大众斯柯达	10.07
11	一汽丰田	21.08	26	东风标致	9.79
12	一汽－大众奥迪	20.92	27	奔驰（进口）	9.52
13	上汽通用五菱	20.36	28	上汽集团	9.36
14	广汽本田	19.55	29	奥迪（进口）	7.98
15	东风悦达起亚	16.01	30	江淮汽车	7.73

资料来源：汽车之家。

四 河南汽车制造产业高质量发展面临的新形势

（一）面临的机遇与有利条件

1. 巨大的市场空间带来的后发优势

中汽协有关数据显示，2016年我国汽车千人保有量为140辆，与美国的797辆，日本的591辆和韩国的376辆还有较大差距，我国汽车保有量水平与发达国家还有较大距离，这意味着若与全球汽车保有量水平持平，我国汽车消费市场未来还有很大的增长空间。与美国相比，目前我国东部地区的公路网密度已达118公里/百平方公里，超越美国的71公里/百平方公里，但西部地区公路网密度仅为27公里/百平方公里不仅东西部地区差异较大，而且我国各区域人均公里里程都远低于美国水平，与美国存在较大的差距。

2."一带一路"建设带来的开放机遇

党的十九大报告指出,"坚持打开国门搞建设,积极促进'一带一路'国际合作,努力实现政策沟通、设施联通、贸易畅通、资金融通、民心相通,打造国际合作新平台,增添共同发展新动力"。目前,中国汽车产业发展最大的短板是中国汽车出口量与汽车大国的地位极不相称,2016年国内汽车销量超过2800万辆,但是出口量仅为81万辆,比例不到3%。"一带一路"建设创造出的市场空间以及沿线国家的技术优势潜力得到发挥和应用,会给河南汽车产业在核心技术提升、关键零部件创新和自主品牌新能源汽车发展方面提供一定的支撑。河南汽车产业可以借势而为,大力发展智能制造,发展大规模的个性化定制,加速制造业的孵化转型,加快汽车产业提质增效转型升级发展的步伐,从技术依赖转向自主研发,从低端市场转向中高端市场,从经营产片转向经营品牌。

3.战略叠加效应释放带来的政策红利

党的十九大强调了实体经济发展和制造强国建设的重要性,汽车产业既是实体经济,也是先进制造业,更是建设制造强国的重要组成部分,毫无疑问,它是未来国家支持发展的重点产业。国家三部委联合印发的《汽车产业中长期发展规划》,提出控总量、优环境、提品质、创品牌、促转型、增效益,推动汽车产业发展由规模速度型向质量效益型转变,实现汽车由汽车大国向汽车强国转变。《汽车产业中长期发展规划》对河南汽车产业实现健康可持续发展有着重要的指导意义。近年来,国家出台的涵盖河南或与河南有密切关系的发展战略和平台达到十几个,尤其是中原城市群规划、郑洛新国家自主创新示范区、中国(河南)自由贸易示范区、郑洛新"中国制造2025"试点示范城市群等纷纷获批,对推动河南由新兴工业大省向先进制造业强省建设具有重要意义。

(二)面临的挑战与制约因素

1.区域竞争加剧带来的挑战

汽车产业区域发展不平衡将加剧,中西部城市已成为最具潜力的消费市场。当前,中西部地区正在加速推进工业化和城市化,汽车市场增长也随之加快,特别是以成都和重庆为代表的西部城市,以及以武汉为代表的中部城市,已经成为全球最具增长潜力的汽车消费市场。成都市明确指出,大力发展千亿元级汽车产业。目前大批整车企业在成都落户建厂,成都的汽车保有量跃居全国第二位,一座"世界级汽车产业城"正在崛起。有关专家认为,随着产业不断融合,以及四川省拥有的人口红利,原材料、零部件产业链发展优势和西部地区汽车销售市场潜力等有利因素的不断发酵,成都正领航四川乃至整个西部地区的汽车产业发展,成为国内汽车产业发展的重要力量。另据有关报道,2017年继东风本田汽车产销突破70万辆后,上汽通用武汉基地整车产量也突破70万辆,达705542辆,成为武汉市第二家产销突破70万辆大关的整车生产企业。

2. 创新要素不足带来的挑战

专业人才缺口巨大,是制约汽车产业发展的重要短板。中国产业经济信息网的报道表明,2008年中国汽车产业人才缺口达80万人,2011年产业人才缺口就飙升至110万人;2015年中国汽车人才研究会等专业机构进行评估表示,中国汽车产业人才缺口高达130万人,时至今日,这个数字还在飙升。同时汽车从业人员还存在结构失调问题,汽车生产、维修领域的中高级技工缺口达70万人。由于中高级技工培训周期长难度高,所以庞大的人才缺口短期内难以弥补,这也成为中国汽车产业升级的直接障碍。对河南而言,汽车产业专门人才匮乏严重制约了汽车产业发展。

3. 要素成本上涨带来的挑战

随着汽车对城市交通、环境造成的压力日益增大,限购、限行等成为一种政策调控的常态,继限购令在北京、上海、贵阳和广州等地实施以来,限购已从一线城市向部分二线城市蔓延。制本成本除了钢铁、橡胶等原材料上涨,人工费用也在不断上升,同时河南汽车产业中已有部分企业出现了招工难的问题。随着全国汽车产销及保有量的不断增加,全国汽车产销预计将保持一个相当长时期的中低速增长。

五 推动河南汽车制造产业高质量发展的对策建议

(一)加强关键核心技术和零部件研发

增强技术创新能力是培育和发展节能与新能源汽车产业的中心环节,要强化企业在技术创新中的主体地位,引导创新要素向优势企业集聚,完善以企业为主体、市场为导向、政产学研用相结合的技术创新体系,通过多种渠道加大支持力度,突破关键核心技术,提升产业竞争力。掌握汽车低碳化、信息化、智能化核心技术,提升动力电池、驱动电机、高效内燃机、先进变速器、轻量化材料、智能控制等核心技术的工程化和产业化能力,形成从关键零部件到整车的完整工业体系和创新体系,推动节能与新能源汽车同国际先进水平接轨。搭建产业共性技术平台,加强优势技术的共享应用以及通用技术与部件的联合批量供应。依托行业主要企业和科研院所,加强统筹协调,开展关键共性技术研发与工程化应用。采取多种形式的商业化合作模式,创新供应体系,建立行业共享的汽车产品开发数据库,全面提升汽车工业自主开发能力和整体技术水平。

(二)打造中西部重要的节能与新能源汽车研发制造中心

推进中西部重要的节能与新能源汽车研发制造中心建设,优化产业布局,加快实施宇通客车、郑州日产、海马汽车、东风日产、奇瑞汽车、上汽乘用车等整车项目建设和零部件产业集聚区建设,重点培育森源重工、三门峡速达等优势企业积极发展纯电动乘用车,将河南省打造成为辐射华中、华北和西北的节能与新能源汽车制造中心。进一步巩固大中型客车在国内市场的龙头地位并逐步扩大国际市场份额,不断提高乘用车和专用汽车产品的规模,以中高级乘用车、中重卡车为突破口,同时寻求和日系之外的品牌合作,完善产品结构和产业链条,增强产业风险抵御能力。

（三）精心培育零部件集群特色优势

以发展关键总成及零部件为突破口，以提高零部件企业本地配套能力为重点，加快零部件集群建设。依托郑州经济技术、中牟汽车、开封汴西、郑州国际物流、荥阳市产业集聚区等建设郑汴汽车零部件产业园。采用引进与自主开发相结合，在动力电池、驱动电机、高效内燃机、先进变速器、轻量化材料、智能控制等核心技术方面创新突破，抢占国内市场份额，并不断提升国际化水平，适应全球化采购的发展要求。围绕转向器、减振器、传动轴、汽车水泵、气缸套、进排气歧管、电线束、插接件、滤清器、轮胎、汽车轴承、凸轮轴、制动器、车轮等产品，实施优势零部件升级工程，加快推进智能制造水平，积极融入全球采购系统，成为细分行业的小巨人企业。培育自主创新能力，推动零部件企业积极介入整车企业的产品研发，实现关键零部件与整车企业的同步开发。

（四）努力提升汽车产业智能制造水平

不断提升汽车智能制造水平，开展制造工艺、物理信息融合系统、智能输送装备、加工与装配装备、共性关键技术等方面的研发。利用大数据分析，优化产品全生命周期的设计标准规范，形成消费者需求驱动的研发模式。鼓励整车厂与信息通信企业加强合作，通过对用户在不同环境、不同使用习惯下的产品状态数据进行采集、分析与应用，优化产品全生命周期的设计标准规范，提高研发质量。精准把握消费者的差异化需求，并作为产品研发的重要考量，从而提高产品的个性化配置率。加强整车厂与信息通信企业合作，通过车联网大数据的采集、分析与挖掘，建立客户个性化需求与企业内部订单到货时间（OTD）高度集成的产业链协同商务平台。

（五）加快推进充换电基础设施建设

加大政策支持力度，积极开展节能与新能源汽车推广试点示范，加快培育市场，推动技术进步和产业发展。在城市扩大公共服务领域新能源汽车示范推广范围,以及私人购买新能源汽车补贴试点,在市政、电力、邮政等领域进行电动专用汽车示范运营,在旅游景区、港区、工业园区进行场地电动专用汽车示范运营,开展新能源汽车产品性能验证及生产使用、售后服务、电池回收利用的综合评价。科学规划,加强技术开发,探索有效的商业运营模式,积极推进充换电设施建设,适应新能源汽车产业化发展的需要。按照集约化利用土地、标准化施工建设、满足消费者需求的原则,将充电设施纳入城市综合交通运输体系规划和城市建设相关行业规划,鼓励社会资本进入充电设施建设领域,积极利用城市中现有的场地和设施,推进充电设施项目建设,完善充电设施布局。

参考文献

河南省汽车行业协会:《河南省汽车行业2017年度运行报告》,2018年1月。

汽车蓝皮书课题组:《中国汽车产业发展报告(2017)》,社会科学文献出版社,2017。

张炳辉、吕亚勃:《经济新常态下我国汽车产业发展能力提升研究》,《经济纵横》2017年第2期。

张林浩:《从〈汽车产业中长期发展规划〉看当前汽车的产业发展》,《汽车工业研究》2017年第12期。

B.13
河南电子制造业发展态势分析

杨梦洁[*]

摘 要： 在新一代科技革命背景下，电子制造业对于推动实体经济与互联网、大数据深度融合起到重要支撑作用，对河南建设先进制造业强省也有着重要意义，是各区域竞相发展的重点领域。面对复杂的经济形势，河南加快产业转型升级步伐，积极搭建对接平台，谋划布局新经济增长点，以点带面促进产业发展，促使产业规模不断扩大，影响力不断提升。目前仍存在产业发展效益波动较大、稳定的产业发展体系尚未确立等问题。未来要着力打造全产业链协同创新体系，做好扶植培育河南本土优势产业等工作，不断壮大电子制造业。

关键词： 河南 电子制造业 新一代科技革命

当前，新一代科技革命席卷全球，并迅速带来前所未有的产业变革，物联网、人工智能、大数据等新经济蓬勃发展。制造业是践行新科技革命的主要阵地，同时也是实体经济的主体。党的十九大报告中指出"推动互联网、大数据、人工智能和实体经济深度融合"。电子制造业作为推动实体经济融合发展的基础制造产业，是河南确定的五大主导产业之一，同时根据党的十九大精神与当前经济发展特征，河南把建设先进制造业强省与网络经济强省作为未来阶段发展目标，电子制造业也是实现这个目标的重要支撑产业之

---

[*] 杨梦洁，河南省社会科学院工业经济研究所研究实习员。

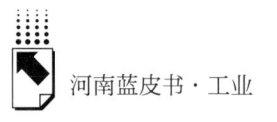

一。近年来河南在发展电子制造业，培育经济发展新优势方面迈出了坚实的步伐。

一 河南电子制造业发展态势

在《河南省推进制造业供给侧结构性改革专项行动方案（2016～2018）》中，首次明确提出聚焦包括电子制造业在内的五大主导产业，电子制造业在随后的发展中，层次和影响力都得到提升。

（一）产业规模不断扩大

2016年，河南省电子信息产业实现主营业务收入4861亿元，其中电子信息制造业达到4565亿元，是"十一五"末的9倍左右，居中部六省首位、全国第6位。2017年1～11月，全省电子信息制造业实现主营业务收入4464亿元，同比增长11%，居中部六省首位，全国第6位；利润总额163亿元，同比增长13.7%。河南省政府办公厅2017年11月21日印发的《河南省电子信息产业转型升级行动计划（2017～2020）》进一步提出，河南省将信息安全、智能传感器及终端、光电子、汽车电子、云计算大数据和软件信息技术服务作为等六大特色产业。到2020年，河南省电子信息产业要由以生产制造为主向以生产制造与研发应用服务相结合转变，主营业务收入力争达到万亿元。

（二）产业增速高位运行

2017年，河南省规模以上工业增加值同比增长8.0%，而电子制造业增速达16.1%，增速高于规模以上工业8.1个百分点，领跑规模以上工业增加值增长。

2017年1～12月，河南规模以上工业增加值增速较为平稳，基本维持在7.8%左右。五大主导产业维持在12%左右，电子制造业受产品周期性波动影响，出现较大变化，但总体维持高位运行。2017年1～2月，电子制造业增速高达21.2%，10月降至全年最低点5.0%，12月以24.5%的增速达到最高点，远超五大主导产业整体增速（见图1）。

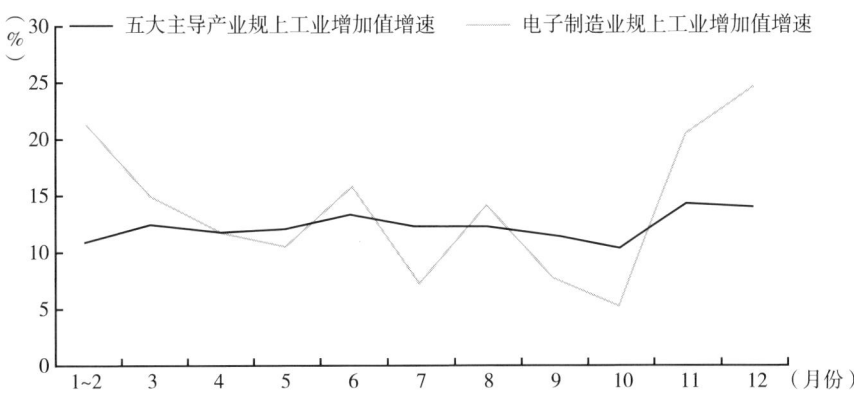

图1　2017年五大主导产业规模以上工业增加值与电子制造业增速对比

（三）产业影响力不断提升

过去的几年，河南电子制造业的竞争力和影响力进一步加强。智能终端产业作为河南电子制造业的龙头品牌，重要地位不断凸显。2011年富士康到郑州航空港经济综合实验区落户生产，带动产业不断集聚发展，目前已有177家相关企业签约入驻，智能终端产业在短短几年时间里爆发出了新的发展动能和更为强大的竞争力。2015年手机产量2.02亿部，占全球的七分之一；2016年产量2.58亿部，2017年产量超过3亿部，全球智能终端生产基地地位进一步确立。2017年3月，河南智能终端检测公共服务平台项目开工建设，将助力河南打造全球智能终端研发制造基地。在2017年国家科学技术奖励大会上，河南有27个科技项目获国家大奖，电子制造业亮点颇多。首次有两项军民融合类成果荣获国家科技进步奖二等奖，分别是解放军信息工程大学陈性元教授主持完成的"面向互联网开放环境的重要信息系统安全保障关键技术研究及应用"项目和解放军信息工程大学兰巨龙教授主持完成的"大规模接入汇聚体系技术及成套装备"项目。另外，开放式创新也结出硕果，河南仕佳光子和中科院合作，由安俊明主持完成的"光网络用光分路器芯片及阵列波导光栅芯片关键技术及产业化"项目获得国家科技进步奖二等奖，其核心产品光分路器芯片打破了国外垄断。

（四）创新平台建设不断完善

近年来，河南坚定不移地全面推行制造业创新能力提升工程。着力构建以平台创新、联盟创新为主的金字塔形制造业创新体系，已粗具规模。金字塔顶端是制造业创新中心，金字塔的主体是制造业创新联盟，金字塔的根基则为各类企业创新和"双创"平台。2017年10月20日，首批河南省制造业创新中心培育名单发布，省工信委、财政厅、科技厅、发改委四部门联合认定河南省智能农机创新中心等11个单位被确定为首批培育单位，并获得政府资金奖励。11个单位主要集中在全省五大主导产业，电子制造业方面主要是省工业新型成像技术创新中心，由解放军信息工程大学、郑州信大先进技术研究院共同牵头。这11家创新中心培育单位建设将对河南建设省级创新中心，以及争创国家级创新中心形成引领示范效应。至2017年5月，河南省新建60个大数据领域创新平台，加大了大数据领域关键技术研发力度，同时大力推动研发创新成果向应用阶段的转化，引导各类科研院所、企业等参与到这一过程中来，着力构建产学研用相结合的科技创新体系。例如，郑州信大捷安信息技术股份有限公司建设河南省大数据安全防护产业技术研究院，河南大学建设河南省时空大数据应用产业技术研究院。

二 河南推进电子制造业转型发展的主要举措

（一）加快产业转型升级步伐，建设全国重要的电子信息产业基地

为贯彻落实河南省委、省政府关于打好转型发展攻坚战的决策部署，从2017年5月开始，成立由省领导任组长的专门班子，在大量深入调查研究、

准确分析研判趋势的基础上研究制定了《河南省电子信息产业转型升级行动计划（2017~2020年）》（以下简称《行动计划》）。《行动计划》立足优势、把握趋势，指明了产业转型升级的方向和路径，是今后一个时期全省电子信息产业发展的蓝图。同时，着眼于当前存量优化和未来增量带动，筛选合晶科技晶圆硅片、比亚迪IT产业园等106个重点项目，涉及智能终端等11个领域在建、新建和谋划项目，将抓好项目实施作为落实电子信息转型发展任务的重要着力点。为确保全省各级各部门和重点企业同心协力、锐意进取、合力攻坚，共同把转型发展各项工作抓紧抓好、抓出成效，省政府于11月20日召开了全省电子信息产业转型发展工作会议。副省长张维宁、省政协副主席钱国玉出席会议并讲话。会议认真贯彻落实党的十九大精神和省委、省政府的决策部署，强调了加快推动全省电子信息产业转型发展的重大意义，深入分析了产业发展现状和面临形势，安排部署了电子信息产业转型发展相关工作，极大地调动了全省各地加快转型升级的积极性，坚定了打赢攻坚战的决心。

（二）积极搭建对接平台，推动产业链式合作

抓住机遇，依托五大产业链产销对接、产业转移等重大活动，推动扩大电子信息产业有效供给，帮助企业开拓市场，促进产业链上下游合作。2017年3月21日，河南工信委在"2017年河南五大产业链产销对接暨电商对接大会"上组织举办了"智能终端与智能硬件专题对接活动"，智能硬件企业展示了自主研发的智能家居系统，收集智能终端与智能硬件产业链上下游需求信息32条、供应信息70条、签约项目29个。活动依托骨干企业及其供应链上下游企业，以点带面，推动智能终端及智能硬件产业链式发展。5月25日，在上海举办"电子信息暨新材料行业专题对接会"，组织豫沪两地的电子信息与新材料行业客商200余人展开了对接，国内知名专家做了专题报告，河南省重点产业集聚区和重点企业做了推介发言，为河南电子信息与新材料企业开拓市场打下基础，推动了产业区域合作。河南省积极组织河南有关地区工信主管部门及企业参加由工信部与深圳市人民政府共同举办的第五

届中国电子信息博览会,以及同期举办的新一代信息技术产业发展高峰论坛,提升了河南电子信息产业的知名度和影响力。

(三)谋划布局新经济增长点,以点带面促进产业发展

为贯彻落实工信部、民政部、国家卫生计生委联合印发的《关于开展智慧健康养老试点示范的通知》(工信厅联电子〔2017〕75号)精神,推动智慧健康养老产业发展和应用推广,河南省工信委联合省民政厅、省卫计委积极开展智慧健康养老应用试点示范申报工作。焦作和洛阳两个城市,新乡市开发区街道办事处等8个办事处和河南爱馨养老集团分别被评为全国示范基地、街道和企业,以试点应用提升河南省智慧健康养老产品的供给能力,深化电子信息与传统领域融合创新,培育产业新增长点。同时,对大数据、云计算等电子信息产业融合发展的新业态,积极部署安排,出台《河南省发展服务型制造专项行动指南(2017~2020)》《河南省推动物联网发展加快培育新业态新模式行动指南(2017~2020年)》《河南省推动云计算和大数据发展加快培育新业态新模式行动指南(2017~2020年)》,明确"十三五"期间河南省电子制造业发展方向和实施路径。

(四)加强基础数据收集和行业研究工作,为科学决策提供依据

一是按照工信部要求,从各省辖市、省直管县工信部门收集、汇总,并向工信部上报全省177家电子信息企业2016年度统计报表。撰写的河南省2016年度电子信息制造业经济运行分析与展望,编入工信部《2016年中国电子信息产业统计年鉴》。二是为把握国家促进集成电路、新型显示等关键核心领域发展的战略机遇,开展重点调研,为下一步产业发展打下基础。邀请北京交通大学光电子技术研究所、工业和信息化部赛迪研究院、中原资产等有关专家组成调研组,赴信阳市、洛阳市开展专题调研,并与信阳市政府交换意见、研究工作推进机制,形成调研报告,对下一步河南省发展有机发光二极管(OLED)产业提出了建议;在实地考察调研、资料收集分析、专家座谈论证的基础上,对河南集成电路产业发展的现状和机遇、思路和建议进行了研究梳理,形成《河南集成电路产业发展调研报告》。

三 河南电子制造业转型发展中存在的问题

多年来,河南电子制造业通过紧抓产业发展机遇,多措并举,在规模和影响力上都有了较大提升,但随着电子制造业发展进入转型期,存在的一些问题也逐步暴露。

(一)产业发展效益波动较大

2016~2017年,河南电子信息产业主营业务收入和利润波动较大。例如,2015年其主营业务收入同比增速稳定在30%左右,2016年2月下降至1.6%;2017年6月虽然又提高到18.4%,但此后又是一路下滑(见图2),由此可见,河南电子信息产业发展明显走得不稳定。

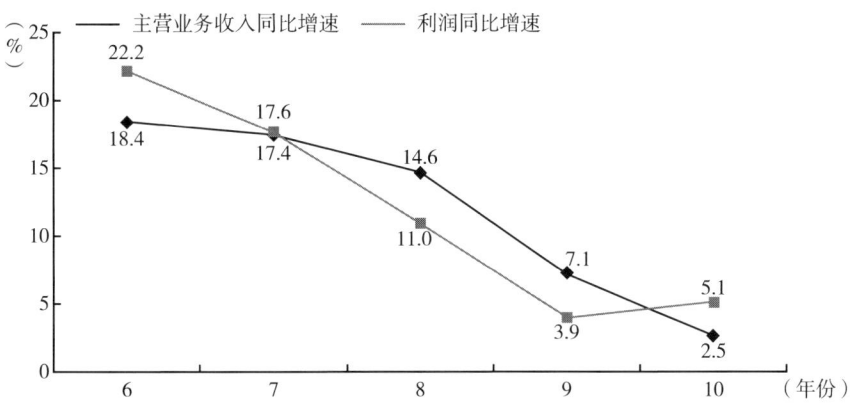

图 2 2017年6~10月河南电子信息产业主营业务收入和利润同比增速

从2017年下半年统计数据来看,2017年6月,电子信息产业主营业务收入和利润同比增速均达到22.2%和18.4%,此后持续下降,至10月,利润增速已经回落到5.1%。

（二）智能手机行业发展亟待转型

智能手机是推动河南电子信息产业快速发展的重要行业，也是河南电子制造业立足全球智能终端市场的基础行业。但随着多年来智能手机的迅速普及，高速发展的市场已趋于饱和。无论从全球智能手机市场还是中国智能手机市场来看，这都是不可逆转的趋势。全球智能手机出货量增长速度大幅降低，年增长率由2010年最高峰时的73.37%下降到2016年的5.24%。至2017年第二季度，中国手机网民用户共有7.47亿人，增长率1.49%，智能手机用户为6.55亿人，增长率0.92%。在以换机为主的现阶段，定位目标人群、优化用户使用体验是厂商在激烈的竞争中站稳脚跟的关键。对河南智能手机发展现状而言，目前仍然以技术含量低的生产代加工为主，缺乏自己的独立品牌与核心技术，产业链条尚不完整，不能够很好地适应最新的市场变化需求。当前，河南虽已在积极部署转型，建设智能终端检测公共服务平台项目等，但是与真正的全球智能终端基地还有一定的差距。

（三）本土品牌影响力不足

河南电子制造业当前对外影响力最大、规模最大的当属落户航空港经济实验区的富士康集团，但这并非河南本土品牌。近年来，河南本土品牌在信息安全产业上取得了较快的发展，信息安全产业群粗具规模，一批如信大捷安、金明源、金惠计算机、信源信息、山谷网安、信安通信等优秀企业涌现出来。特别是信大捷安集团，近年来积极布局信息安全大市场，与华为海思、联芯、展讯等国产手机芯片厂商合作，深度布局国产自主可控的智能终端市场；为海信、长虹、小米等智能家居、智能硬件厂商提供安全保障服务等，影响力逐步提升。但是从整体来看，河南信息安全产业整体规模不大，产业园区建设跟不上发展，缺少引领型的大企业和大集团。在2017年评选的中国电子信息百强企业中，河南仅有森源集团有限公司以第22名上榜，较之以往的三家数量有所下降，河南的电子制造企业整体实力在全国影响力较小。

(四)稳定的产业发展体系尚未建立

河南电子制造产业发展不均衡,智能手机作为河南规模最大的电子制造行业,以生产加工为主,没有自主独立品牌与关键技术,缺乏核心竞争力,而其他各类电子制造行业规模偏小,对整体局势起不到平衡作用,每年河南电子信息产业在进出口、收入和利润等指标上出现巨大波动均与智能手机特别是苹果手机产出的季节关系紧密。信息安全产业是河南近年来优势较大、发展较快的行业,河南也在着力发展壮大其产业集群,推动郑州信息安全产业基地建设,但是距离收获成效尚需时日。在不同的"互联网+"制造发展领域中,河南也具有一些亮点,例如逸阳女裤、信大全屋定制家具等,积极应用大数据等最新互联网应用技术,发展产业互联网,但总体产业规模偏小。

四 河南电子制造业发展面临的新形势

电子信息制造业作为支撑全球新一代产业革命加速发展的基础产业,是各个国家和地区间着力推动,积累竞争新优势的重点领域,其发展形势面临日新月异的变化。

(一)面临的机遇与有利条件

1. 电子制造业发展大环境整体向好

当前我国经济整体处在经济结构调整和新旧动能转换的重要转型期,党的十九大报告既指出要建设网络强国,也提出未来需要推动互联网、大数据、人工智能和实体经济深度融合。这些都需要进一步发挥电子制造业和信息产业的创新驱动作用,电子制造业发展进入更加关键的政策叠加推动期。2016年9月,工信部联合国家发改委等部门,在出台《"互联网+"人工智能三年行动实施方案》的基础上,又出台了《智能硬件产业创新发展专项行动(2016~2018年)》。2017年11月,国务院印发《关于深化"互联网+先进制造业"发展工业互联网的指导意见》。河南在2017年12月也发布了《河南省电子信息产业转型升级行动计划（2017~2020）年》，提出到2020年，河南省电子信息产业要建成全国重要的中西部地区竞争优势突出的电子信息产业基地，建成5000亿元级的智能终端产业集群，全产业链发展格局和产业生态系统基本呈现。

在政策的大力推动下，我国电子制造业也在科技创新、产业发展上取得了较之以往更加显著的成就。在2017年12月初的第四届世界互联网大会上，我国的11项科学技术及产品被评选为全球年度具有代表性的领先科技成果，占总数18项的60%以上。其中包括华为3GPP 5G预商用系统、微软人工智能小冰、北斗卫星导航系统，伴随着信息技术的快速发展，2017年我国智能化呈现爆发趋势。从智能城市、智能交通，到智能家居、智能医疗、智能教育，从宏观到微观，智能生活正扑面而来。如今，越来越多的智能产品，人工智能在2017年迅速崛起，成为全球新的浪潮，由此带来全新的商业模式和机遇。在此浪潮下，越来越多的传统产业开始拥抱"AI+"，借此变革旧有理念和观点。在智能化及"AI+"双驱动下，作为基础支撑的产业，我国电子信息产业也迎来了难得的发展机遇。这一点从国家对半导体及集成电路产业的重点扶持中就能看出，电子信息产业核心竞争力将决定我国未来科技发展的高度。

2. 河南数字经济发展崭露头角

2017年连续发布的有关互联网和数字经济发展的总榜单显示，河南数字经济在全国的排名正在稳步提升。第四届世界互联网大会上公布的《中国互联网发展报告（2017）》蓝皮书中，河南综合排名在全国各省份列第12位，其中基础设施建设指数单项排名第5位。2017中国"互联网+"数字经济峰会上发布的中国"互联网+"数字经济指数（2017）排名中，河南居第11位，郑州进入数字城市20强。河南人口多，既是人口红利，也是数字红利。用户越多，经济影响力就越大，更多的人有机会通过数字经济参与到创新中来。河南锐之旗、河南中钢网和郑州悉知多次入选中国互联网百强企业榜；脱胎于河南众品食业的鲜易网成长为国内最大的生鲜食品S2B交易平台。河南制造业、服务业等领域正在和数字经济进行有效融合。中国一拖打造的"互联网+农机+农业"大平台，努力推动精准农业、智慧农业发展；大信橱柜通过挖掘中国人的厨房大数据，成为大规模个性化定制的佼佼者。互联网医疗、互联网教育、智慧旅游、智慧城市等新兴业态推陈出新，2017年全省互联网和相关服务业投资增长超过60%，为电子制造业发展创造了更为广阔的空间。

（二）面临的挑战与制约因素

1. 互联网转型期对产业发展提出了更高要求

随着消费型互联网发展趋于平衡，除了其内部面临着结构升级的形势，整体正在向产业互联网转变。产业互联网主要针对生产企业，在采购、库存、生产、流通、销售、售后等各个环节，通过互联网技术的加入和运用，可以改进企业生产制造流通环节的效率，灵活满足市场需求、提高产品附加值，不断提升生产及产品的智能化、绿色化水平。制造业巨头也积极拥抱产业互联网。海尔、通用、西门子等大型制造业企业已经开始以产业互联网市场为支撑积极寻求转型。但是对于更多的制造业企业而言，接触并利用消费互联网寻求利润提升更为容易，但是布局并向产业互联网转型则是充满创新和挑战的一步，转型需耗费大量的资金、人力和物力，但是转型的成效在短期内不一定十分明显。

2. 经济转型期竞争更加激烈

互联网上中下游相关产业成为地区间与企业间竞相发展的热点领域，竞争进入白热化阶段。地区之间在招商引资上普遍通过压低地方获益空间来提供优惠的土地和税收政策等吸引产业转移，还要积极完善软硬件环境，对地方政府在各方面提出了更高的要求。企业普遍面临不转型难以生存和转型了未必迅速获益的局面，特别对于向新经济转型的企业，在瞬息万变的市场面前生存空间十分不稳定。2017年，初西安无人机企业斯凯智能已经破产倒闭，拖欠员工三个月工资。倒闭主要原因是产品滞销积压，导致资金链断裂。伴随着主要元件与技术成本的下降，无人机市场在2015年突然被引爆。

这个以往一直属于专业领域的产品突然下探到消费级市场，获得了部分极客（Geek）的追逐。但消费级无人机市场到底有多大难以说清。各类共享单车、共享汽车等共享经济也纷纷出现融资难、获益低，甚至破产等现象。

五 推动河南电子制造业高质量发展的对策建议

电子制造业作为河南紧抓新一代科技革命的机遇，实现先进制造业强省和网络经济强省建设目标的基础支撑产业，需进一步转变发展思路，提升发展质量，以适应时代需求，积累更大优势。

（一）打造全产业链协同创新体系

依托制造业创新中心等创新平台建设，强化基础研究、瞄准电子制造产业关键环节和重点领域，开展技术创新活动，增强体系化创新能力，夯实产业发展基础。依托富士康等骨干企业，延伸传统电子制造业产业链条，鼓励和引导产业链各环节配套发展与横向整合，发展完善从芯片、面板到智能终端的全产业链条，增强产业链整体竞争力。支持企业间战略合作和兼并重组，在电子信息制造业若干重点领域推动形成一批企业规模大、创新能力强、品牌知名度高的龙头企业。形成以市场需求为导向，龙头企业为引领，核心技术为基础，软硬件融合、制造与服务融合，全产业链协同创新的现代电子制造产业体系。

（二）扶植培育河南本土优势产业

推进信息安全产业基地建设，加快壮大河南信息安全产业。随着互联网技术广泛应用，产业互联网、人工智能等新经济蓬勃发展，其背后对信息安全产品的需求也愈加凸显。河南拥有中国电子科技集团第二十七研究所、解放军信息工程大学等人才和研究资源，以及以信大捷安、山谷创新、金惠计算机和郑州威科姆等为核心的信息安全企业，要促进产学研结合，充分发挥河南在信息安全产业上具备的独特优势，促进安全可控产品与服务的联合技术攻关和产业应用，突破云计算、大数据、工业控制以及其他重要领域信息系统所需关键软硬件产品，形成集聚效应明显、产业链条完善、发展特色鲜明的产业格局。

（三）积极布局以数字经济为引领的新兴领域发展

充分发挥河南在数字经济上逐步显现的后发优势，布局推动大数据、云计算、人工智能等新经济发展。根据阿里巴巴最新发布的"2017中国数字经济发展报告"河南电商销售、消费均进入十强。显示出河南省政府和企业对以大数据和人工智能等技术为基础的新零售的理解和运用。未来要充分凭借当前积累的优势和河南的人口、市场优势，加快推进大数据综合试验区建设，发挥河南云计算大数据产业联盟的作用，真正把河南大数据等产业发展起来，大力发展数字经济，提升社会治理水平和能力，促进改善民生。拓展应用发展智能家居、智慧医疗等融合性新产品，培育新经济增长点，提升信息消费水平。

（四）全力打造良好的营商环境

从项目、企业的引入和落地，到产业的培育和壮大，均离不开良好的营商环境。一是要简政放权，提高审批效率。对许可、审批事项进行整合与核对，对审批事项的项目名称、设定依据、前置条件、办理程序、审批时限进行全面梳理，缩短项目审批落户时限。加快推进河南"三十五证合一"的改革进程，坚决在全省范围内予以实施。降低市场运行成本，营造稳定公平透明、可预期的营商环境。二是多角度优化政府服务职能，落实服务型政府定位。对中央和国家发布的相关政策，地方政府要及时对接，并向企业开展解读工作；主动向企业普及最新的优惠政策。在经济转型期，定期组织企业家学习最新的经济变化形式，掌握经济发展动态，发动企业积极性；主动联系并引导银行创新金融支持政策，组织银企对接洽谈会等，为企业协调解决资金难的问题。

参考文献

陈辉：《郑州发力信息安全产业千亿集群》，《河南日报》2017年7月19日。
冯军福：《电子信息产业需在创新中找出路》，《河南日报》2017年12月15日。
陈辉：《河南省电子信息业立下万亿目标》，《河南日报》2017年11月21日。

B.14 河南省医药行业发展态势分析

沈琪 李立鹏*

摘　要： 医药制造业是关系到国计民生的基础性产业，目前我国已经形成包括化学药品制造、中药材及中成药加工、生物制品、化学原料药制造、化学药品制剂等门类齐全的产业体系。2017年，是实施"十三五"规划的重要一年，是供给侧结构性改革的深化之年，也是医药行业改革的关键一年。这一年，河南省进一步深化推进医药卫生体制改革，将"控费"作为全年卫生工作重点之一。发展中药饮片、中成药成"业务骨干"，立根固本，不断寻求新的收入增长点，促进营销渠道呈现多样化。保持了平稳发展态势，为河南医药行业做大、做强奠定了良好的基础。

关键词： 河南　医药行业　中药

"十一五"以来，我国医药行业发展较快，对国民经济增长的贡献率不断提升；"十二五"以来，由于经济发展和医疗体制改革促使需求不断释放，我国医药工业规模以上企业主营业务收入逐年增长，较"十一五"末增长了一倍多。2017年"两票制"、仿制药一致性评价等一系列医药新政让医药行业经历着冰火两重天的生死考验。然而，在医药行业经历变革发展的

---

* 沈琪，河南一生道医疗科技有限公司总经理；李立鹏，河南一生道医疗科技有限公司业务经理。

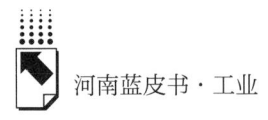

这一历史时期，挑战与机遇并存，困难与希望同在。2017年，全国规模以上医药企业实现主营业务收入29826.0亿元、利润总额3519.7亿元，医药行业发展整体向好。2017年，作为在全国市场而言规模并不庞大的河南省医药行业继续平稳发展态势，为河南工业做大、做强做出了贡献。

一 2017年全国医药行业发展状况

（一）"重拳"频出，行业格局微调

2017年，国务院医改办会同国家卫生计生委等8部门联合出台《关于在公立医疗机构药品采购中推行"两票制"的实施意见（试行）的通知》（以下简称《通知》）。《通知》要求，药品从药厂卖到一级经销商开一次发票，经销商卖到医院再开一次发票，以"两票"替代目前常见的七票、八票，减少流通环节的层层盘剥，并且每个品种的一级经销商不得超过2个，剑指医疗"控费"。

"两票制"的推行有利于减少药品流通环节、降低虚高的药品价格，对深化药品改革、促进医药产业健康发展起到良好的推动作用。对药企来说，"两票制"的出台让原有的二级三级代理商要么消失，要么升级为一级代理商。对流通企业来说，大量中小型医药配送商出局，或被大型配送商并购，或被药企收编整合，整个渠道将发生结构性调整。

2017年，国务院及国家食品药品监督管理总局频繁发文，要求已经上市的仿制药开展质量和疗效一致性评价。其目的就是淘汰落后药剂，提高仿制药质量，推进医药产业供给侧改革，实现进口原研药的国产替代，最终降低国民医药费用。根据规定，2018年底前完成289个基药品种、17740个批文的评价工作，未完成一致性评价的药品将被注销文号，而且自第一家品种通过一致性评价后，三年后不再受理其他药品生产企业相同品种的一致性评价申请。截至2017年底，共有13个品种17个品规产品首批通过一致性评价，与289个品种的一致性评价的目标还有很大差距。有专家估计，在289

个待评价品种中，能最终成功跨越门槛完成评价的品种只有约40%（近120种），其余产品，将可能被淘汰。对于一些仿制药占主营业务收入的企业而言，形势严峻。

当然，有忧也有喜。随着我国首部《中医药法》的落地实施，国家对传统医药的振兴与扶持，中药饮片、中成药等产品需求增加，中药二次开发也会成为更多企业的选择，中药材及中成药加工企业迎来发展契机。

此外，注射剂再评价、进口药品注册提速、药品注册管理办法修订等一些政策的出台，让2017年的医药行业波诡云谲，产业格局面临微调。

（二）行业营收及利润实现持续增长

2017年，全国医药行业发展态势整体向好。尽管有一系列不利因素影响，但在利好政策支持和行业积极调整下，营收及利润均实现持续增长，主营业务收入更是恢复至两位数增长。2017年，全国规模以上医药企业主营业务收入29826.0亿元，同比增长12.2%（见表1），增速较2016年提高2.3个百分点。其中增长最快的是中药饮片加工业和化学药品原料药制造业。

表1　2017年规模以上医药产业分子行业主营业务收入

单位：亿元，%

行业	主营业务收入	同比增长	比重
化学药品原料药制造	4991.7	14.7	16.7
化学药品制剂制造	8340.6	12.9	28.0
中药饮片加工	2165.3	16.7	7.3
中成药生产	5735.8	8.4	19.2
生物药品制造	3311.0	11.8	11.1
卫生材料及医药用品制造	2266.8	13.5	7.6
制药专用设备制造	186.7	7.7	0.6
医疗仪器设备及器械制造	2828.1	10.7	9.5
合计	29826.0	12.2	100.0

2017年，全国医药产业规模以上企业实现利润总额3519.7亿元，同比增长16.6%，增速比上年提高1.0个百分点。利润增速高于主营业务收入

增速,行业整体盈利水平得到提高。利润增长最快的是生物药品制造业和化学药品制剂制造业(见表2)。

表2 2017年规模以上医药产业分子行业利润总额

单位:亿元,%

行业	利润总额	同比	比重
化学药品原料药制造	436.1	13.7	12.4
化学药品制剂制造	1170.3	22.1	33.2
中药饮片加工	153.4	15.1	4.4
中成药生产	707.2	10.0	20.1
生物药品制造	499.0	26.8	14.2
卫生材料及医药用品制造	213.9	14.4	6.1
制药专用设备制造	14.7	-8.1	0.4
医疗仪器设备及器械制造	325.1	6.9	9.2
合 计	3519.7	16.6	100.0

(三)强者恒强,行业内冰火两重天

2017年,医药行业尽管整体发展向好,但行业内部发展并不均衡,呈现"强者恒强,弱者恒弱"的冰火两重天局势。截至2017年12月底,我国7697家规模以上医药企业中,亏损的有809家,占10.5%,全年亏损总额达80.6亿元。与之形成鲜明对比的是,一些医药龙头企业继续保持行业领先优势。以国药控股为例,2017年该公司实现营业收入约2777.17亿元,同比增长7.48%;扬子江药业,2017年产值和销售双双突破700亿元,增长率分别为18.7%和18.65%;江苏恒瑞医药、华润医药等,营业收入也都实现两位数增长。

二 2017年河南省医药行业发展状况

2017年,河南省进一步深化推进医药卫生体制改革,"控费"是全年卫生工作的重点之一。8月1日前城市公立医院全部取消了药品加成,彻底告

别"以药补医"的局面；逐步推进药品集中采购监管机制，医改办等 9 部门联合发文推进"两票制"试点工作，要求力争在 2018 年 6 月前所有省辖市、省直管县（市）公立医疗机构全面实行"两票制"；继续严控公立医院药占比，努力实现公立医院药占比总体低于 30% 目标。《河南省中医药发展战略规划（2016～2030 年）》的印发，加快了中医药强省建设步伐，鼓励中药制剂研发与应用，加强中药资源保护、开发和利用，加快构建现代中药产业体系。在这些措施以及仿制药一致性评价、"两办 36 条"、"飞行检查"以及《中医药法》出台等政策的叠加作用下，2016 年，全省医药工业增加值较上年略有回升，保持在 16.4% 的增速；主营业务收入达到 2265.50 亿元，同比增长 14.6%；利润总额为 204.83 亿元，同比增长 16.0%（见图 1）。

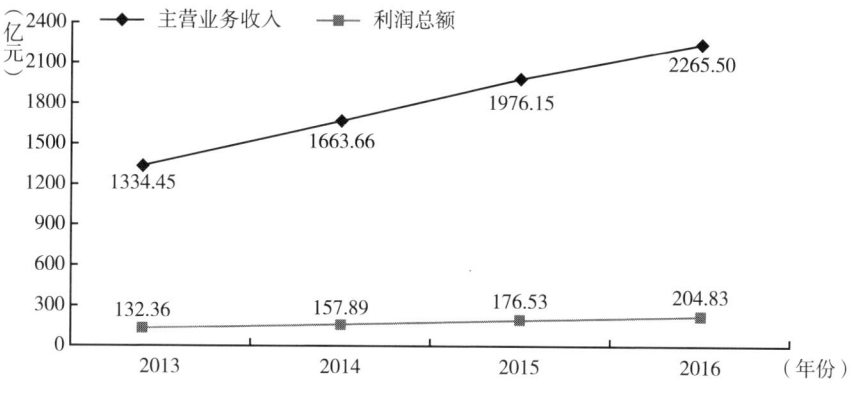

图 1　2013～2016 年河南省医药制造业主营业务收入及利润

（一）中药饮片、中成药成"业务骨干"

2017 年，河南省医药产品产量有升有降，而中药饮片、中成药加工则稳定增长。2017 年河南省化学药品原药产量 32.64 万吨，同比下降 2.6%；而中成药产量为 44.76 万吨，同比增长 8.3%。这一数据和全国 2017 年中成药产量增长 8.4% 的速度基本持平。

以太龙药业、辅仁药业为代表，中药饮片、中成药生产成为公司营收的主力。2017 年，太龙药业全年营业收入为 11.66 亿元，中药饮片收入 5.47

亿元，占比达47%。辅仁药业，1~6月营业收入为2.62亿元，也主要得益于辅仁糖尿乐胶囊、益心通脉颗粒、小儿清热宁颗粒、辅仁参芪健胃颗粒、降脂通便胶囊等一系列中成药的生产。

（二）立根固本，不断寻求新的收入增长点

不断寻求新的收入增长点是河南医药企业2017年度发展的显著特点。2017年上半年，医药行业仍处于深刻变革之中，"两票制""零差价"、医保控费等政策引导下，医药企业大多采取稳健的发展策略，立足根本，继续做大、做强自己的强势品牌、强势产品。无论是华兰生物的血液制品和疫苗，还是羚锐制药的贴膏，或是辅仁药业的中成药胶囊制剂，这些"传统优势项目"依然是公司主要的收入来源。

各医药企业在稳步发展的同时，也在不断寻求新的收入增长点。例如，辅仁药业加强中成药颗粒剂、保健食品的研发，适应不同层次、不同客户的需求，避免同质化竞争。宛西制药通过打造"仲景"品牌，布局中药农业、中药工业、中药商业、中医医疗和中药养生，打造一体化健康产业链，谋求新发展。太龙药业通过全资子公司新领先开展的药品研发服务，2017年为太龙药业带来将近1.24亿元的营收，占主营业务收入的10.6%。

（三）营销渠道呈现多样化

2017年，河南省医药企业销售渠道也呈现出多样化、"战场"前移的特点。在争夺公立医院和药店零售终端的同时，诊所市场、线上店铺也逐渐成为医药企业关注的目标。辅仁药业除了加大渠道投入和促销力度，还加大了对基层医疗市场的布局，效果明显。羚锐制药通过诊所开发、连锁店服务营销、进入商超、线上店铺、旗舰店等方式，线上线下齐头并进，打造了医药产品新的营销模式。

随着公立医院医保"控费"越来越严格，加之"两票制"和"零差价"的政策影响，医药产品销售终端中，公立医疗机构、零售药店基本饱和，而基层诊所、村卫生室以及线上渠道的争夺逐渐进入白热化。

（四）行业整体实力依然偏弱

从全国范围来看，河南医药类企业总体偏少，截至2016年仅有499家。尤其是上市医药企业，在全国看来是比较少的，与周边的山东等省份相比也同样偏少。同时，河南医药企业整体偏"中"，除辅仁药业外，太龙药业、羚锐制药、宛西制药等都相对偏于中药制作，全剂型的大型药企，在河南来说还是空白。不仅如此，河南的药企整体规模都不大，华兰生物等龙头企业年营收规模基本在20亿元左右，而A股医药类上市公司，平均每家企业的营业收入在20亿元左右。化学原料药以及中药类龙头药企的营收都在100亿元到150亿元。辅仁药业整体上市后，资产规模可以超过百亿元，营收能达到40亿元左右。与医药巨头动辄破千亿元、几百亿元的产业规模相比，河南医药企业整体实力偏弱。

三 2018年河南省医药行业展望

2018年，医药卫生体制改革持续深入，"健康中国""健康中原"建设进一步推进，医药行业依然处在"风口浪尖"，是改革的重点。同时，医保控费继续成为全省卫生工作重点，"两票制"将继续扩大推广范围，仿制药一致性评审继续进行，大力推进分级诊疗，鼓励各类医联体、医共体建设，加快远程医疗、智慧医疗等信息化建设……这些政策都会对医药行业2018年的发展产生持续而深远的影响。可以预见，2018年医药行业的机遇与挑战并存。

（一）市场需求稳定增长

随着国民经济保持中高速增长，居民可支配收入增加和消费结构升级，"健康中国""健康中原"建设稳步推进，医保体系进一步健全，人口老龄化和"全面两孩"政策实施，都将继续推动医药市场较快增长。

（二）行业监管越来越严格

无论是"飞行检查"、一致化评审、注射剂再评价，还是上市许可制度，透露的共同信息都是医药行业的监管将会越来越严格。而且，2018年医药行业发展还需要考虑环保问题。随着新修订的《环境保护法》出台，一批产能落后、环保不达标的医药企业可能面临更大的发展困境。

（三）产品结构面临调整

受"两票制"以及临床路径、按病种付费等政策的叠加影响，医药产品采购价格可能持续走低。尤其是路径外药品，可能面临淘汰的困局。而且在细分市场上，随着居民疾病谱的变化和"全面二孩"政策等因素影响，心脑血管疾病治疗药物、肿瘤治疗药物、儿童用药将会销量激增。

（四）中药饮片、中成药成"新宠"

一方面《中医药法》《河南省中医药发展战略规划（2016~2030年）》等政策措施对中医药产业大力扶持；另一方面，中医诊所开办变审批制为备案制后，民营资本大量介入，各类中医堂、中医馆如雨后春笋。加上近年来河南省不断加强各类医疗机构中医药服务能力建设，中药饮片、中成药需求必然快速增长。

区 域 篇

Regional Article

B.15
郑州市工业经济运行分析与展望

范建勋 巫怀民 陈金芬 牛志永 王章磊*

摘　要： 2017年是大力实施"制造强市"战略,推进建设"中国制造2025"试点示范城市的重要一年,郑州市围绕强化服务、攻坚、支撑、招商、创新、融合、降耗等方面开展工作,使工业经济实现平稳较快增长,工业结构调整扎实稳步推进,工业项目建设总体进展顺利,实体发展后劲持续增强,发展动力加快转化,新型制造模式相继涌现,绿色转型发展加快推进,发展环境不断改善优化。未来,针对工业经济发展形势,将继续专注于提升产业能级,着力建设现代化工业体系,提升创新活力,着力转换制造业发展动力,提升企业实力,着

---

* 范建勋,郑州市工信委主任、党组书记;巫怀民,郑州市工信委副主任、党组成员;陈金芬,郑州市工信委总会计师;牛志永,郑州市工信委法规处处长;王章磊,郑州市工信委法规处副处长。

力做强战略性工业企业等工作。

关键词： 郑州　工业　中国制造

2017年，郑州市深入贯彻落实"中国制造2025"与河南行动纲要，按照"四重点一稳定一保证"工作总格局，大力实施"制造强市"战略，狠抓各项工作落实，特别是以成功获批"中国制造2025"试点示范城市为突破，标志着郑州工业迈向了高质量发展的新起点，步入了提质增效发展的新阶段。

一　2017年工业经济运行情况及分析

2017年，郑州市坚决把稳增长、保态势作为首要工作抓细抓实，把握新态势，展现新作为，全市工业经济实现了平稳较快增长，为郑州建设国家中心城市奠定坚实的产业基础。

（一）工业实力迈上新台阶

2017年，全市规模以上工业总产值首次突破1.6万亿元，达到1.63万亿元，继续保持中部省会城市首位；规模以上工业增加值完成3191.31亿元，增长7.8%，高于全国平均水平1.2个百分点。

（二）运行调节取得新成效

2017年，全市规模以上工业增长7.8%，比上年提高1.8个百分点，总体呈平稳态势。其中一、二、三季度分别增长8.0%、8.2%、8.1%，增速保持在8%左右窄幅波动（见图1）。进入第四季度后，下行压力不断加大，特别是10月单月增速出现全年最低值4.4%，但随着工业稳增长举措和精准调控的推进实施，尤其是航空港区、经开区、高新区等开发区快速增长，促进全市工业平稳回升，有力拉动累计增速回升至全年的7.8%，工业运行取得稳中有进的新成效。

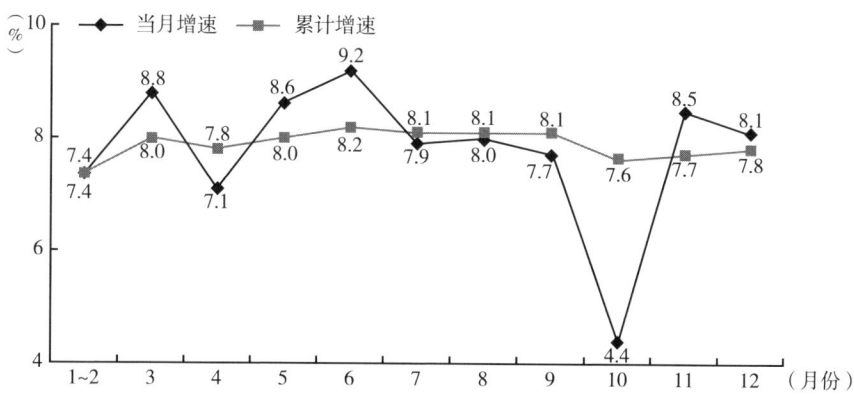

图1 2017年郑州市规上工业增速

（三）结构调整取得新进展

2017年，工业四大战略性产业占全市工业比重的55.8%，六大高耗能产业占全市工业比重的40%。七大主导产业工业增加值完成2263.1亿元，增长10.5%，高于全市增速2.7个百分点。主导产业增加值占全市工业比重达到70.9%，对全市工业增长的贡献率为96.8%，较上年同期提高4.1个百分点，拉动全市工业增长7.6个百分点（见表1）。

表1 2017年全市工业七大主导产业增加值及增速统计

工业七大主导产业	增加值（亿元）	增速（%）	贡献率（%）	拉动百分点（个）
汽车及装备制造业	625.03	8.7	25.3	2.0
电子信息工业	423.16	20.8	38.3	3.0
新材料产业	410.46	6.2	11.8	0.9
生物及医药产业	44.89	14.9	2.9	0.2
铝及铝精深加工产业	166.90	3.8	2.8	0.2
现代食品制造业	524.00	9.8	12.9	1.0
家居和品牌服装制造业	68.67	8.7	2.8	0.2
合　　计	2263.11	10.5	96.8	7.6

（四）创新发展实现新突破

2017年，全市高新技术产业增加值达到1328.4亿元，增长9.4%，高于全市工业平均水平1.6个百分点。全年工业研发投入完成120亿元，增长20%。

（五）融合发展成为新特征

中原物联网体验中心揭牌运营，信息安全产业基地成功筹建，智能制造、服务型制造、绿色制造等新型制造模式不断涌现，一大批重点企业（项目、平台）列入国家及省试点示范工程。

（六）绿色发展取得新超越

2017年1~11月，全市规模以上工业综合能源消费量1617.9万吨标准煤，同比下降0.22%，增速低于同期规模以上工业7.9个百分点；工业能耗大幅下降，2017年全市万元工业增加值能耗下降7.5%左右，超额完成年度下降5.4%的目标任务。

二 2017年加强工业经济运行的主要做法

（一）强化服务，工业经济实现平稳较快增长

坚持把稳增长作为工业经济发展的首要任务。一是强化运行督导服务，坚持"周调度、旬报告、月分析、季总结"工业运行监测机制，加强对重点区域、重点行业、重点企业、重点项目的监测和预警。落实县（市、区）运行督导服务机制，制定3个稳增长的工作专案，提高工业经济运行调节的持续性和稳定性。二是强化惠企政策服务，深入开展"政策落实进千企"和"千人帮千企"活动，组织多个部门联合开展"涉企政策宣讲周"系列活动，设立大型工业企业政策服务群、政策落实进千企政策宣讲群、"中国

制造 2025"金融服务群等，做到县（市、区）和规模以上工业企业全覆盖。三是强化"四项对接"服务，共组织开展企业服务活动 155 场，其中"四项对接"活动 148 场。深入开展产销对接。积极组织企业参加西安食博会、上海服博会、成都糖酒会和省五大产业链产销对接大会等活动，全年共开展产销对接 27 场，参加企业 1500 余家，签订购销合同 840 个，签约金额 295 亿元，积极助力企业开拓市场。深入开展银企对接。成功举办"百亿资本助力制造强市建设"融资对接会，"定向降准"金融新政宣讲会暨银企对接会，积极组织开展"三类企业"融资需求申报工作，共发布融资需求 105.1 亿元。全年共举办各类银企对接 33 场，帮助企业获得银行贷款授信 62.2 亿元，有效缓解企业融资难、融资贵问题。深入开展用工对接。开展郑州市 2017 年"双百"企业秋季用工对接会、重点工业企业冬季用工对接大会和"百校百企"用工对接系列活动等用工对接活动 50 余场次，共有宇通集团等 158 家企业提供 472 类 4200 余个岗位，招聘人才 2300 余人。深入开展产学研对接。组织参加第四届全省中小企业与高等院校科研院所产学研合作对接活动、2017 中国（郑州）制造业与互联网融合创新应用推广活动及"百企进高校"等产学研对接活动 38 场，重点抓好意昂神州、华为、启明星辰等产学研签约项目，有力促进企业与知名院校的产学研合作。

（二）强化攻坚，工业结构调整扎实稳步推进

坚持把调结构作为工业发展的重要任务。一是打好工业转型攻坚战。制定郑州市推进工业绿色化改造、工业智能化改造、企业技术改造等攻坚方案，积极推进工业转型发展工作。二是加快主导产业发展。2017 年，全市七大主导产业工业增加值完成 2263.1 亿元，同比增长 10.5%，高于全市工业增加值增速 2.7 个百分点。电子信息超过 3600 亿元，汽车及装备制造业超过 3000 亿元，新材料产业产值超过 2000 亿元，铝及铝精深加工超千亿元。三是积极淘汰落后产能。深入排查全市水泥、电解铝行业产能情况，积极化解钢铁过剩产能，严厉打击"地条钢"违法生产，对"地条钢"生产企业相关设备全部进行拆除并达到不可逆，走在全国前列，受到省政府表彰。

（三）强化支撑，工业项目建设总体进展顺利

坚持把项目建设作为工业发展的关键支撑。一是健全项目推进机制。强化了113个市级重点工业项目和188个县域重点工业项目监测，实施项目台账管理，建立了"五个一"项目推进机制，积极主动协调项目建设中的问题，郑州中车、上汽乘用车、宇通第三工厂、中铁盾构装备产业园等重点项目存在的问题得到有效解决。二是积极推进重点项目建设。在全市301个重点监测项目中，仲景药业、新天科技智慧能源物联网科技产业园、大乘中小企业产业园等108个项目顺利开建，瑞光印务、万达重工等89个续建项目进展顺利，港区手机产业园、恒丰科创中心、金谷机器人等104个项目已竣工。2017年，有301个项目共完成投资631.8亿元，占年度计划投资的88.4%。三是强化主导产业项目投资。全市七大工业主导产业全年投资完成1066亿元，占全部工业投资的比重为78.7%。

（四）强化招商，工业实体发展后劲持续增强

坚持把开放招商作为工业发展的重要抓手。强化主导产业招商谋划，制定实施了《郑州市2017年工业产业集群招商工作方案》《郑州市工业主导产业招商工作方案》，紧紧围绕全市工业七大主导产业定位和长三角、珠三角和环渤海重点区域，组建产业招商对接小分队，开展专业招商、专题招商、敲门招商、产业链招商。积极开展系列招商活动，加大招商引资力度，先后组织参加了第十一届中国（河南）国际投资贸易洽谈会、第九届豫台经贸洽谈会、2017中国·青海绿色发展投资贸易洽谈会、中国国际工业博览会等经贸交流和招商引资活动，成功引进了上汽集团年产60万辆整车生产线、合晶科技、华为、新华三、意昂神州、智能机器人产业园等一批科技含量高、投资规模大、带动能力强的基地型、龙头型、平台型"四力"项目。全年签订工业项目97个，签约总额1352.3亿元，为全市工业发展铆足了后劲。

（五）强化创新，工业发展动力加快转化

坚持把创新驱动作为工业发展的核心动力。一是加快制造业创新中心建设，制定实施《关于郑州市制造业创新中心建设的实施方案》，启动市级制造业创新中心建设工作，积极创建省级制造业创新中心，中机六院等单位牵头建设的河南省智能工厂系统集成及应用创新中心、信大先进技术研究院牵头建设的河南省工业新型成像技术创新中心等4个制造业创新中心被确定为全省首批制造业创新中心培育单位。二是加快企业创新平台建设，中铁装备和宇通客车荣获全国制造业单项冠军示范企业称号，全市新增中铁装备1家国家技术创新示范企业，新大方重工、一诺设计、浪尖设计等5家省级工业设计中心，郑州三磨所等22家市级企业技术中心。三是大力推进质量品牌建设，索凌电气、福源药业等4家企业质量管理典型经验被认定为河南省"质量标杆"。

（六）强化融合，工业新型制造模式相继涌现

坚持把融合发展作为工业经济发展的新方向。一是加快信息化和工业化深度融合，着力提高企业信息化水平，三全食品、龙翔电器等4家企业被评为国家级"两化融合"管理体系贯标示范企业。二是加快制造业与互联网融合发展，成功举办2017年制造业与互联网融合创新应用推广高峰论坛，中机六院的"智能工厂全生命周期工业云公共服务平台"和中钢网"钢铁在线交易平台"成功入选国家制造业与互联网融合试点示范，新天科技的"基于互联网的企业双创平台＋生产制造模式变革"成功入选国家制造业"双创"平台试点示范项目，大信橱柜的全屋家具大规模个性化定制、天瑞水泥的水泥智能工厂入围国家智能制造试点示范项目，宇通客车等10家企业入围省级智能工厂，海马汽车等10家企业入围省级智能车间。三是加快工业电子商务发展，中钢网被评为国家级工业电子商务平台示范企业，云顶服饰、悉知科技等5家企业被认定为国家电子商务试点示范企业。

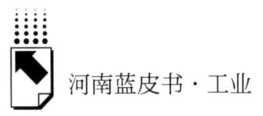

（七）强化降耗，工业绿色转型发展加快推进

坚持把绿色发展作为工业经济发展的根本理念。一是加快工业绿色化改造升级，积极组织企业开展环保技术装备推广应用，引导企业采用国家和省重点节能技术推广目录中推荐的技术、产品和工艺，在钢铁、建材、石化、化工、有色等5个重点行业推广应用36项先进适用清洁生产技术，鸿富锦、瑞泰耐材等4家企业成为国家级"绿色工厂"，新大方重工、河南国能电池等18家企业20个产品列入全省首批节能环保产品推广应用目录。二是开展重点用能企业节能监察，全年对60家耗能企业实施了现场和书面监察，立案查处节能违法案件41起，并全部结案；对有色金属、钢铁、水泥等行业的16家企业进行重点产品单位能耗监察，深入开展能效"领跑者"活动，引导企业进行节水和能效对标达标，促进企业节能减排和能效提升，推进全市工业能耗持续降低。三是深入开展工业大气污染治理，制定实施《郑州市2017~2018年秋冬季工业企业错峰生产实施方案》和《郑州市2017年工业企业采暖季大宗物料错峰运输实施方案》，扎实推进工业企业错峰生产和错峰运输工作。按照市工信委领导分包县（市、区）安排，分片开展为期30天的秋冬季工业企业错峰生产督导工作，深入错峰生产企业督导落实错峰生产措施，圆满完成了工业大气污染防治工作和环境保护目标任务，为全市大气污染治理工作做出了重要贡献。

（八）强化引导，工业发展环境不断改善优化

坚持把优化环境作为工业发展的重要保障。一是完善政策支持体系。制定出台了《郑州市重点产业人才支撑计划实施细则》《郑州市优秀企业家领航计划实施细则》等政策措施，出台《中国制造2025郑州行动纲要》，郑州市生物医药、信息化等"十三五"发展规划及七个产业基地2017年行动计划，进一步完善产业发展规划体系。二是推进政策资金落实。先后落实国家级新能源推广应用补贴、工业转型升级"中国制造2025"专项资金等各

项政策资金6.89亿元，河南省2017年先进制造业发展专项资金、省新能源汽车推广应用及充电设施基础奖补资金等各项政策资金3.47亿元，郑州市制造强市奖补专项资金、产业集聚区建设公共标准化厂房项目补助资金、主导产业奖补资金等各项政策资金2.23亿元，提振了企业发展信心。三是加大政策宣传力度，通过广播、电视、网站、微信等媒体广泛宣传各类惠企政策，在《郑州日报》开辟《中国制造2025·郑州在行动》专栏，进行了18期专题报道，营造了工业发展的良好氛围。

三 郑州工业发展中存在的主要问题及原因分析

（一）全年增速相对较低

2017年，受宏观经济形势和产业转型升级影响，郑州市工业经济发展面临较大的增长压力，特别是四季度以后，面对环境制约和同期基数偏高的双重压力，全市工业增长表现乏力，全年规模以上工业增速仍低于全省平均水平（8.0%）0.2个百分点，在35个大中城市、27个省会城市的增速排名较2016年有所下滑。

（二）工业投资持续下滑

2017年，全市工业完成投资1353.8亿元，占全部固定资产投资额的17.9%，较2016年下降了3.3个百分点。全年工业投资同比下降8.9%，增速比2016年（0.9%）回落9.8个百分点，比全市固定资产投资增速低17.1个百分点，工业投资持续偏低将对今后工业经济发展产生不利影响。同时，工业项目储备不足，大项目偏少，2017年新建成投产产值超10亿元的工业企业仅有4家，大项目支撑带动不足，持续性不强，也将为今后工业增长带来不利影响。

（三）转型升级任重道远

2017年，受富士康增加值率下调、原材料价格周期性反弹影响，全市平均工业增加值率仅为19.5%，大幅低于武汉、长沙等周边省会城市。四大战略性产业产值占全市比重为55.8%，但增加值占比仅为47.1%，凸显郑州市产业附加值偏低。高技术产业体量较小，占比偏小。2017年，全市高技术产业保持了19.9%的高速增长，但增加值占比仅为12.8%，较2016年下滑1.2个百分点。2017年，纳入错峰生产的工业企业104家，列入重污染天气应急管控工业企业达1600余家，部分县（市、区）高污染企业比重大，企业亟须转型升级发展。

四 影响2018年全市工业经济运行的因素分析

2018年是全面深入贯彻落实党的十九大精神的开局之年，也是郑州市加快中国制造强市建设的攻坚之年，郑州工业发展既面临着日益复杂的国内外经济形势，有诸多挑战和压力，也面临诸多机遇和有利因素。

（一）主要压力和挑战

从国际上看，世界经济仍将延续疲弱复苏态势，不确定、不稳定因素较多。全球经济仍面临较大的下行压力。同时，发达国家和地区依靠新技术和战略性新兴产业发展的机遇，加快实施"制造业回归"战略，吸引全球优势资源向这些国家和地区聚集，形成先进制造业强大的竞争优势。而印度、东南亚等国家和地区加快制造业"中低端"承接和布局，在"高端抢占"和"低端挤压"的大背景下，全球制造业竞争更加激烈。

从国内来看，我国经济发展的新常态特征更加鲜明，"三去一降一补"和供给侧结构性改革进入深水区，随着"中国制造2025"战略的实施，各地推进制造业发展的力度空前加大。沿海城市和发达地区经过前一轮的结构调整，在电子信息、物联网、大数据等新兴业态的发展和布局方面抢占了先机，逐步形成新的竞争优势，工业经济发展的速度、质量和效益出现了明显回升。地区生产总值万亿元左右的城市制造业竞争空前激烈，各项政策陆续出台，成都市出台加快提升国家中心城市产业能级意见，加大对工业的扶持力度；武汉出台新的人才引进政策，强化中高端制造业人才引进；宁波出台建设"中国制造2025"试点示范城市若干政策，三年统筹108亿元，支持制造业先行先试。城市间"中高端"制造业发展和人才引进竞争空前激烈。

（二）战略机遇和有利因素

从国际上看，中国作为制造大国的地位日益巩固和提升，随着在一大批重大技术领域的突破，中国制造在全球的影响力逐步扩大，国家实施"一带一路"战略为我国沿线城市和地区加强与国际制造的合作提供了广阔的空间。郑州制造依托区位交通优势和铁路、航空、口岸功能的提升，参与全球制造合作的步伐显著加快，郑州制造在全球制造格局中的作用日渐显现。

从国内来看，党的十九大明确提出"贯彻新发展理念，建设现代化经济体系"，要"加快建设制造强国，加快发展先进制造业"，"促进我国产业迈向全球价值链中高端，培育若干世界级先进制造业集群"等重要论述，为全国制造业发展指明了方向。"中国制造2025"战略已经进入实施阶段，"1+x"规划（指南）由点到面，全面展开，层层推进，融合制造、智能制造、绿色制造、服务型制造等一批国家试点示范项目（企业、平台）成为中国制造融入全球制造的"主力"。河南省坚定不移实施"制造强省"战略，大力发展"五大制造"，加快产业转型攻坚，产业系列攻坚方案陆续出台，同时制定了含金量高的财政支持政策。这些都与郑州制造发展紧密相关，有利于郑州工业进一步发挥优势，在全省新一轮制造业发展中把握主动、抢占先机，进一步提升在中原经济区的核心龙头地位。

总体上看，郑州制造的发展已经进入提质增效的新阶段，机遇大于挑战。电子信息、汽车及装备制造等战略性产业已形成规模，国家中心城市、"中国制造2025"试点示范城市、航空港经济综合实验区、中原经济区、中国（河南）自贸区、郑洛新国家自主创新示范区、跨境电子商务综合试验区等众多国家战略"红利"加快释放，为制造业发展带来空前的机遇。特别是国家将设立"中国制造2025"国家级示范区，在经济审批权限、土地保障、各类国家级试验区政策共享等方面，全面给予支持，若郑州市创建成功，郑州工业发展将迎来新的重大战略机遇。

五 促进郑州工业平稳运行的对策建议

2018年是全面深入贯彻落实党的十九大精神的开局之年，是郑州市工业转型攻坚之年，也是加快郑州制造业高质量发展的推进年，更是创建"中国制造2025"国家级示范区的关键年。

总体思路：按照"四重点一稳定一保证"的工作总格局和"创优势、增实力、补短板、能抓住"的工作方针，大力实施"制造强市"战略，以制造业供给侧结构性改革为主线，积极推进"中国制造2025"国家级示范区创建，以项目建设为载体、招商引资为突破、提升产业能级为方向、开放创新为动力、企业培育为主体，着力强投资、促融合、转方式、提效能，努力实现全市工业经济平稳较快发展，为建设国家中心城市做出新的更大贡献。

（一）提升产业能级，着力建设现代化工业体系

1. 打造新型制造业体系

加快打造"3333"先进制造业体系，强化电子信息、汽车和装备制造、新材料三大战略支撑产业引领发展，引导现代食品制造、品牌服装及现代家居、铝及铝精深加工三大传统优势产业转型发展，布局新一代信息技术、生物及医药、智能高端装备制造三大新兴产业跨越发展，推进电子商务、现代物流、研发设计三大生产性服务业加速发展。

2. 加快培育世界级产业集群

着力建设世界级智能终端、客车、轨道交通装备、人造金刚石、冷链食品和铝精深加工等产业集群，进一步提升电子信息、汽车、装备制造、新材料、现代食品、铝及铝精深加工6个千亿元级产业能级，加快提升生物及医药、品牌服装及现代家居产业规模。强化产业转型攻坚，落实"1+5"方

案,力争到 2018 年底,全市工业七大主导产业产值达到 1.2 万亿元。

3. 加快培育新兴产业

加快培育集成电路、新型显示面板、智能传感器、新能源(储能)、生物医药、人工智能、增材制造、基因诊疗、智能机器人等新兴产业,推动新兴产业规模化发展。加快布局未来产业,着力发展石墨烯、纳米材料、可见光通信、北斗导航、智能汽车等未来产业,抢占产业发展的新高地。

(二)提升创新活力,着力转换制造业发展动力

1. 积极推进制造业创新中心建设

围绕国家确定的制造业创新中心 10 大领域和河南省制造业创新中心 12 个领域,积极在超硬材料、信息安全和智能制造等领域筹划推进制造业创新中心(产业技术研究院)建设。力争在 2018 年确定 10 家制造业创新中心培育对象,认定 5 家市级以上制造业创新中心。

2. 加快创新平台建设

组织开展企业技术中心和技术创新示范企业申报、认定工作,力争 2018 年新认定市级企业技术中心 20 家左右,新增国家级及省级技术创新示范企业 5 家左右。

3. 加快发展优质制造

加快落实省政府《关于开展制造业"三品"专项行动营造良好市场环境的实施意见》,深入推进制造业供给侧结构性改革,提高制造业供给侧品质。大力开展质量标杆活动,推进工业质量品牌创新,增强企业品牌管理能力,提升品牌竞争力和价值。积极创建一批产业集群区域品牌建设试点及工业企业品牌培育试点企业,着力培育一批世界级品牌企业,提高郑州制造在全球的影响力。

(三)提升企业实力,着力做强战略性工业企业

1. 实施企业家领航计划

落实国家《关于营造企业家健康成长环境弘扬优秀企业家精神更好发

挥企业家作用的意见》，研究制定郑州市制造业企业家培育计划，着力培养一批具有全球战略眼光、市场开拓精神、管理创新能力和社会责任感的优秀企业家。研究建立因政府规划调整、政策变化造成企业合法权益受损的依法依规补偿救济机制，营造促进企业家公平竞争诚信经营的市场环境。引导金融机构为企业家创新创业提供资金支持，探索建立创业保险、担保和风险分担制度。建立健全帮扶企业家的工作联动机制，设立"企业家接待日"，定期组织企业家座谈和走访，帮助解决企业实际困难。

2. 培育工业战略性企业

研究制定郑州市培育工业大企业（集团）实施意见，建立完善战略性企业培育机制，制定和实施工业战略性企业培育专案，落实市级领导分包责任制，强化推进，力争2018年新增两户百亿元级企业。支持战略性企业加快"走出去"步伐，建成一批跨国公司，发展一批具有国际竞争力的大企业（集团）。鼓励有条件的企业向平台型企业转变，打通供需链条，整合行业资源，着力形成一批平台型大企业，不断提升行业竞争优势。

3. 培育百强百高企业

从全市工业企业中，按照年销售收入、利税等指标排名确定100户百强企业，按照成长性确定100户高成长企业，实施企业三年倍增计划，进行重点培育。建立健全动态管理机制，推进"双百"企业加快向国际、国内行业龙头提升迈进。

4. 培育"专精特新"中小企业

落实国家、省、市扶持中小企业发展的各项政策措施。积极引导大型企业与中小微企业开展合作，实现互利共赢融通发展。培育细分行业"单项冠军"企业，加快推进中小企业上规模，力争2018年全市新增规模以上工业企业150家左右。

（四）提升投资水平，着力推进关键性重点项目

1. 深入开展工业项目谋划

着力谋划一批"四力"型项目，积极谋划一批产业链配套项目，大力

谋划一批新兴产业和未来产业项目。

2. 分级分层抓好重大工业项目建设

做好总投资3597.7亿元的486个重大工业项目推进。重点抓好上汽二期、富士康光学玻璃及显示模组精密生产、宇通客车（经开区）生产基地及其配套等68个重大项目建设及2016年和2017年结转的102个重大项目。

3. 强化项目推进

抓一批开工项目，确保郑州三磨所超硬材料磨具研发及产业化基地、朝雨智能电视产业园、达利食品果汁生产线等236个新建项目早日开工。抓一批续建项目，督促郑州合晶硅材料有限公司单晶硅片、裕展精密科技手机构件、天一航天年产1300万只超级电容等164个续建项目进度，形成有效投资增量。抓一批竣工项目，积极协调解决项目建设中存在的问题，确保河南中烟技术中心科技园、宇能冶金科技年产15吨航天用复合材料、诚信恒隆汽车零部件等86个项目竣工达产，力争全年工业项目投资完成1400亿元。

（五）提升融合发展，着力培育新型制造业模式

1. 加快融合发展

培育一批"两化融合"贯标企业，组织开展各类宣贯和培训活动，推动"两化融合"管理体系贯标由试点推广向全面普及转变，力争"两化融合"贯标试点企业及实施贯标企业达到20家。推进制造业互联网深度融合，推动出台《郑州市推动制造业互联网融合发展专案》，积极创建国家、省、市大规模个性化定制、制造业互联网"双创"平台、服务型制造等各类试点示范企业（项目、平台），力争2018年建设国家级示范2家、省级示范10家。

2. 推进工业智能化改造

鼓励有条件的企业牵头或参与智能制造标准制定、承担国家智能制造综合标准化和新模式应用项目、智能制造试点示范项目，加快建设一批智能工厂、数字车间，力争2018年建成10个以上智能工厂（数字车间）。

3. 加快"企业上云"

积极筹建郑州工业云，实施"百千企业上云"计划，推动100家规模以上工业企业和1000家企业上云。

4. 加快发展工业互联网

大力发展工业互联网，促进新一代信息技术与制造业深度融合，推动工业企业内网、外网建设。引进培育5~6家工业互联网解决方案提供商，搭建10个以上工业互联网平台，建设汽车、电子信息等2~3个工业互联网平台应用示范集群，构筑工业互联网产业生态。

5. 推进军民融合发展

大力实施军民融合技改项目，推动中国电子科技集团公司第二十七研究所高分遥感在农业保险中的应用，加快河南航天液压气动技术有限公司年产5万套新能源EMT动力系统生产能力改造等项目建设，尽快完工达产。

（六）提升开放合作，着力融入全球制造业格局

1. 加大"引进来"力度

绘制重点产业全产业链招商图谱，选准拟引进的龙头企业及配套企业，提高招商引资的针对性。制定实施郑州市制造业"五职"招商工作方案，确保县（市、区）引进的制造业项目不低于辖区引进项目的50%。大力开展长三角、珠三角、环渤海、欧美等发达经济体专题大招商活动，积极开展中国（郑州）承接产业转移等系列对接活动。争取华为、惠科、新明天、东银控股、金水国际AR/VR产业基地等一批洽谈项目尽快落地。力争2018年签约项目100个，签约金额1500亿元左右。

2. 加快"走出去"步伐

全面融入国家"一带一路"战略，积极参与国际产业合作。深化国际产能和装备制造合作，引导重点企业、产业集聚区与发达国家和地区开展"一对一""点对点"对接，探索多种合作模式，推进郑州制造融入全球制造格局。

3. 加快开放平台建设

加快建设以各级新型工业化产业示范基地为载体的制造业开放合作平台，争创国家、省级示范基地，到 2018 年力争新增省级以上新型工业化产业示范基地 2 家、市级 3 家。

（七）提升绿色制造，着力转变制造业发展方式

1. 支持企业进行节能技改

围绕提升工业资源能源利用效率和清洁生产水平，加强节能环保技术、工艺、装备推广应用，加快推进循环经济和综合利用，实现工业高效清洁低碳循环和可持续发展。

2. 积极淘汰落后产能，大力化解过剩产能

降低行业能耗，在钢铁、电解铝、水泥、造纸、纺织等行业实施水效能效"领跑者"行动，组织推荐企业（产品）进入国家水效、能效"领跑者"名单和节能机电设备（产品）目录、"能效之星"产品目录，推广节能技术装备。

3. 建立绿色制造评价机制

争创国家绿色工厂、绿色产品、绿色园区，强化工业节能监察，推进工业项目能评。深入开展工业大气污染防治，统筹好工业发展和环保治理的关系，利用环保治理倒逼机制，促进工业绿色发展水平提升。力争 2018 年新增 2 家省级绿色示范工厂，2 家企业（产品）进入国家水效、能效"领跑者"名单和节能机电设备（产品目录）、"能效之星"产品目录。

（八）提升平台功能，着力创新制造业体制机制

1. 建立健全产业创新平台

围绕工业主导产业和新兴产业，建立健全产业协同创新机制，加快组建郑州市七大主导产业联盟和以制造业创新中心为主的协同创新平台，提高产业创新能力。

2.建立健全产业招商平台

创新制造业招商机制,组建郑州市制造业招商中心,分区域、分产业谋划招引项目,强化对延链、补链、强链项目的引进,强化对云计算、物联网、大数据、工业互联网、新能源等战略性新兴产业和高端制造业项目引进。

3.建立健全制造业融资平台

对接国家、省各类制造业发展基金和郑州国家中心城市产业发展基金,健全产业融资对接机制,建立郑州市制造业融资平台和基金支持项目库,将一批重大洽谈项目和正在推进实施的有资金需求的优质项目纳入基金库,以基金支持促招引项目落地、促续建项目进度。

4.建立健全制造业人才平台

落实智汇郑州聚才工程,健全制造业人才引育机制,实施制造业人才队伍建设专项行动,强化制造业与人才需求对接,发布郑州市重点产业紧缺人才需求目录,培育一批郑州制造"大工匠",引进一批高技能人才,为建设制造强市提供有力的人才支撑和智力保障。

(九)提升服务效能,着力优化制造业发展环境

1.深化运行监测服务

强化运行监测服务,不断提高经济运行监测和研判的科学性、准确性和前瞻性,落实好县(市、区)工业运行分包督导服务机制,协调企业生产经营难题,继续落实重点行业重点区域稳增长专案,稳定重点区域和重点行业增长。

2.深化企业服务

建立健全企业服务联席办公会议等机制,着力解决企业发展各类难题。大力开展产销、用工、银企、产学研"四项对接"。组织企业参加各行业重要展会,推动"豫货通天下"工业企业和电商企业对接,促进名优产品扩大销售。充分利用"百校百企"平台,做好人才引进和专业技术人员培训等工作。组织开展各产业、重点企业与金融机构对接,建立完善"三类企

业"融资清单，着力解决企业融资难题。积极开展主导产业产学研对接、高校行等系列活动，力争促成一批产学研机构和项目落地建设。

3. 积极落实惠企政策

持续开展"千名干部帮千企"活动，加大各级惠企政策宣传贯彻力度，落实国家、省、市制造业各项政策扶持资金。修订完善郑州市建设中国制造强市若干政策措施，利用好总规模为1000亿元的郑州国家中心城市产业发展基金，推动设立企业转贷、招商引资、项目建设等专项基金，推动自贸区、自主创新示范区的优惠政策与"中国制造2025"试点示范城市政策共享，不断加大制造业政策扶持力度。

4. 大力开展企业减负降成本行动

严格落实国家降低企业负担政策，着力降低企业交易、用地、用能、人工、物流、财务等成本，切实减轻企业负担。开展涉企收费项目清理整顿，加快建立涉企收费目录清单制度，通过简政放权、放管结合、转变政府职能，进一步优化企业发展环境。

5. 强化督导考核

修订郑州市工业经济考评办法，提高制造业项目建设、招商引资、创新发展、融合发展等指标的权重，强化目标考评督导，确保制造业发展各项工作落到实处。

6. 强化氛围营造

加大对制造业的宣传力度，发挥好各类行业协会、联盟等的桥梁和纽带作用，营造制造业发展的浓厚氛围，形成制造业发展的强大合力，奋力开创全市工业和信息化的新局面。

B.16
洛阳市工业经济运行分析与展望

李君 郝爽*

摘 要： 面对2017年复杂的国内外经济形势，以及艰巨的稳增长、保态势任务，洛阳市政府紧抓装备制造、电子信息、机器人及智能制造、新能源等重点产业发展与项目建设，积极推动工业领域供给侧结构性改革，加大金融支持力度，实现了工业增长速度企稳向好、企业效益增长较快较好，取得了显著的转型升级成效。目前仍存在产业结构不优、资金短缺、融资难、科技创新意识不强等问题，未来要在持续做好监测分析、扎实推进工业平稳运行的基础上，聚力技术改造，推动转型发展，聚焦重点，构建现代产业体系，实施提质倍增计划，培育市场主体，落实"中国制造2025"洛阳行动，提升创新能力。

关键词： 洛阳 工业 经济 转型升级

2017年，面对国内外复杂严峻的宏观经济形势，产能过剩、需求不足等老矛盾尚未有效缓解，天然气供应趋紧、房地产增速放缓、环境保护对经济发展提出更高要求等新矛盾集中产生，为洛阳市工业经济运行带来了负面影响，洛阳市工业稳增长、保态势任务十分艰巨。洛阳市委、市政府紧紧围绕"四高一强一率先"奋斗目标、"9+2"工作布局、"565"现代产业体系

---

* 李君，洛阳市工信委副主任；郝爽，洛阳市工信委运行局副局长。

和60个重大专项总体要求，牢固树立和贯彻落实新发展理念，坚持稳中求进工作总基调，以供给侧结构性改革为主线，积极做好稳增长、促改革、调结构、惠民生、防风险各项工作，使洛阳市工业经济呈现稳中有进、稳中向好的良好态势。

一 2017年洛阳市工业经济运行基本情况

2017年，洛阳市规模以上工业累计实现增加值1482.8亿元，同比增长8.7%，高于全省平均增速0.7个百分点，排名全省第6位；实现主营业务收入7744.3亿元，同比增长15.4%，增速居全省第2位；实现利润总额351.4亿元，同比增长50%，增速创10年新高，连续8个月居全省第1位；实现利税总额571.1亿元，同比增长31%，利税增速连续6个月居全省第1位。

（一）工业生产增长速度实现企稳向好

全年规模以上工业增速由一季度的8%，逐步提升到年中的8.4%，继而到11月的8.8%，最终全年增速稳定在8.7%；增速也由年初的与全省持平，稳步提升到高于全省0.7个百分点；在全省的排名也由一季度的第11位，逐步提升到全年的第6位，进入全省第一方阵。从用电量看，2017年洛阳市工业用电量333.7亿千瓦时，同比增长5.8%，增速位列全省第9位。从行业分类看，在38个重点行业中，有19个行业增加值增速高于洛阳市平均水平，其中，增速排名前三位分别是金属制品、机械和设备修理业（85.3%），化学纤维制造业（49.5%），电气机械和器材制造业（29.6%）。从工业品出厂价格（PPI）看，2017年全国PPI走势呈"M"形，两个高点分别出现在2月（7.8%）和9~10月（6.9%），年初受世界经济整体回暖、国际大宗产品价格回升影响带动PPI上涨至全年最高点，后受重点行业价格回落影响，PPI出现回落，随着2016年涨价翘尾因素逐渐消失，12月PPI涨幅跌落至全年最低的4.9%。从行业价格变动看，2017年价格涨幅较大的行业多为前几年跌幅较深的行业，例如石油和天然气开采业，2015年下跌37.3%，2016年下跌16.4%，2017年上涨29.0%；煤炭开采和洗选业，2015年下跌14.7%，2016年下跌1.7%，2017年上涨28.2%，这些行业多是受益于供给侧结构性改革的不断推进，以及产业结构的不断调整优化。装备制造相关行业价格涨幅平稳，主要是因为科技进步、产品升级更新等因素消化了部分上游原材料涨价影响。

（二）工业企业效益实现较好较快增长

与2016年相比，2017年洛阳市工业企业效益呈现明显好转态势，一是企业销售不断加快。2017年洛阳市规模以上工业企业实现主营业务收入同比增长15.4%，比上年加快7.6个百分点，高于全省平均水平6.3个百分点，增速位次不断提升，居全省第2位。二是利润增长突飞猛进。2017年规模以上工业企业实现利润同比增长50%，高于全省平均水平41.5个百分点，利润增速自4月以来始终保持在30%以上，尤其是9月以来增速高于居全省第2位的许昌10个百分点以上。三是下行压力有所缓解。2017年规模以上工业亏损企业亏损额27.5亿元，同比下降42.5%，降速居全省第3位，降幅快于全省24.9个百分点。四是工业税收呈增长态势。2017年，洛阳市工业税收入库172.5亿元，占国税税收总量的56.7%，同比增长22.4%，增幅比2016年（-5.9%）提高28.3个百分点，高于全省平均水平1.7个百分点。

（三）供给侧结构性改革成效显著

在去产能方面，2017年，洛阳市对钢铁、电解铝、水泥、平板玻璃等过剩产能行业，严格按照国家、省化解过剩产能相关政策文件执行，共淘汰55家企业149台（套）落后设备，有效改善了钢铁、煤炭等行业的供给质量，提高了产品价格，企业效益大幅回升。黑色金属冶炼和压延加工业利润同比上升20%，煤炭开采和洗选业同比减亏3亿元。在去杠杆方面，2017年洛阳市规模以上工业企业资产负债率为54.4%，同比降低3.3个百分点。

在降成本方面，规模以上工业企业主营业务收入利润率为4.54%，同比提高1.05个百分点；规模以上工业每百元营业收入中的成本为87.86元，同比减少1.06元。

（四）转型升级效果明显

2017年，洛阳市六大高成长性制造业累计实现增加值662.9亿元，同比增长11.7%，对规模以上工业增长的贡献率达60.7%；高技术产业增加值53.5亿元，同比增长17%，高于洛阳市平均水平8.3个百分点；煤炭开采和洗选业、黑色金属矿采选业、黑色金属冶炼和压延加工业增加值增速分别降低14.2%、14.1%和8.9%，增速降幅居洛阳市38个行业前三位。实施"五十百"技改提升工程，技术改造完成投资354亿元，同比增长29.0%，高于洛阳市工业投资增速（6.1%）22.9个百分点。实施永宁金铅等6个清洁生产技术改造项目，累计投资1.54亿元。高新区被评为国家级绿色园区，白马集团和中航锂电被评为国家级绿色工厂。

（五）金融对制造业支持力度加大

一是大力支持战略性新兴产业。截至2017年末，洛阳市制造业贷款余额620.86亿元，比年初增加43.38亿元，增幅为7.51%。其中工业转型升级项目贷款66.9亿元，对节能环保、新一代信息技术、生物、高端装备制造、新能源和新材料等战略新兴产业贷款分别为0.84亿元、2.18亿元、3.45亿元、10.29亿元和2.76亿元。二是大力支持"565"现代产业体系。据不完全统计，2017年洛阳市银行业对全市装备制造等五大主导产业贷款41.47亿元，机器人及智能制造等六大新兴产业贷款42.48亿元，对牡丹、文化等五大特色产业贷款11.42亿元，对以上领域的表外信贷余额510.03亿元，比年初增加46.60亿元。

（六）重微共振双向发力

一是大企业顶天立地。2017年15家提质倍增试点企业实现主营业务收入1471.6亿元，同比增长33.3%，高于洛阳市平均增速17.9个百分点；实现利润69.7亿元，为2016年的6.1倍，占洛阳市工业利润的19.8%。二是中小微企业保持稳定。2017年，洛阳市中小微企业单位数达3.5万户，同比增长2.9%；从业人员83.7万人，同比增长3.9%；实现营业收入6633.4亿元，同比增长7.5%；完成增加值1993.8亿元，同比增长7.2%；实交税金169.7亿元，同比增长4.2%；实现利润551.2亿元，同比增长11.6%。

（七）县域经济充满活力

在洛阳市8县1市8区中，有94%以上的县（市、区）增速均在9.0%以上，为洛阳市工业经济平稳运行提供了有力支撑。新安县坚持"2+2+2"产业发展方向，大力支持以海绵钛、铝基镁基复合材料、钨钼高比重合金为前瞻的新材料产业发展，洛新产业区多渠道搭建企业服务平台，组建了洛新建设投资公司，充实了洛阳融腾担保公司，并注资1500万元成立了创业服务公司，从投资、担保、企业孵化等方面为企业提供服务。宜阳县2017年共实施"腾笼换鸟"项目14个，新增投资23.6亿元，盘活集聚区闲置土地约422亩，盘活闲置厂房和办公楼8.1万平方米。汝阳县除大力发展新材料和新能源产业外，借助振兴豫酒计划，加大对杜康控股的各项惠企政策落实，不断助推企业转型升级改造，2017年企业实现利润总额845万元，同比增长98.6%。

二 重点产业运行情况

（一）装备制造产业总体平稳

2017年，洛阳市共有装备制造业规模以上企业755家，全年完成工业增加值500.42亿元，同比增长12.9%，增速比规模以上工业快4.2个百分点；实现主营业务收入2689.3亿元，同比增长14.7%；实现利润122.1亿元，同比增长33.5%。

（二）电子信息产业保持较快发展

洛阳市电子信息产业营业收入为 344.2 亿元，同比增长 19.2%。其中信息服务业营业收入为 170.2 亿元，实现利润 32 亿元，上缴税收 8.77 亿元，同比分别增长 32.1%、24.9%、35%；电子信息制造业主要监测企业主营业务收入 174 亿元，同比增长 8.7%。新增信息服务业企业 56 家，洛阳市信息服务业企业达 900 余家。

（三）机器人及智能制造产业发展较快

2017 年实现主营业务收入 1045 亿元，同比增长 25.2%。中信重工、中航 613 所、德平机械等企业在消防机器人、巡检机器人、焊接机器人等领域实现突破，集聚相关企业 130 余家，形成全省唯一的以机器人为主的智能装备产业基地。

（四）新能源产业发展势头良好

在能源领域，洛阳市新能源产业已初步形成以光伏产业为主，光热设备、核电装备、风电装备、风力发电等多领域全面发展的产业基础，2017 年洛阳市新能源产业重点监测企业主营业务收入达到 152.8 亿元，同比增长 36.9%。与此同时，新能源汽车产业受银隆产城融合项目的顺利落地影响，呈现高速发展态势。

（五）新材料产业延链补链取得突破

洛阳是新材料产业国家高技术产业基地，在铝、镁、钛合金材料、钼钨等稀有金属材料，精密铜加工制品、特种玻璃、氟化工、聚氨酯等产业具有一定基础，形成了铝、钼钨、钛材料精深加工产业链，2017 年，洛阳市规模以上新型材料企业实现主营业务收入 591 亿元，同比增长 20.6%。

三 洛阳市2018年工业经济运行展望

2018年国内外宏观环境总体有利,主要国际组织对2018年世界经济保持乐观预期,普遍预测世界经济增速高于2017年,中国特色社会主义进入新时代,国内市场持续改善,企业信心稳定,发电量、用电量、货运量、进出口等指标呈现延续向好态势。

具体到洛阳而言,洛阳市经济社会发展的政策红利仍在不断释放。自创区、自贸区、"中国制造2025"试点城市、产融合作试点城市等一系列国家级试点城市建设工作正在稳步推进,加之省委、省政府出台了《关于支持洛阳市加快中原城市群副中心城市建设的若干意见》,洛阳市紧紧抢抓政策机遇,经济社会发展动力十足。产业结构持续优化。投资110亿元的洛阳石化炼油结构一期工程、分别投资150亿元的格力自主创新智能制造产业基地和银隆新能源产城融合产业园项目等一批重大项目陆续开工建设,"五强六新五特"现代产业体系的构建步伐不断加快。动能转换持续加快。2017年洛阳市六大高成长性制造业累计实现增加值662.9亿元,占规模以上工业的44.7%,同比增长11.7%,高于洛阳市规模以上工业增速3个百分点,高技术产业增加值同比增长17%,高于洛阳市规模以上工业增速8.3个百分点,新旧动能转换后劲稳健。质量效益稳步提升。2017年洛阳市规模以上工业利润增速连续8个月居全省第1位,利税总增速连续6个月居全省第1位,亏损企业亏损额同比下降42.5%,降幅快于全省24.9个百分点,工业经济运行质量好于预期。

从总体上看,洛阳市发展优势日益积累,保持稳定的总体态势没有改变,随着积极因素的不断积累,洛阳市工业经济仍将保持总体平稳的发展态势。

四 存在的问题

(一)产业结构不优,与高质量发展要求仍存在差距

从能耗情况来看,2017年洛阳市万元工业增加值耗电量2251千瓦时、

比郑州多1295千瓦时。从成本情况来看，2017年洛阳市规模以上工业每百元营业收入中的成本87.86元，比全国（84.92元）高2.94元。从利润情况来看，2017年洛阳市规模以上工业企业主营业务收入利润率为4.54%，比全国（6.46%）低1.92个百分点，比郑州（7.16%）低2.62个百分点，洛阳市规模以上企业主营业务收入总额超过郑州的半数，但是利润总额却只是郑州的三分之一。从地市对比来看，许昌市2017年规模以上工业实现增加值1455.5亿元，仅比洛阳市低27.3亿元，超越洛阳市的优势与趋势更为明显与紧迫；规模以上工业完成主营业务收入6662.2亿元，实现利润总额559.3亿元，利润率高达8.4%，比洛阳市高3.86个百分点。洛阳市工业企业利润偏低的现状，凸显了生产设备智能化、绿色化改造、生产工艺科学化、高效化升级的必要性与紧迫性。

（二）资金短缺，融资难、融资贵、融资周期长问题突出

融资难问题依然是制约企业发展的重要因素。一是流动资金不足，银行授信放贷难度持续加大，小微金融服务市场需求巨大，但有效供给明显不足，存在信贷规模的"天花板"效应、融资门槛高、信用平台建设滞后、审批手续复杂、要求严苛等问题，难以适应小微企业"短、快、灵"的资金需求特点。二是在产业转型、追求高质量发展的更高要求之下，部分中小企业如需进一步发展，就要开展技术改造、产业转型升级工作，解决资金来源难的问题。

（三）固定资产投资放缓

洛阳市在固定资产投资中，工业投资增速由年初的29.1%逐步回落至年底的6.1%。襄阳市2017年实现地区生产总值4064.9亿元，与洛阳市同为GDP破4000亿元大关的城市，其2017年完成工业投资总额比洛阳市高61.3亿元，但增速高于洛阳市19.8个百分点，占固定资产投资的比重比洛阳市高12.1个百分点。洛阳市的工业投资力度减弱，除受需求不足、成本上升、融资困难、利润降低等因素影响外，还存在如下特点。一是区域发展

不平衡。洛阳市亿元以上工业项目大多集中在伊川、新安、偃师、涧西、高新、伊滨、洛龙等县区。二是优质项目不充足。近年来，洛阳市新上的大项目、好项目数量少，大多集中在附加值较低的产业链中间环节，面向终端市场、前端设计研发领域的项目不多。

（四）科技创新意识不强

2017年，洛阳市高技术产业完成增加值53.5亿元，低于许昌市（59.5亿元），与郑州市（407.1亿元）更是差距巨大。创新资源与工业经济结合不紧密，产、学、研、金融合度不高，技术研发上的落后使制造业企业发展陷入困境，目前大部分企业仍然停留在中低端制造领域，传统产业主要依靠低成本赚取微薄利润，而新兴产业则面临核心技术缺失的瓶颈。

五 2018年工作打算及工作措施

（一）持续做好监测分析，扎实推进工业平稳运行

一是扎实做好洛阳市工业经济运行重点工作，聚焦要素保障、项目建设、稳定生产，切实把学习贯彻党的十九大精神和省委十届四次全会、市委十一届五次全会，以及中央、省委、市委经济工作会议精神转化为促进工业经济稳中求进的实际行动。二是加强工业运行监测，坚持"一月一调控，一月一分析"，避免工业经济出现大起大落。强化企业煤电油气运金等生产要素的综合协调，千方百计保障企业生产经营需要。

（二）聚力技术改造，推动转型发展

以智能化、绿色化改造为重点方向，大力推动企业技术改造，培育新增长点。一是实施大规模企业技术改造。继续实施"五十百"技改提升工程，研究发布企业技术改造关键技术指南，推动企业提升技术水平和生产效率。组织实施工业强基示范项目，围绕装备制造、新材料等优势领域实施一批行

业领先强基项目。二是深度推进智能化改造。实施"机器换人"计划,组织智能制造装备生产与应用对接,示范应用机器人及智能装备。实施智能制造示范,积极实施智能化改造示范项目,培育省级智能工厂和智能车间。三是加速实施绿色化改造。围绕打好污染防治攻坚战,改变粗放式增长方式,实现绿色发展。实施绿色化改造示范项目,建设绿色工厂、绿色园区,推动企业开展自愿性清洁生产审核。积极化解过剩产能,依法依规做好产能置换,坚决贯彻落实国家、省、市关于钢铁、水泥、电解铝、平板玻璃等化解过剩产能工作部署,坚决按要求淘汰落后产能。持续开展"散乱污"企业治理。坚决防止"地条钢"死灰复燃。

(三)聚焦7个重点,构建现代产业体系

坚持以"四化"为方向,大力推进"四双联动",实施先进装备制造业等7个产业转型升级行动计划,加快构建"565"现代产业体系。在先进装备制造业方面,巩固提升农机装备、矿山装备等产业竞争力,推动新能源汽车及动力电池、节能环保装备等产业取得新突破。在新型材料产业方面,拉长铝、钛产业链,加快建设伊川新安千亿元级新材料产业集群,加快推进中原钛谷全产业链体系建设。推进有色金属、石化、建材等原材料工业供给侧改革,提高产品附加值。在电子信息产业方面,完善硅半导体和新型平板显示两大产业链条,打造大数据、电子功能材料、电子元器件产业集群,推动智能传感器产业集聚发展。在机器人及智能装备产业方面,积极推进格力中国洛阳自主创新智能制造产业基地等项目建设,着力引进一批行业龙头企业。大力发展智能装备产业,推动洛阳市传统产业实施智能化改造。在新能源产业方面,巩固提升洛阳市在多晶硅、硅片、电池、组件等领域的优势和竞争力。在白酒产业方面,加快杜康控股提质升级,挖掘杜康文化,改进酿酒工艺,提升酒品品质。在烟草产业方面,加大对"洛阳牡丹"等品牌的培育和创新力度,推动洛阳卷烟厂易地搬迁项目建成投产。

(四)实施"中国制造2025"洛阳行动,提升创新能力

贯彻落实《中国制造2025洛阳行动纲要》,加快制造业转型步伐。一

是建设"中国制造2025"城市试点示范。强力推进技改提升、地企合作、军民融合等重点工程，构建新型制造业、创新、人才、政策等四大支撑体系，争创"中国制造2025"国家级示范区。二是建设制造业创新中心。推动河南智能农机制造业创新中心建设成为国家级制造业创新中心，指导轴承创新中心和先进耐火材料创新中心建设成为省级制造业创新中心，在绿色矿山工程、兽用疫苗等领域新培育一批制造业创新中心。制定行业发展技术路线图，推动企业主动开展科研攻关。三是推动军民融合。加快打造高新区军民融合产业集群，以航空航天装备、军民两用新材料等产业为重点，谋划、引进、开工一批军民融合标志性项目。编制《洛阳市无人机产业发展规划》，谋划发展无人机产业。

（五）实施提质倍增计划，培育市场主体

深入推进提质倍增计划，以15家试点企业为重点，推动100家县（市、区）试点企业做实、做优、做强，带动中小微企业融合发展。一是完善督导考核体系。制定提质倍增试点行动督导考核实施方案，建立季度督导、年度考核的督导考核体系和试点企业动态监管机制，督促试点企业加快实现提质倍增发展。二是推进重大项目建设。加快提质倍增重点项目建设进度，重点推进一拖集团新型轮式拖拉机智能制造新模式应用项目等项目建成投产。三是深化服务保障。加强对试点企业要素保障、项目建设、金融服务、科技创新等方面的服务协调，为试点企业创造良好发展环境。

（六）积极推进国家产融合作试点城市建设

一是持续推进产融合作政策落实。继续做好还贷周转金业务，加大对洛阳市"565"产业及带贫企业的扶持力度，帮助企业节约"倒贷"成本，防范企业资金链断裂风险，化解银行贷款逾期风险，维护地方金融生态稳定。二是继续加大产融合作服务力度。分行业分部门开展专业的银企对接活动，为企业及金融机构搭建平台，对洛阳市重点企业及困难企业召开专题融资对接会，引导金融机构加大支持力度。三是探索金融租赁业务与洛阳市工业拳

头产品的合作模式，通过组建由政府、银行、企业三方工业参与的金融租赁公司，积极帮助洛阳市工业优质产品开拓市场。

（七）加强项目建设，持续扩大投资

按照"视野宽、政策严、技术高、业态新、产业融"的原则，谋划实施重大项目。一是抓谋划。围绕"565"现代产业体系、产业转型发展等重点领域，谋划筛选一批重大产业项目，建立洛阳市工业项目库，推动项目尽快实施。二是抓开工。每季度开展一次集中开工活动，确保工业项目建设有序接替。三是抓进度。实施工业项目集中攻坚行动，对每个项目倒排工期，明确时间节点，落实责任人，确保按计划节点建设。四是抓招商。紧盯工业"三强"企业，开展产业链招商和企业招商，引进一批产业链上下游企业和配套企业。加大地企合作、军民融合以及豫京、豫沪产业合作力度。

（八）优化营商环境，壮大民营经济

贯彻落实《中共中央国务院关于营造企业家健康成长环境弘扬优秀企业家精神更好发挥企业家作用的意见》，激发和保护企业家精神，让民营企业在公平竞争的市场环境中发展壮大。一是营造发展氛围。推动洛阳市出台支持民营经济发展的意见，在市场开拓、创新发展等方面制定具体措施。二是搭建服务平台。力争新创建国家级、省级小型微型企业创业创新示范基地各1个，新培育省级中小企业公共服务平台1家，推进小微企业工业园和中小企业特色产业集群建设。三是实施"小巨人"企业培育工程。在政策支持、融资服务等方面加大力度，培育一批创新能力强、带动作用大的"小巨人"企业，引导洛阳市中小微企业向"专精特新"发展。四是培育高素质企业家队伍。采取"走出去"与"请进来"相结合，中小企业与大院、大所相结合，专家授课与实地观摩相结合的方式创新实施"企业家素质提升工程"，全年培训优秀企业家500人次以上。

B.17
许昌市工业经济运行分析与展望

焦建华 杨明生 曹洪涛*

摘 要： 2017年，面对错综复杂的经济形势和艰巨繁重的发展任务，全市上下坚定以习近平新时代中国特色社会主义思想为指导，以稳中求进为总基调，以供给侧结构性改革为主线，以提高发展质量和效益为中心，按照"拉高标杆、持续求进、走在前列"的总体要求，着力打好转型发展攻坚战，取得了工业运行更稳、经济效益更好、转型发展更快、经济活力更强、企业梯队更优的成绩。未来要针对不足，狠抓工业平稳运行，持续推进转型升级，厚植发展新增动能，深入实施三大改造，培育壮大市场主体，大力发展民营经济，建设网络经济强市，加强企业家培养。

关键词： 许昌 工业 转型升级

一 2017年工业经济运行态势及特点分析

2017年全市工业经济呈现稳中有进、稳中向好的良好态势，工业企业质量和效益同步提升，各项指标均高于全省平均水平，其中全市规模以上工

---

* 焦建华，许昌市工信委主任；杨明生，许昌市工信委运行办主任；曹洪涛，许昌市工信委运行办副主任。

业增加值、主营业务收入及利润等多项指标均长期保持全省靠前位次，处于近三年最好水平，这些为全市工业经济持续提质增效发展打下良好基础，归纳起来2017年许昌市工业运行呈现以下五个特点。

（一）工业运行更稳

2017年，全市规模以上工业增加值完成1455.5亿元，总量居全省第3位，同比增长9.0%，增速居全省第2位。规模以上工业增速由2015年全省第12位、2016年全省第7位前移至2017年全省第2位；增长速度由2015年高于全省0.5个百分点、2016年高于全省0.9个百分点提升至2017年高于全省1个百分点。全市工业投资完成1506亿元，同比增长5%，占全市固定资产投资总额的59.5%；工业增值税完成59亿元，总量居全省第3位，同比增长42.3%，增速居全省第3位；工业用电量完成74.8亿千瓦时，同比增长15.7%，增速居全省第1位。鉴于许昌市工业运行出色表现，2017年被工信部列为全国工业经济运行重点联系城市，加入国家工业经济运行重点监测分析城市行列。

（二）经济效益更好

2017年，全市规模以上工业实现主营业务收入6662.2亿元，居全省第3位，同比增长15.4%，居全省第2位。主营业务收入增速由2015年的5.9%、2016年的13.7%提升至2017年的15.4%，营业收入逐年稳步提升，收入总量持续增大。2017年实现利润559.3亿元，居全省第2位，同比增长18.1%，增速居全省第2位。利润增速由2015年的-0.2%、2016年的10.3%提升至2017年的18.1%。随着供给侧改革的深入，去产能成效显现，近几年比较困难的原材料、焦化、采矿业等行业生产经营状况逐年改善，利润增速大幅提升，呈现出企业效益更高更好的发展。

（三）转型发展更快

近年来，许昌市按照市委、市政府安排部署，主动调整产业结构，大力推进产业转型升级,坚决打赢去产能攻坚战。相继出台了《许昌市先进制造业强市实施意见》《许昌市网络经济强市实施意见》《许昌市制造业转型发展实施方案》等文件。2017年许昌市制定了装备制造、生物医药、新材料、电子信息产业、烟草产业和新能源汽车6个重点产业转型发展行动计划,每个行动计划配套成立一个产业转型升级发展专班,由2位副市级领导任组长,相关职能部门参与,建立了"一个产业、一个专班、一个方案、一抓到底"的推进机制,打出转型发展组合拳,推动工业经济大发展大提升。近年来,许昌市在抓好转型发展的同时,突出抓好去产能工作,2016年淘汰关闭煤矿19处,化解煤炭产能397万吨;2017年关闭煤矿15处,化解煤炭产能306万吨。2017年累计关闭小散乱污企业2300多家,关闭、整顿、改造提升铸造企业440多家,实现"地条钢"制售企业零存在。

(四)经济活力更强

2017年4月,在河南省召开的转型发展攻坚推进会议上,许昌市以第一名的成绩受到省委、省政府表彰。许继集团、森源集团、黄河集团、瑞贝卡集团等龙头企业的新上项目,都是增强企业活力、提升企业核心竞争力的重大项目。各县(市、区)不断引进重点优质工业项目,如襄城县引进投资60亿元的年产4GW高效单晶硅太阳能电池片项目,示范区引进总投资120亿元的超级电容项目,建成后可新增产能200亿元。许昌市政府与中国经济联络中心、德国鲁道夫·沙尔平咨询公司签订长期战略合作协议,畅通许昌与德国乃至中东欧国家机构和企业之间的合作交流渠道,为加快许昌市发展不锈钢、智能制造、新型管材、电力装备等产业,提高经济外向度、增强经济发展活力等拓展更大空间。2017年底,许昌市民营经济占全市GDP总量的80%以上,民营市场主体占全市的97%,吸纳就业人数占全市的85%以上,民营企业进出口总量占全市的89%。森源集团、黄河集团、众品食业、金汇集团入围2017年中国民营企业500强,入围数量占全省入围总数的1/4,创业指数和企业活跃度居全省第2位。2017年,全市民间投资

2231.1 亿元，占全市固定资产投资的 88% 以上。全市民营市场主体达到 22.6 万户，其中民营企业突破 5.6 万户，同比增长 19.4%。

（五）企业梯队更优

2017 年，许昌市大中型企业完成工业增加值 1026.5 亿元，占规模以上工业增加值的 70.5%，同比增长 9.7%，高于全市 0.7 个百分点；其中，大型企业增加值同比增长 9.0%、中型企业增加值同比增长 9.4%；股份制企业增加值同比增长 12%，高于全市规上工业 3 个百分点。全市 8 家百亿元以上的企业均实现产值同比增长 10% 以上的良好发展态势。其中，森源集团营业收入突破 400 亿元，黄河集团、众品食业、金汇集团和首山化工 4 家企业营业收入均超过 200 亿元，许继集团、瑞贝卡集团和许昌卷烟厂 3 家企业营业收入均超过百亿元。远东传动轴、振德医用敷料、裕丰纺织、西继迅达等 12 家企业营业收入超过 30 亿元，豪丰机械、龙岗电力、大宋官窑、金阳铝业等 50 多家企业营业收入超过 10 亿元。全市高新技术企业超过 100 家。境内上市企业 5 家，新三板挂牌企业 24 家，上市后备企业 20 家，许昌市工业企业队伍已初步形成了"大中小梯队发展、行业门类齐全"的良好发展格局。

（六）信息化水平更高

截至 2017 年底，全市光纤端口达到 210 万线，光纤网络覆盖率达 97% 以上，基本实现城乡家庭全部具备 100M 及以上宽带接入能力；4G 网络实现全覆盖。完成 87 家市直单位、9 个县（市、区）和 107 个乡（镇、街道）与市电子政务外网平台的联网工作，实现了联网市、县、乡三级覆盖。全市规模以上工业企业智能化水平日益提升，95% 以上的企业在管理中应用信息化平台，财务部门的普及应用率在 90% 以上，办公自动化 OA 应用程度达到 85% 以上。森源重工、许昌烟机、众品食业和大盛微电 4 家企业被评定为国家"两化融合"管理体系贯标试点企业，鲜易供应链获评国家 2017 年服务型制造示范平台，许继集团的"HiEV 电动汽车充电云服务平台"入选河南省工业云示范平台。

（七）发展后劲更足

2017年，110个亿元以上重点工业项目，实现年度计划投资375亿元，达年度投资计划的108.3%，沃特玛许昌新能源汽车产业园等60个项目开工建设，平煤隆基高效单晶硅等37个项目竣工投产，为经济发展积蓄了强大后劲。中德（许昌）中小企业合作区正式获批，进一步加大了对德合作力度。长葛市、禹州市入选2017年中国工业百强县（市），名次显著前移。10个产业集聚区规模以上工业主营业务收入增速居全省第3位，利润总额居全省第1位；长葛、禹州产业集聚区获评全省"十强"，鄢陵、大周产业集聚区晋升二星级。

二 许昌市推动工业转型升级发展的举措

（一）党委政府高度重视是推动转型发展的"定心丸"

历届许昌市委、市政府持续高度重视工业转型升级发展，着力采取有效措施促进企业提质增效。"十一五"以来，许昌市委、市政府不断解放思想、主动作为，通过改革改制，促进民间资本进入污水处理、供水、供热、医疗、公共交通等领域，实施了100多个重大项目，累计完成投资260亿元以上。在带动民间投资增长的同时，促进了民营经济的发展和民营企业的壮大，为工业转型升级发展营造良好社会环境，为企业发展壮大注入新鲜动能，为提质增效发展夯实了基础。为积极适应新常态，持续推进工业转型升级发展，2016年和2017年，许昌市委、市政府连续两年召开高规格的民营经济座谈会，强调许昌经济发展的活力在民营、潜力在民营、希望在民营，进一步传递"亲商、富商、安商"理念，拉高标杆、转型发展，为新常态下转型升级发展、民间投资增长指明了方向。

（二）把转型发展作为首要任务，保持工业经济良好态势

1. 政策引领促转型

许昌出台了《关于推进先进制造业强市建设的实施意见》《关于推进网络经济强市建设的实施意见》《许昌市制造业转型发展实施方案》等政策措施，制定装备制造、生物医药、新材料、电子信息产业、烟草产业和新能源汽车6个重点产业转型发展行动计划，打出转型发展组合拳，推动工业经济大发展大提升。

2. 创新驱动促转型

引导企业加大创新力度，抢占发展制高点。众品食业被确定为首批河南省制造业创新中心培育单位，是除郑洛新国家创新示范区以外唯一一家入围的企业。森源重工被认定为国家级工业企业品牌培育示范企业，毅达电气和硅烷科技被认定为2017年省工业企业品牌培育示范试点企业。许继集团、远东传动轴和恒利来合金3家企业被认定为省工业公共技术研发设计中心。许继集团设计中心被认定为国家级工业设计中心，万杰智能科技和森源电气设计中心被认定为省级工业设计中心。众品食业的系统化品牌管理的经验被评为河南省质量标杆。

3. 产业攻坚促转型

大力实施"许昌制造7475"工程，坚持优化提升传统优势产业和培育壮大战略性新兴产业并重，持续优化产业结构。2017年，全市制造业增加值占比达到94%，为许昌市工业增长提供了强劲动力。装备制造业实现增加值420亿元，占规模以上工业比重达28.9%，对规模以上工业贡献率达到62.1%的历史新高。重点发展新能源汽车、新材料等战略性新兴产业，2017年底，战略性新兴产业占工业的比重超过40%。

（三）把项目建设作为主要抓手，培育新增动能促转型

1. 加大项目谋划强度

2017年，全市亿元以上重点工业建设项目共110个，其中续建项目50

个，新建项目60个；年度计划投资346亿元，同比增长19%，项目建设为工业经济增长持续发力。

2. 加快项目建设速度

2017年，全市110个亿元以上工业重点建设项目，完成年度计划投资375亿元，为年度投资计划的108.3%，平煤隆基高效单晶硅、河南金汇·晟丰科技有限公司年产80万吨精密不锈钢连轧等37个项目竣工投产，为工业经济发展积蓄了强大后劲。

3. 加大项目引进力度

积极组织企业参与德国汉诺威工业博览会、豫沪产业对接、中国青海结构调整暨投资贸易洽谈会、欧美同学会（中国留学人员联谊会）第六届年会暨海归创新创业郑州峰会、厦门国际投资贸易洽谈会及"百家企业进高校——哈尔滨工业大学、哈尔滨工程大学"等交流合作活动，累计发布产业合作信息1000多条，达成签约意向26项，签约金额226.4亿元。

（四）把智能制造作为主攻方向，提升智能水平助推转型发展

1. 推进基础网络建设

编制《许昌市通信基础设施专项规划（2017~2030年）》，实施光纤改造提速工程，全面提高宽带用户接入速率。

2. 推动制造业与互联网深度融合发展

引导企业实施"设备换芯""生产换线""机器换人"等智能化改造，培育发展服务型制造等新模式。许昌市规模以上工业企业智能化水平日益提升，全市100%的规模以上工业企业使用了计算机和互联网，许继电气、大森机电等6家企业被评为河南省智能车间，许继电源、森源电气和森源重工等3家企业被评为河南省智能工厂，万杰智能、众品食品、森源重工被评为省服务型制造示范企业。

3. 大力发展信息服务业

壮大许继软件、新兵锋软件和永诚网络等软件企业，带动新兴软件企业发展。组织一卡通、继元科技等企业参加2017年许昌市双创活动周，扩大

信息服务业企业影响力。

4. 推进智慧城市建设

推进市直部门数据共享，市直23家责任单位均已上报对接方案，正在做好系统接口开发工作。研究5G泛在应用试验与新型智慧城市同步建设，加快推进各项智慧应用建设。

（五）把企业服务作为重要职责，营造优良环境服务转型发展

1. 畅通政企沟通渠道

利用市企业服务网、企业服务微信公众号等平台，扎实推进惠企政策落实。2017年1~11月，累计发送各类信息63期、215条。组织开展2017年首席服务员服务重点企业转型发展活动，抽调市工信委机关党员干部联系企业，帮助企业解决问题。受理企业反映各类问题87条，办结率在95%以上。

2. 深入开展对接活动

组织企业参加许昌市食品产业产销对接活动和河南省五大产业链产销等产销对接活动，共达成销售意向69亿元。配合市金融办组织银企洽谈会，20家银行业机构与许昌市282家企业的316个项目签订贷款意向157.76亿元。

3. 防范企业风险

组织对各县（市、区）经营困难、产能过剩、负债率（含民间借贷）较高、存在资金链断裂风险的制造业中小企业进行排查，共排查出33家风险企业，交市金融办研究解决。

4. 抓好企业家培养

召开全市企业家座谈会，落实《中共中央、国务院关于营造企业家健康成长环境弘扬优秀企业家精神更好发挥企业家作用的意见》。组织全市企业家代表赴德国、法国、清华大学学习考察，组织新三板挂牌后备企业到北京参加股权融资与市值管理专题培训，联合清华大学经管学院举办许昌市第二期企业领军人才研修班；邀请北京大学专家并通过中原大讲堂、"百名中

原领军型企业家"培训等方式对企业家进行培训,培训企业负责人 1000 余人次,有效提升了全市企业家综合素质。

(六)把简政放权作为有力保障,深化"放管服"改革护航转型发展

1. 制定实施降成本专项行动计划

落实国家降成本工作部署和省降成本 50 条措施,许昌市在全省率先制定实施供给侧结构性改革降成本专项行动计划,通过降低制度性交易成本、企业税费负担、社会保险费、企业财务成本、电力价格和物流成本,2017 年减少企业生产经营成本约 21 亿元,其中为小微企业减免税收 2 亿元以上,为高新技术企业减免所得税 1.4 亿元,减少企业财务成本 2 亿元以上,使企业轻装上阵。

2. 建立企业周边环境考核评价机制

将政府服务环境、企业周边环境纳入县级党委、政府的考评内容,由市纪检监察部门牵头在全市开展涉企部门服务效能述职评价活动,由市公安部门牵头认真开展企业周边环境机制整治工作。

3. 全面清理涉企乱收费行为

完善涉企清单制度,公布涉企税收、行政事业性收费、涉企经营服务性收费等收费目录,建立涉企税费清单查询平台,开展涉企乱收费专项治理,制止清单之外的涉企乱收费行为,并在全市推广长葛市的"一费制"收费模式。同时,建立企业负担举报查处机制,多渠道受理企业反映问题,发现问题坚决予以查处。

4. 开展"政策落实进万家"活动

加大惠企政策宣传力度,梳理汇总国家、省和许昌市涉企扶持政策,通过举办宣讲会、编发惠企政策手册,充分利用企业服务网、企业服务微信公众号、新闻媒体等宣传媒介进行政策解读,及时将最新的惠企信息传达给企业,指导企业用足、用活、用好政策。许昌在全省经济发展环境指数、行政环境指数、法治环境指数测评中,均居全省省辖市第 1 名。

三 存在的问题

在肯定成绩的同时,应清醒地认识到许昌市工业经济发展存在县(市、区)发展不均衡、发展质量有待提高、企业盈利能力不强等问题,全市上下要认清形势,增强紧迫感、危机感,加快产业转型升级发展步伐,实现高质量发展。

(一)县域经济发展不均衡

目前,县(市、区)工业经济发展差距较大。一是在规模以上工业增加值增速方面,2017年有4个县(市、区)规模以上工业增加值同比增速高于全市平均增速,分别是长葛市增长10.7%、魏都区增长10.2%、建安区增长10.1%、禹州市增长9.7%,其余5个县(市、区)增速低于全市平均水平。二是在规模以上工业实现利润方面,长葛市以35.7%的增速领跑全市,高于全市平均水平20.3个百分点,襄城县、示范区、开发区、魏都区、东城区呈现负增长。三是在规模以上工业增加值方面,长葛市2017年规模以上工业增加值482.7亿元,领跑全市。但襄城县、鄢陵县、建安区、魏都区、开发区、东城区和示范区7个县(市、区)的规模以上工业增加值不足130亿元,不到长葛市总量的1/4。四是在龙头企业方面,许昌市8家超百亿元的企业在长葛市就有4家,但禹州市、鄢陵县没有一家百亿元的企业。中国民营企业500强,许昌市入围4家企业,全部在长葛市。

(二)工业发展质量有待提高

2017年,环境治理和去产能对许昌市工业经济运行影响较大,企业停产限产频次较高,涉及行业范围较广,企业数量众多,尤其是2016年12月,因受环境治理因素影响,全市停产限产企业达900多家,工业用电量同比下降19.27%,规模以上工业增速4.7%,大幅下滑至历史最低值,增速位次下滑至全省倒数第2位,这充分说明许昌市工业发展质量不高,产业急

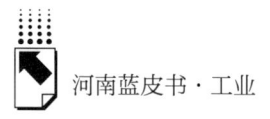

需转型升级发展,高耗能、高污染、低效生产企业在各县(市、区)不同程度存在。

(三)企业盈利能力不强

受市场需求回升乏力、用工成本上升等因素影响,许昌市企业盈利能力不强,营收利润率明显偏低,多数企业营收利润率不足10%。企业产品库存呈现增多趋势,特别是纺织、服饰、不锈钢、低端装备制造等行业和企业经营较为困难,盈利能力较差。从产业结构上看,许昌市缺少对人员需求少、技术含量高、占地规模小、企业利润率高的高新技术企业。按照中央提出的高质量发展要求,许昌市在企业提质增效发展上还有较大潜力可挖,企业平均"亩产"效益有待进一步提升。

四 2018年许昌市工业和信息化发展谋划

2018年,许昌市将以学习贯彻党的十九大、中央经济工作会议精神及习近平新时代中国特色社会主义经济思想为主题,坚持稳中求进的工作总基调,统筹推进"五位一体"总体布局和协调推进"四个全面"战略布局,大力实施"许昌制造7475工程",围绕建设先进制造业强市、网络经济强市的目标,妥善把握稳增长与调结构、培育新动能与提升传统动能、工业经济运行与环境治理的关系,大力推进产业向高端化、绿色化、智能化、融合化迈进,全力推动装备制造、新能源汽车、生物医药、新材料、电子信息和烟草等重点产业转型发展,着力抓好产业转型、项目建设、企业培育、民营经济、两化融合、企业服务等工作,推动工业经济在实现高质量发展上不断取得新进展。主要预期目标是,2018年全市规模以上工业增加值同比增长8.5%。110个亿元以上工业项目完成年度投资计划417亿元,同比增长20.5%。强力推进装备制造、新能源汽车、生物医药、新材料和电子信息和烟草6个重点产业转型发展,企业发展质量不断提高,工业效益稳步提升,工业综合能耗及万元增加值能耗下降明显,高质量发展成效初步显现。重点抓好以下几项工作。

（一）狠抓工业平稳运行

加强工业运行监测分析，针对企业发展过程中出现的苗头性和倾向性问题，早发现、早预警、早应对。深化企业服务，坚持首席服务员服务重点企业制度，积极开展产销、银企、用工和产学研等对接活动，完善企业问题收集、分解、督办机制。落实降低实体经济成本和制度性交易成本等举措，规范强制收费、过高收费和乱收费等行为，切实减轻企业负担，多措并举，确保工业经济平稳运行。

（二）持续推进转型升级

以供给侧结构性改革为主线，落实"1+3+11"产业转型发展政策体系，重点推进装备制造、新能源汽车、生物医药、新材料、电子信息和烟草6个产业转型发展。实施"千百"亿元级优势产业集群培育工程，推进新能源汽车、生物医药、硅材料等专业园区建设。着力化解煤炭行业过剩产能，依法依规推进产能置换。

（三）厚植发展新增动能

扎实推进110个亿元以上重点工业项目，确保年度计划完成投资417亿元。抓好6个重点产业的112个项目，确保年度完成投资384亿元。围绕郑许一体化发展战略，加快郑许产业对接步伐。利用建设中德（许昌）中小企业合作区的机遇，扩大与德国合作的范围和领域。

（四）深入实施三大改造

2018年完成400家规模以上工业企业技术改造，年度投资不低于330亿元。在装备制造、工业机器人、电子信息、汽车及零部件等重点领域，实施智能化改造，优化提升传统优势产业。积极实施绿色化改造，构建绿色制造体系，加快节能环保技术应用。

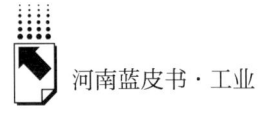

（五）培育壮大市场主体

通过结构调整、深化改革、政策支持和资源整合，培育发展一批主业突出、核心竞争力强、带动作用明显的大企业集团。开展"个转企、小升规、规改股、股上市"工作，组建"专精特新"中小企业库，建设完善的企业梯队。

（六）大力发展民营经济

贯彻落实中央、省、市扶持民营经济发展的政策，为民营经济发展提供专业化综合配套服务。组织对转型发展突出的企业进行观摩，评选表彰优秀民营企业，大力弘扬民营企业家精神。坚持"政府办好围墙外的事"，真正把"老乡当老外"，在政策、土地、信贷等领域向民营企业优质项目倾斜，打造公平市场环境和营商环境。

（七）建设网络经济强市

将光纤网络提速降费落到实处，提升千兆到企业、百兆到桌面的接入能力。开展智能制造工程，组织企业申报省级智能工厂和智能车间。加快5G、工业互联网等重大技术研发应用，培育个性化定制、服务型制造等新模式。推进5G泛在应用试验室与新型智慧城市同步建设，提升智慧城市建设水平。推动市直部门数据和业务系统向政务云中心迁移，提高"互联网+政务服务"的能力。

（八）加强企业家培养

以优秀企业家和企业家接班人为重点，举办企业领军人才研修班和重点企业高级经营管理人员培训班，鼓励引导企业家通过在职教育、远程教育等形式，提升企业家综合素质。举办企业家沙龙活动，为企业与政府之间，企业与企业之间搭建沟通交流平台。

企 业 篇

Enterprise Article

B.18
中国平煤神马集团"特色转型发展道路"态势分析

梁铁山*

摘　要： 近年来，中国平煤神马集团在总结企业改革发展经验教训的基础上，探索建立了以"四个转变"为核心精髓，"六个坚持"为内在要求，"六个发展"为根本途径的特色转型发展道路。这条道路引领中国平煤神马集团破解了资源型企业转型发展的时代课题，驶入了持续健康发展的快车道。2018年，中国平煤神马集团将立足新时代，进一步提高政治站位，肩负历史使命，坚持走特色转型发展道路，开启企业发展新征程。

---

* 梁铁山，中国平煤神马集团党委书记、董事长。

关键词： 国有企业　中国平煤神马集团　特色转型发展道路

中国平煤神马集团是一家以煤焦、化工、新能源新材料为核心产业的国有特大型能源化工集团，是河南省营业收入、资产总额"双千亿元"企业。拥有平煤股份、神马股份、易成新能3家上市公司和5家新三板挂牌企业。多年来，中国平煤神马集团在危机中逆行、在机遇中成长，坚持立足煤、延伸煤、超越煤，率先在全行业调整结构，构建起了主业精干、多元支撑的产业新体系，逐步走出了一条独具特色的转型发展道路，为资源型企业可持续发展提供了有益借鉴。

一 "特色转型发展道路"破解新课题

2016年，中国平煤神马集团在系统总结以往改革发展经验教训的基础上，总结提出了"特色转型发展道路"的发展思路，并在实践中不断丰富完善，逐步形成了具有自身特色的转型发展战略体系。在这条道路指引下，中国平煤神马集团战胜了建矿60多年来最严重的困难，抵住了连续5年多来经济下行的冲击，重新步入良性发展轨道，站在了新的历史起点上。

（一）破解时代课题的必然选择

资源型企业如何实现可持续发展、破解矿竭企衰的难题？长期以来，这个问题始终困扰着每个资源型企业。在我国，大多数资源型企业成立于计划经济时代，随着市场经济的发展和资源不断枯竭，不可避免地面临开发成本不断上升、竞争力严重削弱、富余职工大幅增加、主导产业衰退等种种问题，经历了一个由强到弱、由盛至衰的过程。而资源型企业所在地大多是物质财富、精神财富高度聚集的区域，对当地经济和社会发展具有巨大带动作用。资源型企业能否成功转型，直接关系到依赖其而建立起来的资源型城市及地区的兴衰存亡。面对这种形势，党中央、国务院开出了供给侧结构性改革的"药方",并因地因时制宜进行了细致安排。但由于起步晚、基础差等原因,自2012年以来,一些资源型企业一度处于艰难生存的境地,对企业自身、当地发展其至国民经济造成了极大影响。可以说,在当前改革背景下,探索一条合乎自身实际条件、可持续转型的发展道路,无论对资源型企业自身,还是对当地发展和社会稳定来说,都是大势所趋、势在必行。

(二)企业改革发展的内在需要

近十几年来,中国平煤神马集团敢为人先、大胆探索,在发展混合所有制经济、完善法人治理结构、淘汰落后煤炭产能等方面都走在了全省乃至全国同行业前列,企业内部活力动力得到充分激发。中国平煤神马集团很多工作都得到了省委、省政府的高度肯定,在2017年全国"两会"上,省委、省政府安排中国平煤神马集团围绕煤炭去产能、转岗分流职工向党和国家领导人进行了汇报。然而,随着改革进入深水区和攻坚期,完善法人治理结构、深化产权制度改革、剥离企业办社会职能、转岗分流煤矿职工等任务十分艰巨和繁重。面对这种形势,持续深化改革是唯一出路,只有通过持续深化改革才能实现根本性转变,而且是不改不行,小改不行,慢改更不行。

(三)长期艰苦探索的战略抉择

20世纪90年代,亚洲金融危机爆发后,中国平煤神马集团开启了战略转型的积极探索,抓住煤炭"黄金十年"的重大发展机遇,坚持"以煤为本,相关多元",推动煤与非煤协同发展,实现了非煤产业三分天下有其二。2008年,原平煤集团与原神马集团战略重组,集煤焦和尼龙产业之优势,构建起更加完备的产业新体系。"十二五"时期,中国平煤神马集团把握企业发展的阶段性特征,创新提出并持续深化"三个转变"(加快推进企业由规模增长向质量效益提升转变,由传统产业向传统产业与战略新兴产业并重转变,由实业经营向实业与资本双轮驱动转变)战略构想,转型发展迈出重大步伐,非煤产业比重占集团的80%以上。2017年以来,中国平煤神马集团更加主动适应经济发展新常态，围绕企业转型发展干成了一批具有标志性意义的大事要事，转型发展的方向更明、动能更足。经过近20年的艰辛探索与实践，中国平煤神马集团对于实现什么样的发展、怎样发展等重大问题，有了更加深刻的理解和认识，逐步走出了一条资源型企业独具特色的转型发展道路。这条道路顺应时代要求，根植转型实践，凝聚集体智慧，完全符合中央要求，切合企业实际，为资源型企业可持续发展提供了可复制、可推广的制度性经验。

二 "特色转型发展道路"谋划新布局

中国平煤神马集团特色转型发展道路，是一条安全、创新、协同、绿色、开放、共享之路，是一条资源型企业实现可持续发展之路。其核心精髓是"四个转变"，内在要求是"六个坚持"，根本途径是"六个发展"，最终目标是建成具有全球竞争力的世界一流能源化工集团。

（一）全面提升对"以煤为本，相关多元"发展战略的认识，富有前瞻性地提出了"四个转变"战略构想，并在实践中不断丰富完善内涵

1. 由规模增长向质量效益提升转变

不单纯以产量、收入和规模论英雄，逐步把发展重心转移到提高质量效益上来，更加注重平稳健康可持续发展，更加注重把企业做实。特别是深入理解以人为本的实质内涵，把安全作为提升质量效益的首要前提，总结提炼出"三不四可"（"三不轻言"，即安全生产无论任何时候，都要在态势判断上不轻言好转，在工作评价上不轻言成绩，在责任落实上不轻言到位；"四个可以"，即在安全与生产、安全与效益、安全与成本、安全与发展发生矛盾时，产量可以降、利润可以减、成本可以增、矿井可以关）安全指导思想，对安全无保障、市场无前景的煤矿立足于关、立足于减，安全理念发生了革命性、根本性转变，有力促进了安全发展。

2. 由传统产业向传统产业提升与战略性新兴产业发展并重转变

坚持立足煤、延伸煤、超越煤，持之以恒优化产业结构，打造"一城两地四园区"（"一城"，即建设具有全球影响力的"中国尼龙城"；"两地"，即打造国内最具竞争力的煤焦化生产基地和国内最具发展活力的新能源新材料产业基地；"四园区"，即加快发展平顶山西部煤焦化工产业园、叶县盐化工产业园、开封精细化工产业园、许昌硅基新材料产业园），构建多条黄金产业链，促进集团各类资源聚变升值，持续向产业链终端和价值链高端迈进。

3. 由实业经营向实业与资本双轮驱动转变

坚持以实业为依托，以资本为纽带，积极与知名央企、优秀民企开展合作，大力发展混合所有制经济，极大地释放了发展活力。围绕产业链延伸拓展发展空间，巩固提升与国内外上下游行业龙头的战略合作层次，使一批煤炭、焦炭重点用户成为股东。放大资本杠杆功能，成功反向收购新大新材，拥有第三家上市公司。通过资产证券化、市值管理、搭建平台等途径，使融资渠道更加多元、产融结合优势不断放大，为实业发展提供了重要支撑。

4. 由传统国有管理体制向全面完善现代企业制度转变

持续理顺股东会、董事会、监事会、经理层关系，健全权责清晰、运转协调、有效制衡的法人治理运行机制，不断完善公司法人治理结构。通过推进下属企业上市、与民营企业合资合作、实施管理层和骨干员工持股等方式，大力发展混合所有制经济，使80%的二三级子公司发展成为混合所有制企业。积极下放经营决策、劳动用工、招投标、选人用人等权力，促使下属企业规范董事会建设，推进职业经理人市场化选聘，充分激发了基层单位的活力和动力。

"四个转变"，从发展目标、主攻路径、动力支撑、制度体系四个方面，形成了发展战略体系的核心内容。特别是第四个转变，体现了发展过程中的管理创新和制度转型，是转型发展强有力的制度保障。

（二）始终保持战略定力，牢牢把握"六个坚持"，妥善应对和成功化解各种风险挑战，确保了沿着正确的发展方向坚定前进

1. 坚持党的领导不动摇

注重发挥集团党委在中心工作中的"把关定向"作用，每年都是先召开集团党委会议，确定当年的发展目标和重点工作，然后通过职代会暨工作会上细化落实，为企业发展提供了有力的政治保证。围绕党建核心，以"三四四一"党建工作运行机制为载体（即强化组织、队伍、制度"三个基础"，建设标准、责任、督查、考核"四个体系"，筑牢"两学一做"、服务型党组织建设、创建特色品牌、干部素质提升"四个支撑"，最终实现"一个目标"，就是建成具有全球竞争力的世界一流能源化工集团），把培养干部、创先争优的着眼点放在基层，大力弘扬担当精神，大兴务实求效之风，充分汇聚各方合力，充分发挥了党组织的领导核心和政治核心作用。

2. 坚持全心全意依靠职工办企业

始终把职工放在心中最高位置，坚持发展为了职工、发展依靠职工、发展成果由职工共享，动员广大职工为改革发展贡献智慧、建功立业。增强形势越是困难越要关心职工生活的理念，解决了一大批事关职工切身利益的问题，建成全国最大的工人劳模小区、医疗综合救护大楼等民生工程，不断提升广大干部职工的幸福感、获得感和安全感。

3. 坚持把结构调整作为永恒主题

顺应国家经济转型升级的大趋势，抓住"退城进园"等政策机遇，坚持有进有退、有所为有所不为的原则，果断退出不具备竞争优势的领域，对橡胶轮胎、飞行化工等生产企业实施关闭转产，着力打造产业升级版，巩固和放大领先优势，抢占新的发展制高点。

4. 坚持以市场为导向的原则

面对日益激烈的市场竞争，更多地运用市场的理念和手段调结构、抓改革、谋发展，主动淘汰落后煤矿产能，做大精煤，细分尼龙产品市场，推动机械装备、建工等板块摆脱依靠集团内部市场生存的观念，主动走出去

"开疆拓土",充分释放增长潜能。

5. 坚持深化改革开放

始终把改革开放精神贯穿于各个领域和环节,坚持全面深化内部改革,以更加包容务实的心态实施开放带动,与国内10余家一流高校和科研院所建立了战略合作关系,成立日本公司、美国公司,与40多家世界500强企业和跨国集团建立了战略贸易关系。

6. 坚持用发展的办法解决前进中的问题

近几年,市场持续下行,很多企业压减投资、收缩战线,而中国平煤神马集团坚持实事求是、逆向思维,用发展的办法解决矛盾和问题,逆势启动一批重大产业升级项目,已经陆续见到成效,极大地增强了发展信心、积蓄了发展后劲。

(三)贯彻新发展理念,结合企业自身特点,明确了"六个发展"的根本途径,为推动集团高质量发展指明了清晰路径

1. 更加注重安全发展

坚持以人为本、生命至上,牢固树立红线意识,始终把安全作为企业的第一核心竞争力,更加突出安全在业绩考核与分配中的权重地位,更加突出"想安全、会安全、能安全"的选人用人导向,加快将创效重心由煤炭转向非煤,夯实责任、齐抓共管,确保企业长治久安。

2. 更加注重创新发展

大力实施创新驱动发展战略,率先在全国煤炭行业成立能源化工研究院,以2个国家级企业技术中心、2个博士后科研工作站、3个国家级实验室为支撑平台,以21个省级、行业级研究中心为支撑,以一批专业化研究所为基础,构建起了创新活力竞相迸发、创新成果有效转化的三级科技创新体系。瞄准行业前沿技术和世界性难题,研发一批拥有自主知识产权的核心技术,培育持久强劲的第一动力。

3. 更加注重协同发展

推动产业链上下游互联互通、匹配衔接,各产业板块并肩作战、竞相争

先，规模效益支撑作用愈发显现，形成了核心产业全球行业领先、其他产业独具优势的现代化产业新体系。

4. 更加注重开放发展

奉行胸怀天下、互利共赢的开放战略，充分发挥资本、技术、人才等要素资源的纽带作用，不断强化合作能力建设，构建全方位高层次宽领域的开放新格局。

5. 更加注重绿色发展

顺应世界能源革命大势，建立完善绿色低碳、清洁高效的产业体系，推进资源全面节约和循环利用，把生态文明建设融入转型发展全过程。

6. 更加注重共享发展

始终把职工放在心中最高位置，建立了以帮扶资金、特贫基金、助学基金、大病保险金为主，以温暖基金、阳光基金、互助济难基金等多种基金为辅，自上而下、纵横交织、互为补充的困难帮扶资金保障体系，探索出一条符合实际、特色明显的帮扶工作新路子。倡导人人参与、人人尽力、人人享有，在共建共享中让职工体面劳动、全面发展，不断增强获得感、幸福感和安全感。

三 "特色转型发展道路"带来新飞跃

在特色转型发展道路的指导下，中国平煤神马集团立足实际、精准施策、全面发力，巩固稳中向好的发展态势，实现了企业转型发展的新飞跃。

（一）企业效益大幅提升

充分把握机遇，把提升发展质量作为稳态势、保增长的中心任务。抢抓市场回暖的有利时机，适时调整经营策略，深入开展对标双提活动，大力构建高质量发展经营模式，在安全高效、产业协同、管理创新、防范风险等方面做足文章。经济运行持续向好，2017年以来，中国平煤神马集团主导产品产量大幅提升，煤焦、化工等板块的效益均创近年来最好水平。一些长期困难单位在2017年下半年也实现了扭亏为盈，主要指标创近五年来最好水平。全年实现营业收入1500亿元，同比增长6.4%；利税60亿元；非煤产业利润首次超过煤炭产业，企业全面步入良性发展轨道。

（二）调整转型，提速升级

坚持以供给侧结构性改革为主线，坚决去、主动调、加快转，构建起了以煤焦、化工、新能源新材料为核心的产业布局。立足煤，努力把"粗粮做细""细粮做精"，使低热值原煤升级为高附加值精煤产品，逐步构建起一条从原煤入洗、炼焦到化产回收、矸石制砖、煤气综合利用的完整循环经济产业链。延伸煤，着力在尼龙产业上做文章，利用焦炉煤气制氢，打通煤炭采选与尼龙化工两条产业链，使其下游产品拓展到高铁组件、航空轮胎等高端装备制造领域，以及以户外装备为代表的民用领域。目前，尼龙产业产能已超过百万吨，跻身世界尼龙产业第一方阵，使平顶山这座"中原煤仓"转变为"中国尼龙城"。超越煤，着力在新能源新材料产业上求增值，利用从焦炉煤气提取出来的氢气，制造出纯度高于国际标准的"中国硅烷"，打通了"光伏硅刃料—单晶硅、多晶硅—太阳能切片—锂电池隔膜"战略性新兴产业链，实现了传统煤化工与光伏产业的完美对接。

（三）改革活力不断释放

把深化改革作为决定企业前途命运的关键一步，针对交职能、动产权、去产能、转机制等重点领域，出台一系列改革举措，办成了许多过去想办而没有办成的事情。面对异常艰巨的剥离企办社会的任务，以超常规节奏，举全集团之力，圆满完成节点目标，平稳移交"三供一业"13万余户、退休人员9万余名，21万余名职工社会保险实现属地化管理。坚决落实中央供给侧结构性改革的重大部署，超额完成去产能和人员转岗安置任务，2016年和2017年共关闭矿井32对，转岗分流职工3万余人。通过煤炭产能指标置换，核增骨干矿井产能449万吨，市场化交易获得收益1.35亿元。合理压缩管理层级，减少法人企业106家，清理四级以下企业77家，提前完成年度僵尸企业处置工作。推进混合所有制企业规范化建设工程，混改经验写进了国务院"混改教科书"并向全国推广。

（四）环保整治成效显著

把环保工作提升到前所未有的高度，树牢绿色发展理念。实现煤炭安全绿色开采和废水、废气、废渣的循环利用，达到全国煤炭行业先进水平。大力建设循环经济产业园，初步建成许昌首山焦化、平顶山尼龙化工、盐化、精细化工等产业园区，实现了由链循环到园区循环的升级。建立各种类型的矿区生态重建示范基地，逐步形成与生产同步的生态恢复建设机制。矿区环境明显改观，2017年污染物排放总量和万元产值能耗实现"双降"。尤其是全年万元产值综合能耗同比下降了3%。

四 "特色转型发展道路"开启新征程

国有企业是推进国家现代化的重要力量，在建设社会主义现代化新征程中地位重要、作用关键、使命特殊。进入新时代，中国平煤神马集团作为具有全国重要影响力的能源化工企业，将顺应时代要求、提高政治站位、肩负更大使命，在国有企业中率先崛起。

（一）发展蓝图

力争用3~5年时间，通过更高质量的发展，使安全成为第一保障、效率成为内在潜能、改革成为必由之路、创新成为核心动力、绿色成为普遍形态、共享成为根本目的，加快建成具有全球竞争力的世界一流能源化工集团。

1.综合实力显著增强

目前，中国平煤神马集团已成为具有合理的经济规模与较强的赢利能力的大型企业，经济总量稳居全省前列，发展质量效益跃居行业第一方阵。国际化程度大幅提升，拥有更强的全球资源配置能力，打造出一批国际知名品牌。煤焦产业生产效率高于行业平均水平，化工、新能源新材料产业生产效率国内领先、世界一流。

2. 现代化产业体系基本建立

集团的核心产业支撑作用更加突出，煤焦产业优势充分发挥，化工产业竞争力更强，新能源新材料产业成长性更好，其他产业服务主业能力进一步增强，新业态、新模式大量涌现，产业协同优势更加明显。

3. 现代企业制度全面完善

集团法人治理结构更加规范健全，管控模式集中有效，管理层级控制在三级以内，拥有较强的资本运作和风险防控能力，经营管理水平显著提升。

4. 发展新动能全面形成

集团的科研投入占销售收入比重处于行业领先地位，拥有一批具有自主知识产权的核心技术和尖端产品，管理创新、改革开放和职工素质提升对企业发展的支撑作用更加明显。

5. 职工生活全面小康

在岗职工收入随企业经济效益同步增长，企业文化凝心聚魂作用更加凸显，安全水平大幅提升，资源节约型、环境友好型企业全面建成，职工获得感、幸福感和安全感明显增强。

（二）发展启示

中国平煤神马集团的特色转型发展道路在为资源型企业可持续发展提供了有益借鉴，其发展实践也为资源型企业转型发展的新探索提供了一些有益思考，这是支撑其特色转型发展更基本、更深刻的力量。

1. 必须解放思想、敢为人先

解放思想是推进转型发展的总开关，是推动企业发展的关键。早在十多年前，中国平煤神马集团就从企业长远发展出发，解放思想，先行先试，积极探索发展混合所有制经济，掌握了主动权、赢得了发展先机。实践证明，改革只有进行时、没有完成时，全面深化改革永远在路上，只有思想再解放、观念再更新,才能在新时代书写转型发展新篇章。

2. 必须坚定信念、敢于担当

坚定信念是推进转型发展的压舱石,是企业特色转型发展道路可持续的生命线。在发展混合所有制的进程中,面对各种非议和质疑,中国平煤神马集团始终抱着对企业高度负责的态度,保持定力,勇于担当,坚持把发展混合所有制作为培育企业核心竞争力的根本途径,义无反顾向前推进,最终取得令人瞩目的成就。实践证明,只有不跟风、不动摇、不折腾,一任接着一任干,一张蓝图绘到底,才能实现企业转型目标、开创更加美好的明天。

3. 必须开放包容、强化合作

开放带来进步,封闭必然落后。长期以来,中国平煤神马集团坚持将发展放到全国和全球的大背景中去谋划,积极融入国家发展更高层次开放型经济的战略部署中,坚持"走出去"与"引进来"相结合,既加大与大型央企的合作交流,也强化与优秀民营企业的合资合作,不断拓展合作领域、完善合作方式、提升合作层次,在互利共赢中实现共同发展。实践证明,只有坚持开放、合作,才能充分整合内外两种资源,不断提高发展质量。

4. 必须抓住重点、稳步推进

把握好重点才能抓住关键,稳步推进才能稳妥有序。多年来,中国平煤神马集团始终牢牢抓住产权多元化、下放权力等关键环节,分清主次先后,明确轻重缓急,精准发力,久久为功,以重点突破带动改革全局,使改革工作不断取得新的成效。实践证明,只有坚持问题导向,抓住重点、突破难点,拉高长板、补齐短板,才能实现转型发展稳扎稳打、步步为赢。

5. 必须以人为本、凝聚共识

职工是企业的主人,转型发展最基础、最根本的推动力量来自广大职工。长期以来,中国平煤神马集团始终坚持谋划改革思路、制定改革措施从广大职工的利益出发,充分调动了职工的积极性、主动性和创造性,凝聚了共识、汇集了群智,形成推进转型的强大合力。实践证明,只有始终坚持以人为本的发展思想,才能赢得广大职工的理解、信任与支持,凝聚推动企业转型发展的智慧和力量。

B.19
宇通客车特色国际化发展模式案例研究

周娜娜*

摘　要： "古巴模式"是宇通客车在古巴市场的经营过程中，经过实战和验证建立起来的创新型管理模式，更是适合海外现阶段经营策略和管理需求的、差异化的、系统的管理体系和方法。古巴市场的成功对海外其他市场的经营和开拓具有重要的参考意义，并为企业国际化发展提供了很多的宝贵经验。宇通的产品和服务扭转了拉美市场对"中国制造"的普遍不认可的认识。现在在拉美运营商眼中，宇通客车是产品丰富，可以满足所有主流市场，产品适应性强，可以根据用户要求做产品改进，具有价格优势、交货周期短、快捷的一站式服务。

关键词： 宇通　古巴　创新

宇通客车是一家集客车产品研发、制造与销售为一体的大型现代化制造企业。2017年，公司客车产品实现销售67568辆，销售收入达到332.22亿元，累计出口客车8712辆，同比增长22.34%，连续第七年居客车行业世界第一位，领跑全球客车行业。作为中国客车第一品牌，宇通非常重视推动行业科技创新发展和产业转型升级，通过持续创新、不断提升企业竞争力，产品已批量远销30多个国家和地区，2017年海外销售营业收入42.22亿元，同比增长2.45%，占总体营业收入的12.7%。今天，宇通已成为全球

---

* 周娜娜，河南省经济战略学会办公室副主任。

最大的客车生产基地,形成了 5~18 米,覆盖公路客运、旅游、公交、团体、校车、专用车等市场的 203 个产品系列。宇通客车共获得各类科技奖励 28 项,凭借《节能与新能源客车关键技术研发及产业化》项目,成为 2015 年度唯一一家获国家科学技术奖的整车企业。宇通客车由小到大、由弱到强、由本土走向海外,通过自身的发展历程深刻体会到创新是企业实现进步、跨越的原动力。

2016 年 9 月 25 日,李克强总理在古巴首都哈瓦那亲自登上了宇通客车,在听取当地企业负责人的汇报后,称宇通是中国装备制造业"走出去"的典范。从 2005 年,第一辆宇通客车驶进古巴,到 2016 年,宇通共计向古巴出口了 7513 辆客车,出口占有率达 97.2%,涵盖旅游、客运、团体、公交、机场摆渡车等多个细分市场。就连古巴交通部第一副部长都曾赞叹:"宇通车是古巴公路的王者。"来自中国的宇通客车,承载了古巴人民对美好生活和经济社会发展进步的追求。

一 实施背景

20 世纪 90 年代,古巴经济开始恢复增长,然而,由于经历了多年的经济制裁,古巴面临着基础设施建设落后、运输能力低下、城市交通紧张等困难,制约了古巴经济的发展。为解决此问题,2004 年底,古巴政府决定投资十几亿美元,改善国内交通状况。

由于古巴的工业只有拖车和自行车等车辆的生产,没有客车生产,因此古巴的客车只能依赖进口。在此期间,古巴交通部开始着手对古巴交通进行全面规划改造。在综合考察韩国、欧洲等地的客车企业之后,他们将目标锁定为中国的宇通客车。

当然宇通客车能吸引古巴的目光并非偶然。早在 2000 年,宇通便开始布局海外市场,并且投入巨大的人力物力进行目标市场调研。2003 年,拉美市场成为宇通客车开拓海外市场的重要战略任务,古巴被列入目标市场之列,宇通客车对当地的路况、法规、运行环境等进行了详细调研了解。经过不懈的努力，2005年，宇通第一批客车进入古巴市场，也正是这一年，宇通客车在行业内率先成立了海外市场部，专门负责海外市场的规划和拓展。

在国际贸易理论体系中，跨国公司对外贸易可分为三个阶段，即产品输出—技术输出—品牌输出，也就是说"品牌输出"在国际贸易中处于最高级别。然而，多数中国制造企业目前仍停留在国际贸易"产品输出"的最初阶段，或是刚开始进入"技术输出"阶段。

宇通客车准确识别出中国制造业所急需实施的"品牌输出"问题，精准打造了以"品牌输出"为主的"古巴模式"，并取得优异成果，在当地客车市场份额的占比高达90%，并且几乎成为当地客车的代名词。很多居民要坐客车出行都会说："我要去坐宇通了。"

二　具体做法

（一）从做产品向做品牌和文化的转变

对于古巴人民来说，宇通客车就像他们的朋友一样熟悉、亲切，随处都能看到宇通客车来往的身影，甚至已经超出了公共交通工具的概念，而是古巴人民对美好生活追求的象征，承载了一个民族发展的梦想。古巴当地著名乐队将"宇通"刻在自己的专辑上，"我爱宇通车"是一首被很多古巴人所熟知的歌曲。

在古巴，宇通客车不仅关注其产品的销售，更致力于帮助古巴打造现代化的交通系统。宇通客车希望通过不懈的努力传达一个理念：宇通客车不仅是车，更是一种品牌、一种文化。宇通客车董事长汤玉祥对海外业务要求坚持以客户需求为中心，强化服务能力。宇通客车刚进入古巴时，就统一了认识：要为品牌添光彩，不给品牌抹黑。宇通客车从2005年出口的第一批车辆开始，自投资金配套建立配件库，并委派技术人员常驻，提供优良的售后服务。

古巴交通部汽车司司长哈维尔用"信任、承诺、责任"这三个词描述宇通。的确，历经十余年的市场深耕与品牌积淀，如今古巴全境宇通客车数量已达7513台，不仅改善了古巴市民的出行条件，同时也为古巴构建了相对完善的公路交通运输体系，"宇通"这一来自中国的民族客车品牌为古巴人所熟知。

一家成熟的国际化企业，其生产制造的不仅是产品，还包括企业文化与人文内涵。文化是"根"，是"魂"，更是一种无形的生产力，宇通在进行产品输出的同时，也将国内的商业文明带到当地，向海外市场输出"中国制造"的正能量，这也是宇通"古巴模式"海外样本中的独特魅力所在。

针对"古巴模式"的品牌理念，宇通客车董事长汤玉祥曾表态："中国的品牌在海外需要树立口碑，树立起民族尊严感。我们做中国客车的出口，就是先把口碑做出来，把尊严树立起来。""在古巴，宇通不是做市场，而是做品牌，要分清做市场和做品牌的差异。我不打算打游击战，而要打阵地战。比如，在古巴卖多少辆车不是重点问题，而帮助古巴建立交通系统得到客户认可，古巴人民的信任和依靠是大事，宇通要在全球建立起这样的品牌形象。""宇通提供的不仅仅是车辆产品，更是涵盖交通规划、服务网络建设、车辆设计、车辆后台监控系统搭建的一揽子解决方案。在这里，宇通不仅仅是一个客车的品牌，还是衡量百姓生活水平的一个标尺。"

"我们是一个服务商，不仅仅提供产品，还要通过满足客户非核心业务的能力，用自我的优势，满足客户的价值。"汤玉祥这样来阐述他的海外观："我们要把市场当作'土地'来做，种地你要施肥，施肥之后土地变肥沃，就会给你带来回报的。"宇通人是这样说的，也是这样做的，宇通成为古巴交通事业"一揽子"解决方案的提供者，在宇通客车的帮助下，彻底改变了古巴落后的交通面貌。

古巴交通部汽车司司长哈维尔曾向媒体表示："宇通在古巴交通市场占据主要地位，特别是公交市场超过80%的车辆都是宇通车，对古巴人民生活改善提供了很大帮助。"但宇通客车所做的并不仅限于出口整车，而且参照宇通标准通过CKD组装等方式将生产线搬到古巴，帮助古巴建立起现代化的客车组装业和培养产业工人。

宇通客车以古巴市场为蓝本，先后在伊朗、泰国、缅甸、马来西亚、埃塞俄比亚和委内瑞拉等国设立 KD 组装厂，在拓展海外市场的同时，也帮助当地建立起了现代化的客车组装业，而这也标志着宇通客车完成了由产品输出向技术输出和标准输出的跨越。

（二）准确把握海外营销"精准、理解和信任"的特点

1. 精准

从经济学上说，精准，决定效率，决定成本。做不到精准，会花很多冤枉钱，走很多弯路。为更贴近市场，2006~2008年，宇通客车董事长汤玉祥三次前往古巴指导工作，将所有关系捋顺，确保将他所构想的"古巴模式"精准实现。汤玉祥认为："对于很多想法，我必须去想透、想明白，其实想明白并不难，难的是把想法变成现实，很精准地实现。"朴实的话却道出了企业管理的关键所在。

经过十多年的精耕细作和深入了解客户的需求，在如今的古巴市场，宇通的工作人员能提前告诉客户车辆的运行状况以及哪辆车要维修保养，如果没有做到精准，很难做到这些。

2. 理解与信任

商业重在理解和信任，宇通最初进入古巴市场时，就凭借专业和精益求精，与古巴高层领导人的交往中建立起信任关系。这种信任对宇通品牌在古巴的推广起到很大的作用。

"宇通在古巴销售中允许客户赊销，但具体赊销多少没定额，在经济危机时候一度达到500万美金。"汤玉祥说，每进入一块海外市场时首先要去了解对方情况，比如古巴由于体制因素，实行的是计划经济，很多情况都要申报，采购客车时付款就会延迟，但不会长期欠着企业的钱。

面对古巴遭遇金融危机、许多外国企业撤退的局面，宇通客车选择加强对客户的支持。宇通的行为大大坚定了古巴客户的信心，同时也为宇通进一步开辟古巴市场奠定了基础。如今，宇通已在古巴交通市场占据了重要地位，并得到了古巴人民的一致好评。古巴交通部汽车司司长哈维尔直言：

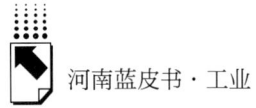

"宇通是最重要、最周到的合作伙伴,其售后服务在所有车辆品牌中也是最好的。"

"我们选择古巴这个市场深耕,一方面也证明了越是特殊的市场,问题越是突出,越能引导业务人员如何去做;解决了这些问题,就能够让(海外营销)体系更明白,更清楚化。"在汤玉祥看来,"古巴模式"是一种营销模式。

3.精益求精的服务精神

在产品使用方面,针对古巴湿热的亚热带气候对车辆防腐的特殊使用要求,宇通客车投入了大笔资金进行车辆设计改造,确保车辆的使用安全和使用寿命,同时降低运维成本。

在配套和售后服务方面,宇通首批客车进入古巴市场后,便投资80万美元自建配件库,此外宇通还建设了2个大型维修中心和14个服务站,以保证缩短配件供应周期,及时为用户提供服务。为提高古巴当地的客车组装及生产制造水平,使宇通客车实现本地生产,宇通还积极筹建古巴客车组装厂,并派遣宇通技术人员进行指导,安排古巴工人到中国进行培训。

宇通客车董事长汤玉祥曾表示,宇通客车出海,除了要把握市场格局以外,还要配件先行,服务先行;售后服务不能保证的市场坚决不做,以此树立良好的宇通国际品牌形象。而对于古巴市场的开拓,宇通客车确实做到了这一点。

三 实施效果

2005～2016年,宇通向古巴出口的车型覆盖了城市公交车、长途客运车、劳工车、校车、旅游车等多个领域,出口占有率达97.2%。在这十余年的交往中,宇通发展了30多家忠诚客户,包括古巴两家大型旅游运输公司和公交公司、省际客运公司、通勤车公司、校车公司和机场摆渡车公司等。

有了"古巴模式"这一成功样本,宇通以古巴为支点,将"古巴模式"

复制到委内瑞拉，先输出"服务"，再寻求订单。在古巴与委内瑞拉的成功给宇通在拉美市场带来更多机会。目前，宇通由古巴延伸到拉美市场的客车总出口量超过16000台，累计出口额超过14亿美元，拉美已经成为宇通客车最大的海外市场，成为中国制造"走出去"的典范。在一些拉美国家，宇通已成为中国制造的名片和代名词，成为中国与其他拉美国家友谊的见证者。

工信部部长苗圩在古巴参观宇通展台时说："通过企业走出去和所在国家地区融合在一起，共同发展，目的是把中国优秀的企业和产品，自有的技术和所在国一起分享。当前企业都在走出去，要想加快走出去的步伐，企业要适应当地政治、经济等方面情况，遵守当地的法律，适应当地市场的需求，除了为企业自身发展赢得利润之外，在力所能及的情况下，也要为当地民生、社会做出贡献。"

宇通和宇通的"古巴模式"就是这样，既是产品输出，更是技术输出、标准输出和文化的交流，为宇通的海外发展奠定了良好的基础，更为"中国制造"走出国门树立了典范。

四　改进措施

"古巴模式"之所以特别，还在于不可能被别人复制，这是一种精神、理念、沉淀。复制这种模式不仅需要去理解这种模式，还需要一种文化去支撑它，想明白容易，但做精很难。而宇通之所以能诞生出"古巴模式"，甚至去复制这一模式，不单凭借这个想法、这个模板，更需要团队的文化、理解和执行力。

对产品的精益求精，对客户的认真负责，换来了宇通客车在古巴市场的快速稳步发展，而这只是宇通布局海外市场的一个缩影。对宇通而言，"古巴模式"的成功仅是其海外市场发展中的一个新起点，而不是终点。宇通客车将在探索发展海外市场的路上继续努力，并创造更好的成绩。下一步，宇通客车计划在二十五个战略市场推广"古巴模式"，其中将以基础能力薄弱的第三世界国家作为重点方向。

宇通客车希望通过在当地市场推广"古巴模式",一方面拓展宇通的海外市场,另一方面帮助当地完善交通体系,造福民众出行。宇通客车不急于卖几百台车,更期望通过自身的努力,在当地打造中国民族工业品牌形象,引领中国客车制造企业走出中国,走向世界,让"中国制造"赢得当地民众的口碑!

B.20
卫华集团有限公司发展态势分析与展望

俞有飞　吴飞胜*

摘　要： 起重装备是指一种以间歇的作业方式对物料进行起升、下降和水平移动的装卸机械，以满足货物的装卸、转载等作业要求，其基本动作特点是频繁地起动、制动、正向和反向运动。据统计，全国现有起重装备生产企业654家，其中河南境内有近200家，主要集中布局在长垣县产业集聚区，卫华集团有限公司（简称卫华集团）名列行业首位。卫华集团是一家集起重机械研发、设计、制造、销售、安装、服务、进出口业务为一体的大型企业集团。是目前我国最大的起重机制造企业和世界第二大起重机制造企业，桥门式起重机产销量蝉联全国第一，是全国制造业单项冠军示范企业。认真总结卫华集团的创新经验，可以促进行业健康发展，推动加快河南省由制造大省向制造强省转变。

关键词： 起重装备　智能制造　高端制造业强省

一　公司基本情况

卫华集团是一家集起重机械研发、设计、制造、销售、安装、服务、进出口业务为一体的大型企业集团，是目前我国最大的起重机制造企业和世界

---

* 俞有飞，卫华集团有限公司副总经理；吴飞胜，董事会办公室副主任。

第二大起重机制造企业，桥门式起重机产销量蝉联全国第一，是全国制造业单项冠军示范企业。经过不断发展，卫华集团现已形成两大业务板块。一是以研制起重机械、矿用机械、港口机械、减速机、特种车辆等产品为主的装备制造板块，二是以房屋建筑、市政工程、钢结构、工程建设、防腐施工以及工程总承包为主的建筑工程板块。卫华集团拥有员工6800余人，总资产68.29亿元，占地面积342万平方米。

卫华集团产品及业务覆盖机械、冶金、矿山、电力、铁路、航天、港口、石油、化工等行业，先后服务于中国中煤、中国神华、中国石油、中国石化、中国宝武钢铁、首钢集团以及西气东输、南水北调、卫星发射、北京奥运、杭州湾跨海大桥等数大型企业和国家重点工程，助力"神舟十号""天宫一号""嫦娥三号""长征七号"等成功飞天。

卫华集团是中国重型机械工业协会副理事长单位、中国物料搬运协会副理事长单位，先后荣获"中国机械百强企业""中国民营500强企业""国家重点高新技术企业""中国名牌""中国驰名商标""全国质量标杆企业"等荣誉。

二 2017年公司发展态势及特点分析

（一）主要经济指标逆势增长，企业发展稳中有进

2017年，卫华集团销售收入达111.4亿元（见图1）。企业名列"2017河南民营企业100强"榜单，居第20位；名列"2017中国制造业企业500强"榜单，居第431位，较2016年进了14位。

（二）全力以赴抓销售，提高市场占有率

2017年，卫华集团积极开拓细分市场。冶金行业销售收入同比增长88%，建筑行业销售收入同比增长79%，航天军工销售收入同比增长54%，矿机行业销售收入同比增长近一倍。

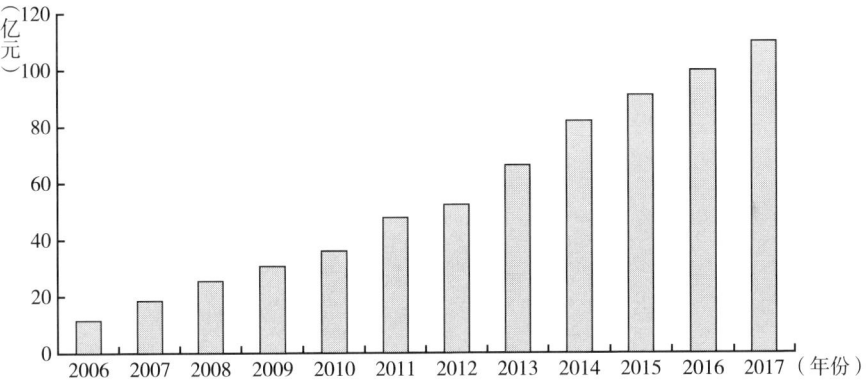

图1 2006~2017年卫华集团销售收入示意

站稳国内市场,开拓国际市场。2017年,卫华集团积极响应国家"一带一路"战略,成功开发了30家国外代理商,承接了泰国林查班港、马来西亚联合钢铁集团、俄罗斯孟加拉核电项目等国内外大额订单,为今后打造国际品牌增光添彩。目前,卫华集团拥有3家海外公司,66家国外代理商,产品远销美国、法国、澳大利亚、俄罗斯、东南亚、中亚、中东等108个国家和地区(见图2)。

(三)坚持自主创新,提高企业核心竞争力

卫华集团坚持自主创新,用技术创新带动企业发展。

1. 科技实力新成就

2017年,卫华集团获科技进步奖共8项。共完成20项科技成果鉴定,均被鉴定为国内领先技术。全年申请专利共94项,获得授权专利67项,其中发明专利18项。

2. 研发平台新突破

2017年,卫华集团被评为国家级制造业"双创"平台试点示范企业、国家知识产权示范企业、河南省首批制造业创新中心培育企业、河南省首批企业双创基地,荣获"河南省起重物流装备数字化设计与智能制造众创空

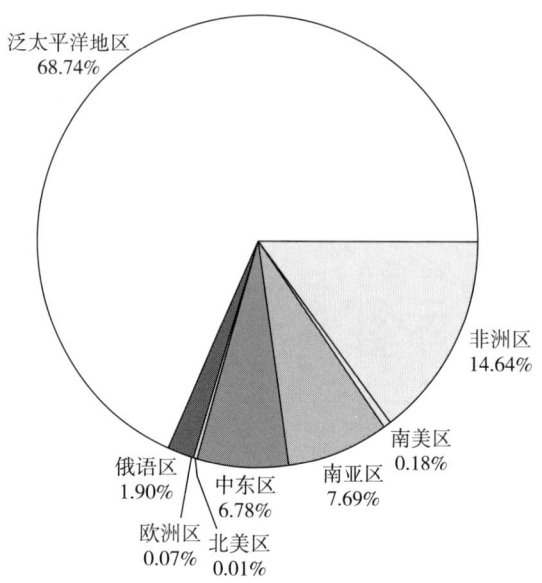

图 2　卫华集团出口订单区域分布

间""河南省起重物流装备重点实验室""河南省服务型制造示范企业"称号，建立"河南省产业技术基础公共服务平台"。

3. 标准工作新进展

2017年，集团主持制定国家标准1项，参与制定并发布国家标准1项，主持制定地方标准12项，主持制定团体标准3项，制（修）定企业标准32项。

（四）强化企业管理，夯实发展基础

1. 加强人力资源管理

卫华拥有卫华学院、卫华党校和卫华职业培训学校三大继续教育平台。2017年完成各种内外部培训56场次，受训4508人次。卫华集团被河南省人社厅授予企业高技能人才评价资质，成功获批河南省特种设备焊工考试机构资质，荣获"中国年度最佳雇主"。

2. 加强"两化融合"

2017年，卫华集团工业大数据应用被评为河南省制造业与互联网融合

创新十大典型案例之一。卫华集团顺利通过"两化融合"管理体系贯标评定,荣获国家首批"两化融合管理体系贯标试点企业"。

3. 实施增收节支

卫华集团自2017年6月开展增收节支活动以来,订单和销售收入增长较快,订单质量明显提升,管理费用较2017年年初的预算节约25%。

三 卫华集团转型发展的举措与经验

(一)调整企业战略,推进产业结构升级

2004年以前,卫华集团业务集中于起重机的整体制造环节,产品附加值不高,并且在核心配套件供应、售后服务等产业链前后端受到多重制约。2004年,卫华集团提出了"企业由大向强转变,由外延扩张向内涵增长转变,由粗放管理向精益管理转变"的转型方向,其中长期目标是:通过主业稳健发展、新业务板块茁壮成长,实现卫华集团的多元产业平衡布局,充分发挥各业务板块之间的协同效应,将卫华集团逐步打造成为成套设备供应商和系统解决方案制造商,并向工程总承包企业发展。

2013年10月,卫华集团投资兴建的河南蒲瑞精密机械有限公司投产,主要生产减速机、车轮、卷筒、吊钩组等起重机配套件,蒲瑞的成立弥补了卫华在起重机械配套件领域的不足,使卫华产业链向前端延伸。2014年,河南卫华特种车辆有限公司成立,主要生产汽车起重机、随车起重机、移动式高空制瓦机、叉车、环保车辆、立体智能车库等产品,丰富了卫华集团的产品系列。此外,围绕物资采购、安装、技术服务、国际贸易、工程建设等相关业务,卫华集团先后设立了新乡市众益物资有限公司、卫华起重设备安装公司、河南起重机械技术服务有限公司、卫华国际贸易公司、卫华建工集团等子公司,业务涵盖物资采购、设备安装维修、技术咨询、工程建设等,大大提升了卫华集团的综合竞争能力。通过产业链延伸,卫华集团围绕主业形成了全方位的配套业务系统,打通了起重行业全产业链条,加强了产业链

控制能力。不仅实现了产业互补，促进了主业的发展，更是初步实现了以起重设备制造主业为核心的产业链控制，为向总承包企业转型奠定了坚实基础。

（二）加强技术研发，提高产品竞争力

卫华集团高度重视技术研发工作，组建了以中国科学院杨叔子院士、中国工程院张铁岗院士为学术带头人的600余人科研精英团队。其中在站院士2名，外籍专家6名，教授级高工29名，博士后8名，博士15名，硕士123名，工程师461名。公司拥有十多个国家和省级研发平台，其中包括国家认定企业技术中心、国家地方联合工程研究中心、国家认可技术检验测试中心、院士工作站、博士后科研工作站、河南省起重机械产业技术创新战略联盟等。卫华集团每年用于科技研发的费用占当年销售总额的4%以上（见图3），为科技研发奠定了良好的基础。

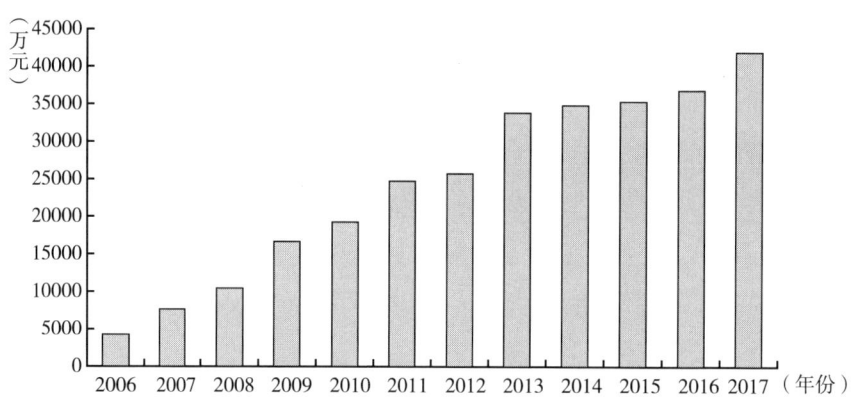

图3　2006~2017年卫华集团科技投入

卫华集团承担的国家重点项目有国家863计划1项，国家火炬计划2项，国家科技支撑计划项目4项。参与制定国际标准、国家标准、行业标准75个。卫华集团建立了国内第一个起重机专利数据库，已获得专利授权605项，其中发明专利68项，位于同行业之首。

卫华集团围绕绿色化、智能化、定制化开展研发工作。通过技术创新，卫华集团先后研发出低净空250吨桥式起重机、盾构用系列门式起重机、全自动垃圾起重机等高精尖产品，开发了"远程服务系统""嵌入式PC的工艺控制板技术"等智能控制系统，提高了产品的自动化、智能化水平。先后获得省部级科技进步奖项55项，其中一等奖15项，二等奖18项，三等奖20项，优秀奖2项。获省级以上科技成果鉴定61项，其中国际领先1项、国际先进4项、国内领先54项。卫华集团成为全国首批国家技术创新示范企业之一，国家火炬计划重点高新技术企业。

（三）重视管理升级，促进企业持续发展

管理是企业永恒的主题。在企业发展的同时，卫华集团坚持推进管理升级，为企业全面转型升级保驾护航。

1. 战略化管理

卫华集团坚持以战略为手段指导企业发展，先后三次组织制定卫华集团发展战略，使企业的发展战略方向明确，战略措施有效。战略管理成果《以产业链延伸和产品升级为重点的民营装备制造企业战略转型》获国家级企业管理现代化创新成果一等奖。

2. 精益管理

2009年，卫华集团在同行业率先推行精益管理；2010年，精益管理工作在集团范围内全面铺开。通过精益项目的实施，建立了起重机行业第一条司机室、端梁、小车、大车班组的流水线生产模式，大大提高了生产效率，培养了一大批具有精益思想的员工。从2010年4月至今，卫华集团共启动了73个精益项目，共创造直接收益7771万元，年化收益过亿元。

3. 质量管理

卫华以制造精品为目标，始终把产品质量放在核心地位，把全面质量管理作为企业管理的中心环节，发布《关于集团加强质量管理的意见》，明确集团质量管理工作方向；颁布实施《质量奖惩制度》《质量指数考核办法》，建立实物质量管理和过程质量管控体系；编辑出版《员工质量手册》，指导

规范质量工作；成立 QC 小组，对重点质量控制难题进行攻关，使卫华的产品质量得到很大的提升。集团先后荣获"河南省省长质量奖""全国质量管理先进企业""全国机械工业质量奖"等荣誉称号。

4. 标准化管理

卫华集团一直将企业管理标准化作为基础管理的重中之重，公司收集国家、行业技术标准 2024 项，整理发布 828 项企业标准；其中，技术标准 345 项，管理标准 187 项，工作标准 290 项。形成健全的企业标准体系，对推动员工行为规范、提升现场管理水平、促进技术进步与产品创新、零部件管理及生产过程控制、提升经济效益等都发挥了积极的作用。公司标准化良好行为达到"AAAA"级。通过了 ISO9001 质量、环境、职业健康安全管理体系认证和国军标质量管理体系认证。

5. 品牌管理

卫华集团十分注重品牌的培育和推广工作。通过质量升级，以优质产品和服务夯实品牌根基，不断赋予"卫华"品牌新的内涵；通过展会、电视、网络、户外广告牌等多种途径，加大品牌宣传，提升"卫华"品牌的知名度和美誉度；成立品牌维护部，专门负责卫华品牌的维护工作；编制《卫华集团品牌培育管理手册》等文件，建立完善的品牌管理培育体系。卫华集团先后获得"河南商标工作示范企业""全国工业品牌培育示范企业"等荣誉称号。

四 2018年公司发展面临的形势

制造业是国民经济的主体，是立国之本、兴国之器、强国之基。当前，国内外经济形势发生深刻变化，我国制造业面临的风险和机遇前所未有，企业发展过程中的有利条件和不利条件共存。

（一）有利条件

1. 国家十分重视制造业发展

我国于 2015 年 5 月正式发布了《中国制造 2025》，是我国实施制造强国战略第一个十年的行动纲领，是对制造强国战略做出全面安排和部署。国家还先后发布了《关于实施制造业升级改造重大工程包的通知》《国家创新驱动发展战略纲要》《关于深化制造业与互联网融合发展的指导意见》《开展工业强基2016专项行动的通知》《中国制造2025》"1+X"规划体系等一系列政策文件来推动制造业结构调整和转型升级，为制造业企业的转型升级指明了方向和路径。

2. 企业经营环境将持续改善

中央推出一系列改革措施，如供给侧改革、加大简政放权、放开市场主体进入等，对改善企业外部环境，提高企业发展潜力都具有积极的作用。尤其是习近平总书记在党的十九大报告中指出：要支持民营企业发展；强调把发展经济的着力点放在实体经济上来；要打破行政性垄断，清理废除妨碍统一市场和公平竞争的各种规定和做法；经济体制改革必须以完善产权制度和要素市场化配置为重点；支持传统产业优化升级；要构建"亲""清"新型政商关系。新时期党和政府对企业家才能和作用的高度重视，激发了企业的创新发展的热情和激情。

3. 中国经济从高速度转向高质量发展

党的十九大报告提出："贯彻新发展理念，建设现代化经济体系。"报告中没有提 GDP 翻番的目标，说明我国不再单纯追求增长速度，而是追求高质量和高效益。2018年3月5日，李克强总理在第十三届全国人民代表大会第一次会议上做的政府工作报告中指出，将2018年我国 GDP 增长率定为6.5%，比2017年降低了0.4个百分点。结构调整、优化升级在加快进行，提质增效的阶段性变化特征会越来越明显。今后，我国经济增长的优势不是速度，而是高质量。

（二）不利条件

1. 全球产业竞争格局正在发生重大调整

自国际金融危机后，世界经济处于深度调整期。发达国家纷纷实施"再工业化"和"制造业回归"战略，制造业重新成为全球经济竞争的制高点。美国先后发布《先进制造业伙伴计划》《制造业创新网络计划》，德国发布《工业4.0》，日本在《2014制造业白皮书》中提出重点发展机器人产业，英国发布《英国制造2050》等。同时，新兴经济体依靠资源、劳动力等比较优势大力发展加工制造业，以更低的劳动力成本承接劳动密集型产业的转移，与我国形成了同质竞争。我国制造业面临着发达国家"高端回流"和发展中国家"中低端分流"的双重挤压。

2. 中国起重产业大而不强

目前，中国虽然成为世界制造第一大国，但还不是制造强国，中国制造业在物美价廉方面有竞争力，但在技术质量品牌上还存在相当大的差距。以卫华所属的物流装备行业为例，中国目前仅桥门式起重机制造厂就有600多家，其中河南140家，江苏110家，山东51家，辽宁49家，广东44家，浙江33家，上海29家，福建21家，河北15家，安徽17家，四川13家，广西13家，重庆10家，天津10家，湖北10家。国外也曾有过相似的现象，如美国713家，英国300家，西德206家，法国500家，日本1050家，但如今依然存在的只剩下不足10%。中国起重机产业大而不强。在高端市场只有8%的份额，主要被外资品牌垄断；在中端市场只有26%的份额，大多采用了欧式技术；在低端市场我国占据了66%的份额，依然是传统产品。

3. 企业成本优势不断消退

人口红利逐步消退，原材料价格持续回升，企业融资渠道单一等问题正导致企业低成本优势的不断消退，与此同时，企业在外部市场以及竞争对手方面的压力不断增加。

五 2018年公司迈向高质量发展的思路与对策

党的十九大报告中首次提出："建设现代化经济体系"，"我国经济已由高速增长阶段转向高质量发展阶段，正处在转变发展方式、优化经济结构、转换增长动力的攻关期，建设现代化经济体系是跨越关口的迫切要求和我国发展的战略目标"。在2018年中央经济工作会议上，习近平总书记提出了新的"三个转变",即"推进中国制造向中国创造转变,中国速度向中国质量转变,制造大国向制造强国转变"。"三个转变"为中国制造业指明了方向,这也是卫华集团今后的发展方向,卫华集团将始终坚持由制造大企向制造强企转变。

(一)全力推动智能生产、智能产品和智能服务

在创新驱动发展的时代,技术创新对于新时期制造业来说至关重要,我国全面推进制造强国战略,旨在提升中国制造业的创新能力,促进产业转型升级。卫华集团要通过增加科技投入、提高产品科技含量,提升产品性能和质量,摆脱同质化困境;加大对新产品、新技术的研发,努力掌握核心技术,积极占领行业中高端市场,增强自主品牌企业竞争力。当今,中国制造正向信息化、网络化、智能化发展,起重物流行业的智能制造是大势所趋。卫华集团要以《中国制造2025》为指引,不断加大对智能生产、智能产品、智能服务的研究,加快工艺改进,逐步改造为自动化生产线,逐步实现智能生产,为用户开发出更多的智能制造新技术、新产品,促进起重物流行业的技术升级。

(二)强化质量管理,提高产品质量

"质量为先"是《中国制造2025》的基本方针之一。《中国制造2025》提出:"坚持把质量作为建设制造强国的生命线"。这表明我们国家已经把质量放到了战略层面。"百年卫华,世界第一"是卫华集团的梦想,产品质量、运营质量是实现"百年卫华,世界第一"的基础。没有质量保证的产品就是废品,没有质量保证的工作就是无效劳动,没有质量保证的企业就是早晚要死亡的企业。因此,卫华集团一定要从拼价格向拼技术、拼质量转变。

(三)实施"走出去"战略,大力开拓国际市场

随着国内市场不断饱和,开拓国际市场乃势在必行。2018年,卫华集

团将跟随国家"一带一路"战略,加大对国际市场的开拓,继续在海外设立研发和生产基地,提升卫华品牌的国际知名度与影响力。

(四)加强人力培养和引进,促进企业稳步发展

管子曰:"夫争天下者,必先争人",得人才者得天下。当今世界的综合国力竞争,说到底是人才竞争。人才引领未来,没有人才就没有企业的未来,没有人才就没有国家的未来。

1. 加强干部队伍建设

卫华集团注重员工继续再教育,将充分发挥卫华学院、卫华党校、卫华职业培训学校三大继续教育平台,让干部员工都有培训的机会,在学习中成长。加强对中高层干部的企业管理培训、着重培养干部的专业能力、专业精神。强化干部敬畏精神和管理能力,造就一支能打仗、打硬仗的卫华团队。实行干部轮岗制,让干部在不同的岗位上锻炼成长。大力发现储备年轻干部,不断选拔使用经过实践考验的优秀年轻干部。加强发展员工职业通道,让员工在卫华工作更有归属感、成就感。

2. 加强科技队伍建设

加强创新团队建设。培养和引进行业高层次技术人才,同时充分发挥国家地方联合工程研究中心、博士后工作站、院士工作站、技术联盟的优势,努力提升科技人员的技术素质和综合管理能力。卫华集团将进一步实行科研项目激励机制,提高公司研发人员的积极性与创造性。通过实施课题负责制和完善项目管理,促使每个参与课题人员均能充分发挥其才能。

3. 弘扬"工匠精神"

加强技术工人的培养,培养出一大批优秀的技术工人,鼓励做到精益求精,精雕细琢,追求完美,把我们的产品做成工艺品。

B.21
郑州奥特科技有限公司发展态势分析与展望

赵民章 王倩倩 刘富斌*

摘　要： 郑州奥特科技有限公司自2005年在郑州高新区注册成立以来，始终致力于机械设备润滑技术研究、装备制造和销售服务，通过自主创新，研究开发出一系列具有完全自主知识产权的集中润滑、智能集中润滑和风电轴承废油自动吸排脂系统等润滑设备产品，打破了欧美企业的市场垄断和技术封锁，推动我国机械设备集中润滑技术达到国际先进水平，核心技术达到国际领先水平。在新时代背景下，河南省着力打造制造强省、创新强省，通过总结郑州奥特科技的创新发展经验，在促进本省机械润滑产业发展的同时，对省内"专精特新"优质中小企业的发展具有一定的借鉴意义。

关键词： 奥特科技　集中润滑　制造强省

一　公司基本情况

郑州奥特科技有限公司（以下简称奥特科技）始创于2005年，位于河南省郑州市高新区合欢街96号，是一家专业从事机械设备智能集中润滑技

---

* 赵民章，郑州奥特科技有限公司总经理；王倩倩，郑州奥特科技有限公司科技发展部经理；刘富斌，郑州奥特科技有限公司科技发展部主管。

术研究、装备制造和销售服务的创新型高新技术企业。长期聚焦智能集中润滑细分领域，攻克集中润滑领域一系列世界性技术难题，拥有专利100多项，为国内外客户提供设备润滑整体解决方案。经过十余年发展，目前，奥特科技已成为集中润滑领域国内第一品牌。公司先后荣获河南省科技进步奖、河南省"瞪羚企业"、河南省技术创新示范企业、河南省工业企业质量标杆、河南省工业品牌培育示范企业、河南省"专精特新"优质中小企业（行业领军）、河南省科普成果奖、郑州市科技进步奖、郑州市专利奖、郑州市"双百企业"、郑州市科技创新先进集体、郑州市"绿色企业"等荣誉。

公司是国家行业标准《汽车底盘集中润滑供油系统》（2010版）主编单位，全国机械润滑暨设备健康管理产业技术创新战略联盟理事长单位，拥有"河南省设备智能润滑健康管理院士工作站""河南省博士后创新实践基地""河南省智能集中润滑工程技术研究中心"以及省级企业技术中心等多个研发平台，与清华大学、德国克劳大学、德国汉诺威大学、解放军信息工程大学、摩擦学国家重点实验室等国内外科研院所建立了长期合作关系，由国家"万人计划"领军人才赵大平董事长领衔的奥特科技研发团队是国内最早从事智能润滑技术研究的创新团队之一，公司先后通过了ISO9001和ISO/TS 16949质量管理体系认证、CE产品认证，产品出口到30多个国家和地区，与郑州宇通、金风科技、大船重工等近千家企业建立了稳定的配套合作关系。

二 公司发展态势及特点分析

（一）稳固市场优势地位，拓展新的应用领域，做"专精特新"优质企业

集中润滑给油系统是指从一个润滑油供给源通过一些分配器分送管道和油量计量件，按照一定的时间把需要的润滑油、脂准确地输往多个润滑点的系统，包括输送、分配、调节、冷却、加热和净化润滑剂，以及指示和监测

油压、油位、压差、流量和油温等参数和故障的整套系统。集中润滑给油系统解决了传统人工润滑的不足之处，在机械运作时能定时、定点、定量的给予润滑，使机件的磨损降至最低，大大减少润滑油剂的使用量，在环保和节能的同时，降低机件的损耗和保养维修的时间，最终达到提高营运收益的最佳效果。

20世纪90年代，欧洲高档商用车CKD底盘集中润滑产品进入我国，由于其替代人工，集中实现了车辆上数十个摩擦副自动加注润滑油脂，在国内掀起了车辆油脂润滑技术的革命，国内制造商开始进入这个领域，建设部和交通部出台了标准加以支持，推动了该项技术在客车上的应用。但市场上的车辆集中润滑技术主要源自德国，多年来单纯的"产品拿来主义"模式，使车辆集中润滑在产品普及应用的同时，该项技术却始终被欧美公司所垄断，在国内并未得到进一步的完善发展。2005年前后，奥特科技研发团队开始着手集中润滑系统的国产化研制工作，通过有效的市场调研，在研究了市场在售的几乎全部型号的集中润滑系统之后，收集和整理出了当时集中润滑中存在的技术缺陷及市场诉求，经过不懈的技术攻关，2006年具有完全自主知识产权的国产AR60H型车辆集中润滑系统正式问世（见表1）。

表1 AR60H高泵送型技术及性能与同类产品对比

项目	内容	AR60H型	同类产品
监控系统	运转控制程序	程序更先进，运转时间约60秒，增加CAN总线；润滑作业时主油路最远端到达设定压力后油压开关闭合，再延续运转40秒	累计运转150秒。运转时间过长，易引起齿轮泵早期损坏及重复打油（停车前后）
	显示模式及内容	全新LCD液晶动态显示，油路到压情况、工作累计次数、休止倒计时、运转计时、闪烁故障代码等情况	指示灯显示模式，但司机难以判断润滑系统是否正常运行，经济盲目手动强制润滑；系统出现故障不易被觉察
	润滑周期	6~20小时（15档可调），建议设置15小时	10小时（多数不可调）
	油压传感器	系统工作必配件，对运行程序和故障自动检测、报警起到重要作用	部分产品无此设置。产品损坏后被人为短接，使故障无法检测，有产生完全隐患

续表

项目	内容	AR60H 型	同类产品
供脂泵站	电机	低转速,小功率。低转速提高润滑泵吸油性能,降低齿轮泵磨损	转速高、功率大、噪音大
	润滑介质	NLGI-0#(接近软体)、00#、000#。在全国绝大部分地区可常年使用 NLGI-0#;增设辅助吸油装置,促进油箱底层油脂流动,避免油脂沉积变质	NLGI-00#、000#。长期使用,油箱底部油脂沉积变质严重,无法正常使用 NLGI-0#油脂
	泵油能力	泵油能力很强,适应于全国,特别是在高寒地区	在寒冷地区无法正常工作
	寿命	润滑泵寿命提高2~4倍,设置运行时间减半、电机转速减半、润滑周期延长、泵结构改进和缺油保护等保护措施	—
定量分油器		加压式分油器。注脂压力同比高出1.0Mpa;输出可持续维持压力,能满足进油阻力较大的摩擦副(如调整臂)等润滑需求	卸荷式分油器。最大输出压力由排油初始瞬时约 2MPa,瞬时降至排油结束1.4Mpa
节约油脂		同比节约润滑脂35%以上。润滑间隔时间延长,可避免重复打油	—
用范围		整车摩擦副。适用于底盘、车身及发动机等油脂摩擦副	底盘摩擦副,仍留下过多润滑点用手工润滑,集中润滑意义受限

该产品出现一举打破了欧美国家对相关核心技术的垄断,且在产品功能设计上进行了大胆的创新发展,解决了困扰业界多年的数十项技术难题,同时产品在生产过程中导入了"质量可靠性整体解决方案"(TSQ),实施精细化生产、精细化管理和精细化服务,从而实现了对欧美同类产品从功能质量到售后服务的全面赶超,使国产集中润滑系统产品达到国际领先水平。

超高的性价比使得 AR60H 型车辆集中润滑系统在极短的时间内迅速抢占市场,尤其是在黑龙江、吉林、辽宁、新疆、西藏、内蒙古等省份,依靠独有的极寒低压环境下高黏稠度润滑油脂泵送技术,AR60H 型集中润滑系统在上述省份的市场实现占有率90%以上;在售价上更是对欧美产品造成了极大的冲击,直接导致欧美同类型产品在华销售价格下降20%。到2016

年，奥特科技 AR 系列车辆集中润滑系统在全国商用车市场占有率达到 75%，奥特科技成为车辆集中润滑系统国产第一品牌。

随着集中润滑技术的不断发展，其应用领域也从单一的车辆底盘润滑拓展至具有多点润滑需求的机械设备领域，如风电设备、工程机械、轨道交通、港口机械、大型生产线、远洋船舶等。2015 年前后，在巩固商用车市场优势地位的同时，奥特科技相继推出了 ALP 系列、SUPLUB－W 系列智能集中润滑系统产品，全面布局上述应用领域，为公司发展寻求新的业务增长点。通过专业化、精细化、特色化和新颖化的经营策略，奥特科技取得了辉煌的成绩，2017 年，奥特科技入选郑州市高新区"科技小巨人"，公司营收持续保持中高速增长，同时被河南省工信委评定为河南省行业领军"专精特新"优质中小企业。

（二）坚持创新发展之路，推动行业技术发展，做创新龙头企业

奥特科技自成立以来，始终将自主创新作为公司发展的核心推动力，年研发投入在 1000 万元以上，公司先后建立了省级企业技术中心和省级工程技术研究中心；2016 年，奥特科技与中国工程院吴澄院士合作组建省级院士工作站；2017 年，公司申请成为省级博士后创新实践基地，此外公司先后与清华大学、解放军信息工程大学、德国克劳大学、德国汉诺威大学、摩擦学国家重点实验室等国内外知名院校建立了长期稳定的合作关系，研究平台的建立和专家资源的引入推动奥特科技创新能力达到行业一流水平。

奥特科技积极推动行业技术发展，作为中国集中润滑行业领域的领头羊，奥特科技在政府的引导下，通过坚持不懈的自主创新，解决了数十项困扰行业领域多年的技术难题，推动我国自主集中润滑技术从无到有，从初级水平到国际领先水平。

（三）把握时代发展机遇，寻求企业战略转型

当前，机械润滑产业面临转型关口，面对制造业呈现"软件定义、数

据驱动、平台支撑、服务增值、智能主导"的新特征,设备信息化、数字化、智能化水平显著提升,传统的设备润滑模式已经不能满足需求,物联网、云计算、大数据、工业互联网以及人工智能等技术日趋成熟,为设备在线监测、远程诊断、预测性维护等提供了新支撑新平台,解决了传统润滑方式中的"痛点"问题,基于大数据和工业互联网平台的机械润滑产业进入加速拐点。现代工业建立在油膜之上,每一台设备都需要润滑系统,设备故障及损坏70%以上是由于润滑问题造成的。在润滑系统基础上,加载在线监测预警、数据采集、油品分析、智能轴承、传感器等模块,依托物联网、云计算构建工业互联网平台,实现设备润滑全生命周期在线监测及全产业链技术服务,甚至拓展到润滑数据分析、设备健康管理等领域,大大降低了设备故障风险和维护保养的成本,对我国制造业智能化、网络化、绿色化改造具有重要支撑作用。奥特科技依托深厚的技术储备,联合国内顶尖专家、科研机构和优势企业,融合物联网、云计算、大数据等信息技术,规划"产业联盟+研究院+大数据平台+基地+孵化中心+基金"六位一体发展战略,为各类机械设备提供智能润滑技术服务与平台支撑,把奥特科技打造成为全国一流的智能润滑服务综合解决方案提供商,助推企业由制造型企业向服务型企业和平台型企业转型。

三 2017年公司转型发展的举措与经验

(一)明确发展目标和发展思路

多年来,奥特科技始终专注于机电设备智能集中润滑技术研究及应用推广,始终坚持自主创新、质量为先的发展思路,始终坚持"市场调研→技术开发→产品设计→产业化推广"的创新发展模式,将科技创新作为企业发展的第一驱动力,将创新文化融入企业文化的骨髓中去。

奥特科技通过以下四个方面的措施,改变自身劣势,逐步在公司内部形成了"敢为人先、敢于创造"的企业创新文化。

1. 从公司高层管理者自身出发，提高企业领导的自身素质

公司董事长、副总以上的高层管理者通过攻读 MBA 课程、定期参加"包子堂"及知名院校的总裁班等方式来接受先进的管理理念。

2. 改善公司内部的人文环境

在企业内营造良好的氛围，增强员工的归属感，为创新文化建设夯实基础。加强企业高层与员工之间的沟通，建立共同的愿景，使员工知道企业的发展方向，引起员工共鸣，激发员工的创新灵感和积极性。

3. 在企业内部树立企业创新文化精神

包括员工所有的创新信条、创新价值观念、创新行为准则以及他们对企业意识、责任感、荣誉感、自豪感等，树立追求创新、以创新为荣的文化，让企业文化深入员工之中，使得每个员工都能够实现自身价值。

4. 建造学习型的企业创新文化，健全有效的人才激励机制

通过企业员工培训和自主学习工作来推动公司创新文化的建设，培养员工创造性的学习能力、实践操作和创新能力的文化管理理念，建立健全学习激励约束机制，将创新性学习和教育不断地扩展和延伸到员工的整个职业生涯之中。

（二）大力开展管理体系建设

1. 知识产权管理体系

奥特科技坚持走自主创新发展道路，把知识产权战略作为企业发展的基本战略，公司与专业知识产权贯标指导培训机构签订知识产权咨询服务合同，积极进行企业知识产权管理规范认证，现已在企业内部组织开展了知识产权贯标启动大会，在技术研发、产品制造、市场销售的全过程中纳入知识产权的管理保护，以形成企业自主创新优势，保持持续而稳定的市场竞争力。

2. 技术标准体系

奥特科技在企业内部设置了标准化管理办公室，聘请了国内知名专家指导建立完善的企业标准体系，推动企业标准体系的运行和持续提升。在建立

企业技术标准体系基础上，针对包括生产对象、生产条件、生产方法以及包装贮运等在内的技术规范、规术要求，确立了一系列企业技术标准，包括规程、守则、操作卡、作业指导书等。此外，企业主持编制了《集中润滑系统技术条件》《风力发电机组集中润滑系统》《汽车底盘集中润滑系统》等数十项行业、企业标准，有效提升了企业集中润滑产品产品的通用性、互换性，在行业内引起了较大反响。

3.质量保证体系

公司实施了"质量可靠性整体解决方案"TSQ，从组织体系、目标和考核、设计流程、采购流程、质量保证、售后维修、故障根本原因分析和纠正措施等多方面重新策划，搭建起公司产品质量性平台。这个平台不只是解决产品出现的具体问题，同时通过关注企业基础管理来提升企业能力，最终形成了整体解决方案，极大地推动了公司产品质量升级，为公司战略的实施和市场竞争力的进一步提升提供了有力保障。2016年5月，奥特科技实施质量可靠性整体解决方案的实践经验被河南省工信委认定为河南省质量标杆，并在全省范围内进行经验推广。2017年，奥特科技继续坚持质量管控，引入精细化生产、精细化管理和精细化服务理念，不断探索质量提升新路径、新方法。

通过以上措施，奥特科技建成了一套切合奥特实际的、富有特色的、高效的企业管理制度，通过计划管理、生产管理、采购管理、销售管理、质量管理、仓库管理、财务管理、项目管理、人力资源管理、统计管理、信息管理等协调搭配，实现企业稳定、有序、健康、持续发展。

（三）重视科研实力建设

1.人才队伍建设

坚持"培养一批、引进一批、合作一批"的科研队伍建设思路，培养一批年轻化、专业化、富有发展潜力和忠诚度的企业科研人才，引进一批高水准、高知名度、德艺双馨的行业领域精英人才，合作一批技术研发领域国际国内领先的企业、高校、科研院所和科研团队。2017年，公司先后与中国工程院王玉明院士团队、郑州大学吴晓铃教授、郑州机械研究所等专家和科研院所达成战略合作协议,围绕机械润滑技术开展深度合作。

2. 创新平台建设

2015~2016年,奥特科技在原有省级企业技术中心、省级工程技术中心两大研发平台基础上,继续加大研发平台建设力度,先后引入中国工程院吴澄院士以及清华大学、解放军信息工程大学、华北水利水电大学等知名院校十数位专家教授为公司高级技术顾问。2015年奥特科技在德国注册成立Lubmann GmbH润滑研究院,2016年郑州奥特科技有限公司签约中国工程院吴澄院士组建的"智能设备健康管理院士工作站"正式挂牌成立,同年奥特科技与天津高端装备研究院签约成立"智能集中润滑技术联合研发中心"。在此基础上,为引入更多高端研发人才,2017年奥特科技申请成为河南省博士后创新实践基地。

3. 保持资金投入

近年来,奥特科技每年用于研发投入的经费占年销售收入比例保持在8.6%以上,自公司成立以来,奥特科技用于科技研发的资金投入高达数千万元。近三年,奥特科技年均研发投入超过1000万元,大量的资金投入有效保障了各项研发工作顺利开展。

(四)重视品牌建设和成果保护

奥特科技始终坚持"以质量立口碑,以口碑推形象,以形象筑品牌,以品牌创业绩,以业绩促发展"的企业品牌发展战略,重视科技成果、专利技术及商标保护,重视产品质量及用户体验。2016年,奥特科技被河南省工信委评为河南省品牌培育示范企业,同年董事长赵大平先生入选郑州市中级人民法院知识产权专家库。2017年12月22日《人民日报》第2版在聚焦中央经济工作会议政策解读专题文章《向着高质量发展迈进》中,对公司董事长赵大平先生关于企业发展和知识产权保护的看法进行了报道。

(五)组织召开技术交流论坛

2015年,由中国土木工程学会城市公共交通学会、中国农业机械工业协会风能设备分会主办，郑州奥特科技有限公司承办的"全国首届集中润滑技术应用及发展趋势论坛"在郑州举行，论坛吸引了300余位行业领域专家学者前来交流分享。2017年，奥特科技又举办了两次行业技术交流活动。

2017年8月15~17日，由中国科协企业创新服务中心、中国机械工程学会、河南省科学技术协会、郑州市人民政府共同指导，郑州市科学技术协会、中国金属学会冶金设备分会、中国土木工程学会城市公共交通分会、中国农业机械学会风力机械分会联合主办，郑州奥特科技有限公司、德国Lubmann GmbH联合主办的第二届机械润滑暨设备健康管理产业链国际论坛在郑州市成功举办，包括中国工程院院士吴澄、中国科协及河南省科协领导、郑州市政府领导以及来自中国机械工程学会、清华大学、德国克劳斯塔尔工业大学、美国机械润滑杂志社、德国BECHEM公司、华北水利水电大学的专家教授在内的500余位专家领导到会交流。

2017年11月15~17日，由郑州市科学技术协会、郑州高新区管委会主办，郑州奥特科技有限公司承办，中国科协企业创新服务中心、河南省科学技术协会、郑州市人民政府、清华大学、大连船舶重工、中国航空学会等20多家单位共同支持的"全国企业科协创新联盟工作研讨会全国机械润滑暨设备健康管理产业技术创新战略联盟成立大会"在郑州举行。中国工程院院士王玉明、中国科协企业创新服务中心处长冯耕、河南省科协副主席谈朗玉、郑州市人民政府副秘书长张红军、郑州高新区管委会主任王新亭，清华大学宋士吉教授、郑州大学吴晓铃教授、大连船舶重工集团科协常务副主席聂晓玲，郑州机械研究所党委书记秦书安，以及来自中国土木工程学会城市公共交通分会、中国农业机械工业协会风力机械分会、中国金属学会冶金设备分会、吉林大学、中国人民解放军陆军工程大学、天津港集团有限公司、中国石化、中航工业、华电郑州机械设计研究院、华北水利水电大学、洛阳轴承研究所、郑州机械研究所、郑州新大方重工科技、广州机械科学研究院等企业、高校和科研院所的相关领导参加本次会议。

四 2018年公司发展趋势展望

(一)公司发展面临的环境

目前,世界经济与政治格局正在发生深刻变化,全球经济处于后金融危机的深度调整期。世界经济呈现复苏态势,美国、欧盟、日本和主要新兴经济体处于恢复期、调整期,世界经济整体仍旧具有很大的不确定性。世界经济增长的引擎和拉动力正在呈现多元化特征,新一轮科技革命和产业变革孕育兴起,科技竞争力成为世界经济竞争的制高点。

1. 我国装备制造业面临的历史机遇

我国转变经济发展方式,打造竞争新优势,重点在制造业,难点在制造业,出路也在制造业。《中国制造2025》对我国制造业未来10年的发展进行规划,制定了路线图,以信息技术与制造技术深度融合的数字化、网络化、智能化制造为主线,以新一代信息技术产业、生物医药与生物制造产业、高端装备制造产业、新能源产业为重点领域,进行了统筹部署,指明了方向,为我国装备制造业发展提供了前所未有的历史机遇。

2. 我国装备制造业发展面临的新挑战

全球产业竞争格局正在发生重大调整,发达国家纷纷实施"再工业化"和"制造业回归"战略,重塑制造业竞争新优势,制造业重新成为全球经济竞争的制高点。美国发布《先进制造业伙伴计划》《制造业创新网络计划》,德国发布《工业4.0》,日本在《2014制造业白皮书》中重点发展机器人产业,英国发布《英国制造2050》等,高端制造业出现向发达国家"逆转移"的态势。同时,一些发展中国家也在加快谋划和布局,积极参与全球产业再分工,依靠资源、劳动力等比较优势大力发展加工制造业,以更低的劳动力成本承接劳动密集型产业及资本的转移,拓展国际市场空间,与我国形成了同质竞争。我国装备制造业面临着发达国家"高端回流"和发展中国家"中低端分流"双重挤压的严峻挑战。

同时，我国当前正处于深化改革开放、加快转变经济发展方式的攻坚时期，经济发展环境发生重大变化。资源和环境约束不断强化，劳动力等生产要素成本不断上升，投资和出口增速明显放缓，主要依靠资源要素投入、规模扩张的粗放发展模式难以为继，我国经济发展进入新常态，制造业发展面临新挑战。

（二）2018年发展预测

1. 总体目标

立足于机械润滑领域和集中润滑细分市场，执行差异化和品牌发展战略。凭借产品性能质量和技术服务优势，打造集中润滑国际一流品牌。

2. 年度目标

以经济效益为中心，内强素质、外拓市场，使公司稳定而积极地朝着员工优秀、管理规范、机制有效、产品优异、服务称道、产业发展、效益良好、品牌知名的科技型企业发展。2018年，经营收入达到3亿元，主导产品在国内市场占有率继续保持第一位。

五 2018年公司转型发展的思路与重点工作

（一）布局"六位一体"发展战略，助推企业转型升级

伴随"中国制造2025"的深入实施，智能制造快速渗透，物联网、云计算、大数据、人工智能等信息技术日趋成熟，机械润滑产业面临转型关口和加速拐点。作为集中润滑行业的国内领军企业和全球领先企业，2018年郑州奥特科技将重点聚焦"智能+"发展战略，通过对集中润滑系统加载多功能模块、新型传感器和大数据平台，延长拓展产业链、服务链，全面向设备智能润滑服务领域转型，通过"产业联盟+研究院+大数据平台+基地+孵化中心+基金"六位一体发展战略，为各类机械设备提供智能润滑

技术服务与平台支撑，助推奥特科技由集中润滑产品供应商向全国一流的智能润滑服务综合解决方案供应商转型升级。

（二）实施人本化管理，完善激励措施

现代企业的进步在相当程度上靠的是富有创造力的人才，奥特科技高度重视和发挥人才的作用，千方百计培养和招揽优秀科技人才。以更加开明的观念和更加人性化、更加市场化的机制，最大限度地优化配置科技人才资源，努力把优秀人才聚集到公司来，继续实施外部专业人才招聘、内部具潜质人才培养工作。实施人才的激励政策和措施，完善专业技术人员评聘制度；全面实施人才库计划工程；继续实施并完善对优秀专业技术人员评优活动。

（三）积极搭建平台，为科技人员施展才华创造条件

2018 年，公司将进一步加大科技资金投入，积极动员全体员工积极投身到科技创新活动中，进一步修订和完善《郑州奥特科技有限公司科研项目绩效考核办法》《科技人员奖惩管理办法》等制度，按照创建环境友好型、资源节约型绿色企业的要求，开展企业生产经营管理工作。借助公司已有的河南省设备智能润滑健康管理院士工作站、省市级工程技术中心、企业技术中心、省博士后创新实践基地等研发平台，加强公司技术交流与合作，有效利用内、外部技术资源，支撑公司的各项技改工作，为广大技术人员创造更广阔的施展才华的平台，实现公司整体技术水平的提高。项目跟踪管理亦是科技管理工作的重要一环，公司要求各主要领导积极配合，加强对项目实施过程的跟踪管理，及时协调问题，帮助解决困难，提高办事效率。

（四）发展和完善创新战略联盟，谋划产业领域企业科协联合体

全国机械润滑暨设备健康管理产业技术创新联盟于 2017 年 11 月在郑州成立，是中国科协指导成立的第 12 个全国性产业技术创新联盟，郑州奥特科技有限公司是理事长单位，中国工程院院士吴澄和王玉明为联盟名誉主任

委员，专家委员会由清华大学、郑州大学、华北水利水电大学等高校多位教授和专家组成。联盟成员单位均为润滑产业链上下游行业领军及优势企业、行业学会及知名高校和科研院所。联盟的成立将成为国内乃至是国际最大的润滑及设备健康管理产业领域创新综合体，通过整合成员单位的营销网络和用户资源，依靠成员单位的技术优势和行业影响力，开启国际国内千亿元级的市场。2018年，创新战略联盟将以党的十九大精神为指引，在中国科协企业服务中心的指导下，紧紧围绕"产业协同、优势互补、互惠互利、共同发展"的合作原则，实施"5+1"战略，即围绕产业技术创新战略联盟构建技术交流与合作平台、资源共享与交易平台、成果评价及转化平台、行业技术发布及培训平台、产业领域投资平台"5个平台"，围绕机械润滑及设备健康管理产业搭建1个科普示范基地。

2018年，中国科协企业创新服务中心计划在13家科协联盟中将奥特作为非公企业联盟代表成立企业科协联合体。其领导机构是中国科协企工办，实施单位是中国科协企创中心，将中国科协所属国家一级学会、著名高校、科研院所核心团队以及下辖的全国12家企业科协联盟平台单位作为资源进行匹配。旨在加强企业间产业合作和创新资源共享，推动产业生态系统建设，加速技术经济深度融合。

（五）广泛开展群众性的教育宣传活动，推进和谐企业建设

2017年，党的十九大的胜利召开，明确了以习近平同志为核心的党中央的绝对领导地位，明确了学习习近平新时代中国特色社会主义思想的时代要求。在此背景下，公司将着重开展以下几方面工作。一是认真贯彻落实党的十九大精神和习近平关于新时代中国特色社会主义思想，组织开展科普宣传工作，引领公司科技工作者，搭建高水平学术交流平台，充分激发和释放创新者的潜力。全面实施《全民科学素质行动纲要》，落实上级机关建设指导意见的文件精神，积极开展广泛的科普宣传活动；大力开展对科技人员和职工的培训，通过安全培训教育，形成良好的安全生产氛围，不断提高职工的安全意识和操作技能，从而确保作业的安全。二是结合公司实情，开展

"安全生产标准化、企业管理上台阶""节能从我做起,从现在做起""创建和谐企业"等活动,开展群众性 QC 小组活动等。三是以"讲创新、比敬业"活动为载体,形成争做"知识型职工"之风,倡导和谐理念,建设和谐文化。四是加强郑州奥特科技党支部建设,为企业发展提供更有力的精神支撑和政治指引。

(六)积极创造条件,注重继续培训教育工作,关心科技人员的身心健康

围绕公司 2018 年生产经营及安全总体目标和管理提升要求,根据不同需求,确定培训层次和对象,设置培训教育重点,主要布局以下几个方面的工作。一是对公司各类专业技术人员的培训,以多类型、多层次的复合人才培养教育为主,包括专业理论、专业知识的充实扩展,知识结构更新和必要的管理理论和方法、技能的训练。选送部分优秀专业人才外出定向短期培训。二是加强对普通生产操作岗位职工的培训,以岗位定向、按需施教,提升职工操作技能。

参考文献

赵大平、王高峰:《风电轴承废油脂自动清除及集中回收系统》,《风能产业》2013 年第 10 期。

赵大平、温志建:《基于小排量多润滑点的客车底盘自动集中润滑泵设计》,《城市公共交通》2017 年第 9 期。

赵大平、赵民章、李振通:《AL50 系列单线式集中润滑系统技术性能特点与应用》,《城市公共交通》2017 年第 11 期。

赵大平:《车辆智能集中润滑技术与装备研究》,载高文生:《数控一代案例集》,中国科学技术出版社,2016。

李振通、温志建、刘彦菲等:《QB/ZHAT007 - 2017 风力发电机组自动换脂润滑系统》,郑州奥特科技有限公司,2017。

Abstract

The book is compiled by the Academy of Social Sciences of Henan province. With the theme of "towards high quality development", this paper comprehensively analyzes the situation and characteristics of the operation of industrial economy in Henan in 2017, and looks forward to the trend of industrial economic development in 2018, and deeply studies the situation and environment in which Henan industry is facing high quality. The whole book is divided into several aspects of evaluation, comprehensive, industry, regional and enterprise, and put forward new ideas, new measures and new countermeasures for the high quality development of Henan industry.

The general report of this book is written by the research group of the industrial economy institute of the Academy of Social Sciences of Henan province. It represents the basic views of this book on the analysis and prediction of the operation of the industrial economy in Henan. According to the report, facing the complex and changeable internal and external environment, Henan focuses on the structural reform of the supply side, speeding up the intelligent, green and technological transformation. The industrial development presents a steady and good basic situation, the industrial growth continues to be stable, the industrial structure is continuously optimized, the profit growth continues to rise, and the enterprise transformation continues to accelerate. The quality and efficiency have been steadily improved, and the situation is better than expected. In 2018, the reform and opening up was 40th anniversary. The socialism with Chinese characteristics entered a new era. The main social contradictions were changed. The industrial enterprises in our province are facing good opportunities and favorable conditions. The industrial economy will show a good trend of "steady growth, optimization of structure, acceleration of transformation and improvement of quality". In the end, the countermeasures and suggestions for promoting the high quality development of Henan industry are put forward from the aspects of creating 2025 national demonstration areas, cultivating the innovation center of manufacturing industry, implementing the special action of intelligent manufacturing, cultivating the industrial Internet platform, expanding the financing channels of the enterprises, reducing the operation cost of the enterprises and creating a good environment for development.

The "evaluation report" of this book "Henan regional industrial competitiveness evaluation report", written by the industrial economy institute of Henan Academy of Social Sciences, represents the basic view of this book on the evaluation of regional industrial competitiveness of Henan in 2017. On the basis of the previous research, the evaluation report makes a slight adjustment to the setting of the evaluation index, and emphasizes the innovation drive, the benefit priority, the green low carbon and the two integration in the distribution of the index weight, so as to ensure the scientificity, objectivity and rationality of the evaluation results as much as possible. On the basis of collecting the original data of industrial development in 18 provinces of the 2017 Henan statistical yearbook, the article deals with the dimensionless treatment of 24 evaluation indexes, and calculates the index weight according to the expert scoring, and calculates the score and the comprehensive score of the industrial competitiveness. From the scale of scale, production efficiency, technological innovation, ecological environmental protection, information application and structural transformation, the report shows the latest ranking of Henan's regional industrial competitiveness, and the industrial competitiveness of Zhengzhou, Luoyang and Xuchang ranks the top three in the province. According to the results of the evaluation, the paper puts forward some countermeasures and suggestions to promote the optimization and upgrading of regional industrial structure, deepen innovation drive, promote the application of intelligent production mode and deepen the reform and opening up.

This book also carries out a special study on the development of Henan industry in a comprehensive, industrial, regional and enterprise discourse, and strives to systematically demonstrate the efforts and exploration of the key industries, key regions and typical enterprises in Henan in the development of advanced manufacturing industry. It reflects the opportunities and advantages, problems and constraints of Henan's high quality development from multiple perspectives, and puts forward development ideas and countermeasures.

Keywords: Henan; Industrial Transformation; Competiveness Evaluation

Contents

I General Report

B. 1 Analysis and Prospect of Henan's Industrial Economy in the

Past 2017 -2018 Years

Research Group one of Institute of Industrial Economics,

Henan Academy of Social Sciences / 001

Abstract: In 2017, facing the complex and changeable internal and external environment, Henan focused on the structural reform of the supply side, speeding up the intelligent, green and technological transformation, making the industrial development present a stable and good basic trend. Industrial growth continues to be stable, industrial structure continues to optimize, profit growth continues to rebound, enterprise transformation continues to accelerate, the quality and efficiency has steadily improved, the development situation is better than expected. In 2018, it was 40th anniversary of reform and opening up, when socialism with Chinese characteristics has entered a new era, and major social contradictions have undergone historic changes. The industrial enterprises in our province are facing good opportunities and favorable conditions. The operation of industrial economy will show a good trend of "steady speed of growth, optimization of structure, acceleration of transformation and improvement of quality". In order to push Henan industry into a new stage of high quality development, we will focus on creating 2025 national demonstration areas, cultivating innovation centers of manufacturing industry, implementing special action of intelligent manufacturing,

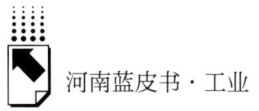

cultivating industrial Internet platform, expanding enterprise financing channels, reducing enterprise operating costs and creating a good environment for development.

Keywords: Henan's Industry; High Quality Development; Modernized Economic System; Transformation and Upgrading

Ⅱ Evaluation Article

B.2 Henan Regional Industrial Competitiveness Evaluation Report

Research Grouptwo of Institute of Industrial Economics,

Henan Academy of Social Sciences / 018

Abstract: China's economy has shifted from high speed growth stage to high quality development stage, and is in the key stage of changing development mode, optimizing economic structure and changing growth momentum. With the evolution of China's development stage, it is necessary to dynamically adjust and optimize the evaluation index and weight of regional industrial competitiveness. On the basis of the previous research, the evaluation report fine-tuning the evaluation index setting, more emphasis on innovation drive, benefit priority, green low carbon and two fusion, as much as possible to ensure the scientificity, objectivity and rationality of the evaluation results. On the basis of collecting the original data of the industrial development of 18 provinces in Henan statistical yearbook of 2017, this report deals with the dimensionless treatment of 24 evaluation indexes, and calculates the index weight according to the expert score, and calculates the score and the comprehensive score of the industrial competitiveness. From the scale of scale, production efficiency, technological innovation, ecological environmental protection, information application and structural transformation, the report shows the latest ranking of Henan's regional industrial competitiveness, and the industrial competitiveness of Zhengzhou, Luoyang and Xuchang ranks the top three in the province. According to the results of the evaluation, the paper puts forward some countermeasures and suggestions to promote the optimization and upgrading of regional industrial structure, deepen innovation drive, promote the application of intelligent production mode and deepen the reform and opening up.

Keywords: Industrial Competitiveness; Scale Competitiveness; Efficiency Competitiveness; Innovation Competitiveness; Informatization Competitiveness

Ⅲ Comprehensive Reports

B. 3 Challenges and Countermeasures to Promote the Development of High-quality Industry in Henan Province

Lin Fengxia / 032

Abstract: High quality development is the main task of China's Economic development at present and for a long time to come. And industry is the main battleground for the development of high quality. Henan has a good economic base, a strong atmosphere of reform and opening up and innovation, a strong basic capability, a strong market driving force for high-quality development, and the arrival of policy opportunities and other favorable internal and external conditions. However, the structural contradiction is still prominent, the regional innovation ability is still low, the development gap is still large, the high-level talent reserve is insufficient, the mechanism of high-quality development has not yet been formed and so on. Henan also faces many difficulties and challenges, such as the structural contradiction is still prominent, regional innovation capacity is still low, development gap is still large, high-level talent reserve is insufficient, long-term mechanism for high quality development has not yet formed and so on. Therefore, Henan must establish the a long-term mechanism of high quality development as soon as possible, further accelerate the optimization and upgrading of industrial structure, accelerate the construction of a coordinated industrial system, and comprehensively deepen the reform and opening up and innovation.

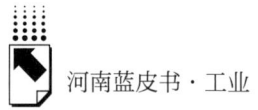

Keywords: High Quality Development of Industry; Henan Province; Supply-side Structural Reform; New Kinetic Energy

B.4 Leading the High Quality Development of Henan
       Manufacturing Industry with Innovation   *Zhang Fulu* / 045

Abstract: Henan's manufacturing industry has entered the era of high quality development. Innovation has become a major strategic choice for Henan's manufacturing industry. Henan industry has a solid foundation of manufacturing industry, the green transformation and development of intelligent service has been achieved, with a large number of large and medium-sized enterprises and scientific research institutions called in the domestic and foreign markets, but there is still a certain gap compared with the advanced level both at home and abroad. In the future, the high quality development direction of Henan manufacturing industry needs to build a "five in one" industrial development system, with intelligent manufacturing as the main direction, the fundamental way out is innovation guidance. The government should take the "four batch" as the starting point, guide the direction and task of development work around the innovation, optimize policies and measures, and speed up the innovation and leading work.

Keywords: Henan; Manufacturing Industry; High Quality Development

B.5 Promoting the High Quality Development of Henan's
       Manufacturing Industry by Intelligent Manufacturing
                                         Zhao Xisan, Song Ge / 056

Abstract: Intelligent manufacturing is an important direction for the future development of manufacturing industry. In recent years, Henan has carried out the "China made 2025" in depth, insisting that intelligent manufacturing is the main direction of building a strong province, the overall development idea is clear, the pilot demonstration projects are steadily advancing, some areas have achieved certain breakthroughs, and the open cooperation has achieved positive results, and a good atmosphere for development has been formed initially. But at the same time, there are still some problems in the development of Henan intelligent manufacturing, such as lack of ideological knowledge, unclear design of top level, small policy and measures, weak base of intelligent manufacturing, unsound support system and so on. It is necessary to speed up the intelligent transformation of manufacturing industry by further deepening ideological understanding, strengthening the top-level design, building demonstration benchmarks, improving support policy and creating a good atmosphere, so as to promote the high quality development of Henan manufacturing industry with intelligent manufacturing.

Keywords: Intelligent Manufacturing; Manufacturing; High Quality Development

B. 6　Promoting the High Quality Development of He nan's Industry by Producer Service Industry　　*Hou Hongchang* / 068

Abstract: If we need to deepen supply-side structural reform to support the upgrading of traditional industries, we need to accelerate the development of modern service industries. In recent years, henan province has achieved staged victories in the development of producer services, for example, The development of producer services in the whole province was stable, industrial structure was optimized, investment in fixed assets increased, and employees increased. It has been proved that the rapid development of producer services has made the industrial manufacturing industry in henan province have strong development and potential. However, compared with the developed coastal areas, there is still a large gap between producer services in henan province. For example, the total amount and proportion are lower than the national average, the internal structural imbalance is serious, the market competitiveness is weak, and the leading enterprises are lacking. Therefore, we should vigorously build the deep integration mechanism of producer services and manufacturing, and promote the outsourcing of technology services. In this way, we can accelerate the leapfrog development of the productive service industry in henan province, and help to realize the goal of building a strong economy in henan province.

Keywords: Henan; Producer Services Development Trend

B.7 Research on Deepening the Reform of Industrial Enterprises in Henan   *Zhang Zhichao* / 084

Abstract: 2017 is a year of great reform in Henan industrial enterprises. Under the correct leadership of provincial Party committee and provincial government, we take the supply side structural reform as the main line, closely around the objectives of the reform, improve the corporate governance structure, standardize and orderly develop the mixed ownership economy, accelerate the strategic reorganization of enterprises, promote the enterprise to reduce leverage and risk, improve the management level of the enterprise, and improve the management level of enterprises, We have made great breakthroughs in the work of strengthening the construction of the party and other aspects, and made major breakthroughs in all the work, and created a new situation for the reform and development of state-owned state-owned enterprises and the work of the party building. At present, the reform of industrial enterprises in Henan is still keeping strong momentum. The general battle of industrial enterprises reform is advancing to breadth and depth.

Keywords: Henan; Reform of Industrial Enterprises; Research

Contents

B.8 An Empirical Analysis of the Competitiveness of
　　　Manufacturing Industry in Henan　　*Wang Haijie*, *Feng Yufei* / 095

Abstract: Manufacturing industry is an important part of regional industry, and also a pillar of national economic development. This paper uses the deviation-share analysis method to calculate the added value data of Henan manufacturing industry in 2011 - 2016, and obtains the competitiveness component, the industrial structure component, the growth share component, the Department advantage index, and analyzes the internal problems of the manufacturing industry from two angles of competitiveness and growth advantage. The results show that: the manufacturing structure of Henan province is irrational, and there is a lack of dominant industries. This article puts forward policy suggestions: to formulate long-term industrial planning, to encourage the development of strategic industries, to improve the market economy system, to ensure the healthy development of the industry, to deepen the reform of the financial field, to solve the difficult problem of financing for small and medium-sized enterprises, to establish an exit mechanism, to reduce the waste of resources and to relieve the worries of the enterprises after the transformation of the enterprises.

Keywords: Henan Province; Manufacturing Industry; Empirical Analysis Competitiveness

Ⅳ Industry Article

B.9 Report on the Development Trend of Equipment
　　　Manufacturing Industry of Henan　　　　　　*Yang Zhibo* / 107

Abstract: The equipment manufacturing industry is an important part of the modern industrial system in our province. It is important for the reform of industrial supply side and the foundation of high quality development in our province. The equipment manufacturing industry in Henan is facing such problems as high dependence on foreign trade, weak ability of independent innovation, and insufficient support for high-end talents. In the future, our province should optimize the innovation system of the equipment manufacturing industry, speed up the intelligent information transformation of the equipment manufacturing industry, speed up the construction of the equipment manufacturing innovation carrier and platform, and cultivate the equipment manufacturing group with international competitiveness.

Keywords: Equipment Manufacturing Industry; High Quality Development; Policy Suggestions

B. 10　Analysis on the Development Trend of Food Manufacturing Industry in Henan　　　　　　　　　　　*Li Jingyuan* / 120

Abstract: Food manufacturing is not only an important consumer goods industry, but also a basic industry closely related to people's livelihood. The food manufacturing industry, as a trillion-grade traditional advantageous industry in the province of rich countries, was listed as one of the five leading industries in the structural reform of the manufacturing supply side and in the province's pace of advanced manufacturing provinces. In the historical direction of the conversion of old and new kinetic energy and consumption upgrading, Henan's food manufacturing industry needs to grow from large to strong to meet the growing needs of the people for a better life.

Keywords: Henan; Food Manufacturing Industry; Action

B. 11　Report on the Development Trend of New Materials Manufacturing Industry of Henan　　　　　　　*Song Ge* / 132

Abstract: The new material manufacturing industry has been highly valued in recent years, it is one of the five leading industries and 12 key industries in the construction of the advanced manufacturing industry. In 2017, the new materials manufacturing industry in Henan was running smoothly under the impetus of a series of powerful measures , the industry benefit was better and the development of new products and the upgrading of enterprises were outstanding. At the same time, there were also some questions in it. For example, it is small scale, low speed and unreasonable product structure, poor innovation ability and unsound elements guarantee in the transformation and development and so on. We are looking forward to the future, the new material manufacturing industry in Henan faces both favorable conditions and great opportunities as well as a series of challenges and restrictive factors as part of the new material industry . Under the new situation, we should focus on the aspects of innovation, development, green development, and integration development, we should take the corresponding countermeasures to enlarge the total amount and accelerate the development of the new material industry. At the same time, we must strive to achieve the high quality development of the industry.

Keywords: New Material Manufacturing Industry; Transformation and Development; High Quality Development

B. 12　Analysis on the Development Trend of Henan Automobile Manufacturing Industry　　*Wang Zhongya* / 151

Abstract: The automobile industry, one of the five leading industries in Henan province, plays an irreplaceable role in building a modern industrial system, promoting the construction of advanced manufacturing industries and speeding up the rise of the central plains. The automobile industry in Henan has shown a good development trend, and the scale of the industry has been growing, and the level of research and development has been rising, and industrial clusters have basically been formed. However, there are still some difficult problems in Henan's automobile manufacturing industry, such as the small size of the industry as a whole, the weak supporting capacity of the industry, low investment in research and development, and low brand influence. To promote the high-quality development of the automobile manufacturing industry in Henan province, we should do more and more measures. Firstly, to strengthen research and development of key core technologies and spare part. Secondly, to build an important energy saving and new energy vehicle research center in central and western China. Thirdly, to cultivate the advantages of component clusters. Fourthly, to improve the level of intelligent automobile manufacturing.

Keywords: Automobile Manufacturing; New Energy Automobile; Transformation Development; Intelligent Manufacture

B.13 Analysis on the Development Trend of Henan Electronic Manufacturing Industry *Yang Mengjie* / 165

Abstract: In the context of the new generation of scientific and technological revolution, the electronic manufacturing industry plays an important role in promoting the integration of the real economy with the Internet and the big data. It is also of great significance for Henan to build a strong province of advanced manufacturing industry, and is the key area for the development of various regions. In the face of the complex economic situation, Henan has accelerated the pace of industrial transformation and upgrading, actively set up docking platform to plan the layout of new economic growth points, promote industrial development with a point of view, and promote the continuous expansion of industrial scale and the continuous improvement of its influence. At present, there are still some problems such as industrial development efficiency fluctuating and stable industrial development system has not yet been established. In the future, we must strive to build a collaborative innovation system of the whole industry chain, do well in supporting and cultivating Henan's local advantage industries, and constantly expand the electronics manufacturing industry.

Keywords: Henan; Electronic Manufacturing; A new generation of technological revolution

B.14　An Analysis of the Development Situation of the
　　　 Pharmaceutical Industry in Henan　　*Shen Qi*, *Li Lipeng* / 179

Abstract：The pharmaceutical manufacturing industry is a basic industry related to the national economy and the people's livelihood. At present, China has formed a complete industrial system including the manufacture of chemical drugs, the processing of Chinese medicinal materials and Chinese patent medicines, the manufacture of biological products, chemical raw materials, chemical drugs and so on. In 2017, it is an important year for the implementation of the 13th Five-Year plan. It is the deepening year of the supply side structural reform, and also the key year for the reform of the pharmaceutical industry. This year, Henan further deepened the reform of the medical and health system, and controlled the fee as one of the priorities of the annual health work. Henan develops the Chinese herbal medicine and Chinese patent medicine into a "business backbone", consolidating its roots and constantly seeking new revenue growth points, and promoting diversification of marketing channels. It maintained a steady development trend and laid a good foundation for Henan pharmaceutical industry to become bigger and stronger.

Keywords：Henan; Pharmaceutical Industry; Traditional Chiness Medicine

V　Regional Article

B.15　Analysis and Prospect of the Operation of Industrial Economy
　　　 in Zhengzhou
　　　　　　　　　Fan Jianxun, *Wu Huaimin*, *Chen Jinfen*,
　　　　　　　　　　　Niu Zhiyong and Wang Zhanglei / 187

Abstract：In 2017, it is an important year to vigorously implement the strategy of "manufacturing strong city" and promote the construction of 2025 pilot

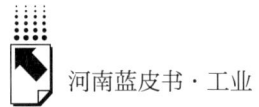

demonstration cities in China. Zhengzhou has carried out work on strengthening service, hard work, support, investment, innovation, integration and consumption reduction, which makes the industrial economy grow steadily and rapidly, and the adjustment of industrial structure steadily and steadily. The construction of industrial projects is progressing smoothly, the strength of the solid development is continuously strengthened, the momentum of development is accelerated, the new manufacturing mode has emerged, the green transformation and development are accelerated and the environment is constantly improved. In the future, in view of the development situation of industrial economy, we will continue to focus on upgrading the industrial energy level, build up a modern industrial system, improve the vitality of innovation, focus on transforming the driving force of manufacturing industry, enhance the strength of the enterprise, and make a strong strategic industrial enterprise.

Keywords: Zhengzhou; Industry; Made in China

B.16　Analysis and Prospect of Industrial Economic Operation in Luoyang　　　　　　　　　　*Li Jun*, *Hao Shuang* / 206

Abstract: In the face of the complex domestic and foreign economic situation in 2017, as well as the arduous and stable growth protection task, the government of Luoyang has clinging to the development and construction of key industries such as equipment manufacturing, electronic information, robot and intelligent manufacturing, new energy industry and other key industries, actively promoting the supply side structure reform in the industrial field and strengthening financial support. Now, the speed of industrial growth has stabilized, and the growth of business efficiency has been faster and better. Industrial economy significant progress has been made in transformation and upgrading. At present, there are still problems such as unsatisfactory industrial structure, shortage of funds, difficulty in financing, and weak awareness of scientific and technological innovation. In the future, on the basis of continuing to do a good job of monitoring and analysis, and steadily promoting the smooth operation of the industry, we must focus on technological transformation to promote transformation and development. Focus on building a modern industrial system, implementing a plan for doubling quality, nurturing market players, implementing the "Made in China 2025" initiative in Luoyang, and enhancing innovation capabilities.

Keywords: Luoyang; Industrial Economy; Transformation and Upgrading

B.17 Analysis and Prospect of Industrial Economic Operation in Xuchang

Jiao Jianhua, Yang Mingsheng and Cao Hongtao / 218

Abstract: In 2017, facing the complicated economic situation and the arduous and arduous development task, the whole city was firmly guided by Xi Jinping's new era of socialism with Chinese characteristics, taking steady progress as the main tone, taking the supply side structural reform as the main line, improving the quality and efficiency of development as the center, striving for a better transformation and development, has achieved more stable industrial operation, better economic efficiency, faster transformation and development, stronger economic vitality, and better performance of the enterprise echelons. In the future, we should pay more attention to the shortage, pay more attention to the smooth operation of the industry, continue to promote the transformation and upgrading, the new kinetic energy of thick planting and development, carry out the three major reforms, cultivate the main body of the market, develop the private economy, build a strong network economy and strengthen the training of the entrepreneurs.

Keywords: Xuchang; Industry; Transformation and Upgrading

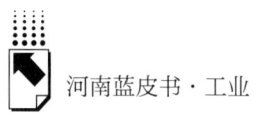

Ⅵ Enterprise Article

B.18 Situation Analysis of "Characteristic Transformation and Development Road" of China Pingdingshan Shenma Group

Liang Tieshan / 231

Abstract: In recent years, on the basis of summing up the experience and lessons of the enterprise reform and development, China Pingmei Shenma Group has explored and established the road of characteristic transformation and development with the "four changes" as the core essence, the "six insistence" as the intrinsic requirement and the "six development" as the fundamental way. This road led China Pingmei Shenma Group to solve the problem of transformation and development of resource-based enterprises, and entered a fast track of sustained and healthy development. In 2018, China Pingmei Shenma Group will base itself on a new era, further increase its political position, shoulder its historic mission, persist in the road of transformation and development of characteristics, and open a new journey for corporate development.

Keywords: China Pingmei Shenma Group; Characteristic Transformation and Development Path

B.19 Case Study of Yutong Bus Characteristic Internationalization Development Mode

Zhou Nana / 243

Abstract: The "Cuban model" is an innovative management model established by Yutong Bus in the course of the Cuban market. It is a different and systematic management system and method suitable for the current operation strategy and management needs of overseas. The success of the Cuban market has a strong reference value for the operation and development of other overseas markets, and has provided many valuable experiences for the international development of the company. Yutong's products and services have reversed the Latin American market's recognition of Chinese made products. In the eyes of Latin American operators, Yutong Bus is a rich product that can meet all mainstream markets, has strong product adaptability, can make product improvements based on user requirements, and has a price advantage, short lead times, and fast one-stop service.

Keywords: Yutong; Guba; Innovationd

B. 20 Analysis and Prospect of Development Trend of
Weihua Group Co. , Ltd.　　　*Yu Youfei, Wu Feisheng* / 251

Abstract: The so-called lifting equipment refers to a kind of loading and unloading machinery which can lift, drop and move horizontally to meet the requirements of loading and unloading and reloading of the goods. The basic action features are frequent starting, braking, forward and reverse movement. According to statistics, there are 654 lifting equipment manufacturing enterprises in the country, of which nearly 200 are located in Henan Province, mainly concentrated in the industrial agglomeration area in Changyuan County. Weihua Group Co. , Ltd. is ranked first in the industry. Weihua Group Co. , Ltd. (abbreviation: Weihua Group) is a large-scale enterprise group integrating R&D, design, manufacture, sales, installation, service, and import and export of lifting machinery. Weihua Group is the largest crane manufacturing enterprise in China and the second largest crane manufacturing enterprise in the world. The production and sales volume of the bridge-type gantry cranes ranks first in the country. It is a national single champion champion demonstration enterprise. Weihua group conscientiously summarizes the innovation experience of Weihua group, which can promote the healthy development of the industry and speed up the transformation of our province from a big manufacturing province to a strong manufacturing province.

Keywords: Lifeing Equipment; Innovation; Intelligent Manufacturing; High-end Manufacturing Province

B.21 Analysis and Prospect of Development Trend of Zhengzhou Aote Technology Co., Ltd.

Zhao Minzhang, Wang Qianqian and Liu Fubin / 263

Abstract: Since its incorporation in Zhengzhou High-tech Zone in 2005, Zhengzhou Aote Technology Co., Ltd. has been committed to the research and development of machinery and equipment lubrication technology, equipment manufacturing and sales services. Through independent innovation, it has researched and developed a series of centralized lubrication with completely independent intellectual property rights. Intelligent centralized lubrication and automatic suction and draining systems for waste oil from wind power bearings and other lubrication equipment products have broken the market monopoly and technology blockade of European and American companies, promoted the centralized lubrication technology of our machinery and equipment to the international advanced level, and the core technologies have reached the international advanced level. Under the background of the new era, Henan Province strives to build a province with strong manufacturing and innovation. By summarizing the innovative development experience of Zhengzhou Aote Technology Co., Ltd., while promoting the development of the province's machinery lubrication industry, it also has certain reference value for the development of the "Professional, Sophisticated, Especial, Superior" high-quality SMEs in our province.

Keywords: Aote Technology; Centralized lubrication; Manufacturing Province

社会科学文献出版社　　**皮书系列**

❖ 皮书起源 ❖

"皮书"起源于十七、十八世纪的英国,主要指官方或社会组织正式发表的重要文件或报告,多以"白皮书"命名。在中国,"皮书"这一概念被社会广泛接受,并被成功运作、发展成为一种全新的出版形态,则源于中国社会科学院社会科学文献出版社。

❖ 皮书定义 ❖

皮书是对中国与世界发展状况和热点问题进行年度监测,以专业的角度、专家的视野和实证研究方法,针对某一领域或区域现状与发展态势展开分析和预测,具备原创性、实证性、专业性、连续性、前沿性、时效性等特点的公开出版物,由一系列权威研究报告组成。

❖ 皮书作者 ❖

皮书系列的作者以中国社会科学院、著名高校、地方社会科学院的研究人员为主,多为国内一流研究机构的权威专家学者,他们的看法和观点代表了学界对中国与世界的现实和未来最高水平的解读与分析。

❖ 皮书荣誉 ❖

皮书系列已成为社会科学文献出版社的著名图书品牌和中国社会科学院的知名学术品牌。2016年,皮书系列正式列入"十三五"国家重点出版规划项目;2013~2018年,重点皮书列入中国社会科学院承担的国家哲学社会科学创新工程项目;2018年,59种院外皮书使用"中国社会科学院创新工程学术出版项目"标识。

权威报告·一手数据·特色资源

皮书数据库
ANNUAL REPORT(YEARBOOK) DATABASE

当代中国经济与社会发展高端智库平台

所获荣誉

- 2016年，入选"'十三五'国家重点电子出版物出版规划骨干工程"
- 2015年，荣获"搜索中国正能量 点赞2015""创新中国科技创新奖"
- 2013年，荣获"中国出版政府奖·网络出版物奖"提名奖
- 连续多年荣获中国数字出版博览会"数字出版·优秀品牌"奖

成为会员

通过网址www.pishu.com.cn访问皮书数据库网站或下载皮书数据库APP，进行手机号码验证或邮箱验证即可成为皮书数据库会员。

会员福利

- 使用手机号码首次注册的会员，账号自动充值100元体验金，可直接购买和查看数据库内容（仅限PC端）。
- 已注册用户购书后可免费获赠100元皮书数据库充值卡。刮开充值卡涂层获取充值密码，登录并进入"会员中心"—"在线充值"—"充值卡充值"，充值成功后即可购买和查看数据库内容（仅限PC端）。
- 会员福利最终解释权归社会科学文献出版社所有。

数据库服务热线：400-008-6695
数据库服务QQ：2475522410
数据库服务邮箱：database@ssap.cn
图书销售热线：010-59367070/7028
图书服务QQ：1265056568
图书服务邮箱：duzhe@ssap.cn

社会科学文献出版社 皮书系列
SOCIAL SCIENCES ACADEMIC PRESS (CHINA)
卡号：393236593384
密码：

S 基本子库
SUB DATABASE

中国社会发展数据库（下设12个子库）

全面整合国内外中国社会发展研究成果，汇聚独家统计数据、深度分析报告，涉及社会、人口、政治、教育、法律等12个领域，为了解中国社会发展动态、跟踪社会核心热点、分析社会发展趋势提供一站式资源搜索和数据分析与挖掘服务。

中国经济发展数据库（下设12个子库）

基于"皮书系列"中涉及中国经济发展的研究资料构建，内容涵盖宏观经济、农业经济、工业经济、产业经济等12个重点经济领域，为实时掌控经济运行态势、把握经济发展规律、洞察经济形势、进行经济决策提供参考和依据。

中国行业发展数据库（下设17个子库）

以中国国民经济行业分类为依据，覆盖金融业、旅游、医疗卫生、交通运输、能源矿产等100多个行业，跟踪分析国民经济相关行业市场运行状况和政策导向，汇集行业发展前沿资讯，为投资、从业及各种经济决策提供理论基础和实践指导。

中国区域发展数据库（下设6个子库）

对中国特定区域内的经济、社会、文化等领域现状与发展情况进行深度分析和预测，研究层级至县及县以下行政区，涉及地区、区域经济体、城市、农村等不同维度。为地方经济社会宏观态势研究、发展经验研究、案例分析提供数据服务。

中国文化传媒数据库（下设18个子库）

汇聚文化传媒领域专家观点、热点资讯，梳理国内外中国文化发展相关学术研究成果、一手统计数据，涵盖文化产业、新闻传播、电影娱乐、文学艺术、群众文化等18个重点研究领域。为文化传媒研究提供相关数据、研究报告和综合分析服务。

世界经济与国际关系数据库（下设6个子库）

立足"皮书系列"世界经济、国际关系相关学术资源，整合世界经济、国际政治、世界文化与科技、全球性问题、国际组织与国际法、区域研究6大领域研究成果，为世界经济与国际关系研究提供全方位数据分析，为决策和形势研判提供参考。

法律声明

"皮书系列"(含蓝皮书、绿皮书、黄皮书)之品牌由社会科学文献出版社最早使用并持续至今,现已被中国图书市场所熟知。"皮书系列"的相关商标已在中华人民共和国国家工商行政管理总局商标局注册,如LOGO( )、皮书、Pishu、经济蓝皮书、社会蓝皮书等。"皮书系列"图书的注册商标专用权及封面设计、版式设计的著作权均为社会科学文献出版社所有。未经社会科学文献出版社书面授权许可,任何使用与"皮书系列"图书注册商标、封面设计、版式设计相同或者近似的文字、图形或其组合的行为均系侵权行为。

经作者授权,本书的专有出版权及信息网络传播权等为社会科学文献出版社享有。未经社会科学文献出版社书面授权许可,任何就本书内容的复制、发行或以数字形式进行网络传播的行为均系侵权行为。

社会科学文献出版社将通过法律途径追究上述侵权行为的法律责任,维护自身合法权益。

欢迎社会各界人士对侵犯社会科学文献出版社上述权利的侵权行为进行举报。电话:010-59367121,电子邮箱:fawubu@ssap.cn。

社会科学文献出版社

社长致辞

蓦然回首,皮书的专业化历程已经走过了二十年。20年来从一个出版社的学术产品名称到媒体热词再到智库成果研创及传播平台,皮书以专业化为主线,进行了系列化、市场化、品牌化、数字化、国际化、平台化的运作,实现了跨越式的发展。特别是在党的十八大以后,以习近平总书记为核心的党中央高度重视新型智库建设,皮书也迎来了长足的发展,总品种达到600余种,经过专业评审机制、淘汰机制遴选,目前,每年稳定出版近400个品种。"皮书"已经成为中国新型智库建设的抓手,成为国际国内社会各界快速、便捷地了解真实中国的最佳窗口。

20年孜孜以求,"皮书"始终将自己的研究视野与经济社会发展中的前沿热点问题紧密相连。600个研究领域,3万多位分布于800余个研究机构的专家学者参与了研创写作。皮书数据库中共收录了15万篇专业报告,50余万张数据图表,合计30亿字,每年报告下载量近80万次。皮书为中国学术与社会发展实践的结合提供了一个激荡智力、传播思想的入口,皮书作者们用学术的话语、客观翔实的数据谱写出了中国故事壮丽的篇章。

20年跬步千里,"皮书"始终将自己的发展与时代赋予的使命与责任紧紧相连。每年百余场新闻发布会,10万余次中外媒体报道,中、英、俄、日、韩等12个语种共同出版。皮书所具有的凝聚力正在形成一种无形的力量,吸引着社会各界关注中国的发展,参与中国的发展,它是我们向世界传递中国声音、总结中国经验、争取中国国际话语权最主要的平台。

皮书这一系列成就的取得,得益于中国改革开放的伟大时代,离不开来自中国社会科学院、新闻出版广电总局、全国哲学社会科学规划办公室等主管部门的大力支持和帮助,也离不开皮书研创者和出版者的共同努力。他们与皮书的故事创造了皮书的历史,他们对皮书的拳拳之心将继续谱写皮书的未来!

现在,"皮书"品牌已经进入了快速成长的青壮年时期。全方位进行规范化管理,树立中国的学术出版标准;不断提升皮书的内容质量和影响力,搭建起中国智库产品和智库建设的交流服务平台和国际传播平台;发布各类皮书指数,并使之成为中国指数,让中国智库的声音响彻世界舞台,为人类的发展做出中国的贡献——这是皮书未来发展的图景。作为"皮书"这个概念的提出者,"皮书"从一般图书到系列图书和品牌图书,最终成为智库研究和社会科学应用对策研究的知识服务和成果推广平台这整个过程的操盘者,我相信,这也是每一位皮书人执著追求的目标。

"当代中国正经历着我国历史上最为广泛而深刻的社会变革,也正在进行着人类历史上最为宏大而独特的实践创新。这种前无古人的伟大实践,必将给理论创造、学术繁荣提供强大动力和广阔空间。"

在这个需要思想而且一定能够产生思想的时代,皮书的研创出版一定能创造出新的更大的辉煌!

社会科学文献出版社社长
中国社会学会秘书长
2017年11月

社会科学文献出版社简介

社会科学文献出版社(以下简称"社科文献出版社")成立于1985年,是直属于中国社会科学院的人文社会科学学术出版机构。成立至今,社科文献出版社始终依托中国社会科学院和国内外人文社会科学界丰厚的学术出版和专家学者资源,坚持"创社科经典,出传世文献"的出版理念、"权威、前沿、原创"的产品定位以及学术成果和智库成果出版的专业化、数字化、国际化、市场化的经营道路。

社科文献出版社是中国新闻出版业转型与文化体制改革的先行者。积极探索文化体制改革的先进方向和现代企业经营决策机制,社科文献出版社先后荣获"全国文化体制改革工作先进单位"、中国出版政府奖·先进出版单位奖、中国社会科学院先进集体、全国科普工作先进集体等荣誉称号。多人次荣获"第十届韬奋出版奖""全国新闻出版行业领军人才""数字出版先进人物""北京市新闻出版广电行业领军人才"等称号。

社科文献出版社是中国人文社会科学学术出版的大社名社,也是以皮书为代表的智库成果出版的专业强社。年出版图书2000余种,其中皮书400余种,出版新书字数5.5亿字,承印与发行中国社科院院属期刊72种,先后创立了皮书系列、列国志、中国史话、社科文献学术译库、社科文献学术文库、甲骨文书系等一大批既有学术影响又有市场价值的品牌,确立了在社会学、近代史、苏东问题研究等专业学科及领域出版的领先地位。图书多次荣获中国出版政府奖、"三个一百"原创图书出版工程、"五个'一'工程奖"、"大众喜爱的50种图书"等奖项,在中央国家机关"强素质·做表率"读书活动中,入选图书品种数位居各大出版社之首。

社科文献出版社是中国学术出版规范与标准的倡议者与制定者,代表全国50多家出版社发起实施学术著作出版规范的倡议,承担学术著作规范国家标准的起草工作,率先编撰完成《皮书手册》对皮书品牌进行规范化管理,并在此基础上推出中国版芝加哥手册 ——《社科文献出版社学术出版手册》。

社科文献出版社是中国数字出版的引领者,拥有皮书数据库、列国志数据库、"一带一路"数据库、减贫数据库、集刊数据库等4大产品线11个数据库产品,机构用户达1300余家,海外用户百余家,荣获"数字出版转型示范单位""新闻出版标准化先进单位""专业数字内容资源知识服务模式试点企业标准化示范单位"等称号。

社科文献出版社是中国学术出版走出去的践行者。社科文献出版社海外图书出版与学术合作业务遍及全球40余个国家和地区,并于2016年成立了俄罗斯分社,累计输出图书500余种,涉及近20个语种,累计获得国家社科基金中华学术外译项目资助76种、"丝路书香工程"项目资助60种、中国图书对外推广计划项目资助71种以及经典中国国际出版工程资助28种,被五部委联合认定为"2015-2016年度国家文化出口重点企业"。

如今,社科文献出版社完全靠自身积累拥有固定资产3.6亿元,年收入3亿元,设置了七大出版分社、六大专业部门,成立了皮书研究院和博士后科研工作站,培养了一支近400人的高素质与高效率的编辑、出版、营销和国际推广队伍,为未来成为学术出版的大社、名社、强社,成为文化体制改革与文化企业转型发展的排头兵奠定了坚实的基础。

宏 观 经 济 类

经济蓝皮书
2018年中国经济形势分析与预测

李平 / 主编　2017年12月出版　定价：89.00元

◆ 本书为总理基金项目，由著名经济学家李扬领衔，联合中国社会科学院等数十家科研机构、国家部委和高等院校的专家共同撰写，系统分析了2017年的中国经济形势并预测2018年中国经济运行情况。

城市蓝皮书
中国城市发展报告 No.11

潘家华　单菁菁 / 主编　2018年9月出版　估价：99.00元

◆ 本书是由中国社会科学院城市发展与环境研究中心编著的，多角度、全方位地立体展示了中国城市的发展状况，并对中国城市的未来发展提出了许多建议。该书有强烈的时代感，对中国城市发展实践有重要的参考价值。

人口与劳动绿皮书
中国人口与劳动问题报告 No.19

张车伟 / 主编　2018年10月出版　估价：99.00元

◆ 本书为中国社会科学院人口与劳动经济研究所主编的年度报告，对当前中国人口与劳动形势做了比较全面和系统的深入讨论，为研究中国人口与劳动问题提供了一个专业性的视角。

宏观经济类 · 区域经济类

中国省域竞争力蓝皮书
中国省域经济综合竞争力发展报告（2017~2018）

李建平　李闽榕　高燕京/主编　2018年5月出版　估价：198.00元

◆ 本书融多学科的理论为一体，深入追踪研究了省域经济发展与中国国家竞争力的内在关系，为提升中国省域经济综合竞争力提供有价值的决策依据。

金融蓝皮书
中国金融发展报告（2018）

王国刚/主编　2018年6月出版　估价：99.00元

◆ 本书由中国社会科学院金融研究所组织编写，概括和分析了2017年中国金融发展和运行中的各方面情况，研讨和评论了2017年发生的主要金融事件，有利于读者了解掌握2017年中国的金融状况，把握2018年中国金融的走势。

区域经济类

京津冀蓝皮书
京津冀发展报告（2018）

祝合良　叶堂林　张贵祥/等著　2018年6月出版　估价：99.00元

◆ 本书遵循问题导向与目标导向相结合、统计数据分析与大数据分析相结合、纵向分析和长期监测与结构分析和综合监测相结合等原则，对京津冀协同发展新形势与新进展进行测度与评价。

 社会政法类

皮书系列
重点推荐

社 会 政 法 类

社会蓝皮书
2018年中国社会形势分析与预测

李培林　陈光金　张翼 / 主编　2017年12月出版　定价：89.00元

◆ 本书由中国社会科学院社会学研究所组织研究机构专家、高校学者和政府研究人员撰写，聚焦当下社会热点，对2017年中国社会发展的各个方面内容进行了权威解读，同时对2018年社会形势发展趋势进行了预测。

法治蓝皮书
中国法治发展报告 No.16（2018）

李林　田禾 / 主编　2018年3月出版　定价：128.00元

◆ 本年度法治蓝皮书回顾总结了2017年度中国法治发展取得的成就和存在的不足，对中国政府、司法、检务透明度进行了跟踪调研，并对2018年中国法治发展形势进行了预测和展望。

教育蓝皮书
中国教育发展报告（2018）

杨东平 / 主编　2018年3月出版　定价：89.00元

◆ 本书重点关注了2017年教育领域的热点，资料翔实，分析有据，既有专题研究，又有实践案例，从多角度对2017年教育改革和实践进行了分析和研究。

皮书系列
重点推荐　　社会政法类

社会体制蓝皮书
中国社会体制改革报告 No.6（2018）

龚维斌 / 主编　2018年3月出版　定价：98.00元

◆ 本书由国家行政学院社会治理研究中心和北京师范大学中国社会管理研究院共同组织编写，主要对2017年社会体制改革情况进行回顾和总结，对2018年的改革走向进行分析，提出相关政策建议。

社会心态蓝皮书
中国社会心态研究报告（2018）

王俊秀　杨宜音 / 主编　2018年12月出版　估价：99.00元

◆ 本书是中国社会科学院社会学研究所社会心理研究中心"社会心态蓝皮书课题组"的年度研究成果，运用社会心理学、社会学、经济学、传播学等多种学科的方法进行了调查和研究，对于目前中国社会心态状况有较广泛和深入的揭示。

华侨华人蓝皮书
华侨华人研究报告（2018）

贾益民 / 主编　2017年12月出版　估价：139.00元

◆ 本书关注华侨华人生产与生活的方方面面。华侨华人是中国建设21世纪海上丝绸之路的重要中介者、推动者和参与者。本书旨在全面调研华侨华人，提供最新涉侨动态、理论研究成果和政策建议。

民族发展蓝皮书
中国民族发展报告（2018）

王延中 / 主编　2018年10月出版　估价：188.00元

◆ 本书从民族学人类学视角，研究近年来少数民族和民族地区的发展情况，展示民族地区经济、政治、文化、社会和生态文明"五位一体"建设取得的辉煌成就和面临的困难挑战，为深刻理解中央民族工作会议精神、加快民族地区全面建成小康社会进程提供了实证材料。

产业经济类·行业及其他类　　皮书系列 重点推荐

产业经济类

房地产蓝皮书
中国房地产发展报告No.15（2018）

李春华　王业强/主编　2018年5月出版　估价：99.00元

◆ 2018年《房地产蓝皮书》持续追踪中国房地产市场最新动态，深度剖析市场热点，展望2018年发展趋势，积极谋划应对策略。对2017年房地产市场的发展态势进行全面、综合的分析。

新能源汽车蓝皮书
中国新能源汽车产业发展报告（2018）

中国汽车技术研究中心　日产（中国）投资有限公司
东风汽车有限公司/编著　2018年8月出版　估价：99.00元

◆ 本书对中国2017年新能源汽车产业发展进行了全面系统的分析，并介绍了国外的发展经验。有助于相关机构、行业和社会公众等了解中国新能源汽车产业发展的最新动态，为政府部门出台新能源汽车产业相关政策法规、企业制定相关战略规划，提供必要的借鉴和参考。

行业及其他类

旅游绿皮书
2017～2018年中国旅游发展分析与预测

中国社会科学院旅游研究中心/编　2018年1月出版　定价：99.00元

◆ 本书从政策、产业、市场、社会等多个角度勾画出2017年中国旅游发展全貌，剖析了其中的热点和核心问题，并就未来发展作出预测。

行业及其他类

民营医院蓝皮书
中国民营医院发展报告（2018）

薛晓林 / 主编　2018 年 11 月出版　估价：99.00 元

◆ 本书在梳理国家对社会办医的各种利好政策的前提下，对我国民营医疗发展现状、我国民营医院竞争力进行了分析，并结合我国医疗体制改革对民营医院的发展趋势、发展策略、战略规划等方面进行了预估。

会展蓝皮书
中外会展业动态评估研究报告（2018）

张敏 / 主编　2018 年 12 月出版　估价：99.00 元

◆ 本书回顾了 2017 年的会展业发展动态，结合"供给侧改革"、"互联网 +"、"绿色经济"的新形势分析了我国展会的行业现状，并介绍了国外的发展经验，有助于行业和社会了解最新的展会业动态。

中国上市公司蓝皮书
中国上市公司发展报告（2018）

张平　王宏淼 / 主编　2018 年 9 月出版　估价：99.00 元

◆ 本书由中国社会科学院上市公司研究中心组织编写的，着力于全面、真实、客观反映当前中国上市公司财务状况和价值评估的综合性年度报告。本书详尽分析了 2017 年中国上市公司情况，特别是现实中暴露出的制度性、基础性问题，并对资本市场改革进行了探讨。

工业和信息化蓝皮书
人工智能发展报告（2017～2018）

尹丽波 / 主编　2018 年 6 月出版　估价：99.00 元

◆ 本书国家工业信息安全发展研究中心在对 2017 年全球人工智能技术和产业进行全面跟踪研究基础上形成的研究报告。该报告内容翔实、视角独特，具有较强的产业发展前瞻性和预测性，可为相关主管部门、行业协会、企业等全面了解人工智能发展形势以及进行科学决策提供参考。

国际问题与全球治理类

世界经济黄皮书

2018年世界经济形势分析与预测

张宇燕 / 主编　2018年1月出版　定价：99.00元

◆ 本书由中国社会科学院世界经济与政治研究所的研究团队撰写，分总论、国别与地区、专题、热点、世界经济统计与预测等五个部分，对2018年世界经济形势进行了分析。

国际城市蓝皮书

国际城市发展报告（2018）

屠启宇 / 主编　2018年2月出版　定价：89.00元

◆ 本书作者以上海社会科学院从事国际城市研究的学者团队为核心，汇集同济大学、华东师范大学、复旦大学、上海交通大学、南京大学、浙江大学相关城市研究专业学者。立足动态跟踪介绍国际城市发展时间中，最新出现的重大战略、重大理念、重大项目、重大报告和最佳案例。

非洲黄皮书

非洲发展报告 No.20（2017～2018）

张宏明 / 主编　2018年7月出版　估价：99.00元

◆ 本书是由中国社会科学院西亚非洲研究所组织编撰的非洲形势年度报告，比较全面、系统地分析了2017年非洲政治形势和热点问题，探讨了非洲经济形势和市场走向，剖析了大国对非洲关系的新动向；此外，还介绍了国内非洲研究的新成果。

国别类

美国蓝皮书
美国研究报告（2018）

郑秉文　黄平 / 主编　2018 年 5 月出版　估价：99.00 元

◆ 本书是由中国社会科学院美国研究所主持完成的研究成果，它回顾了美国 2017 年的经济、政治形势与外交战略，对美国内政外交发生的重大事件及重要政策进行了较为全面的回顾和梳理。

德国蓝皮书
德国发展报告（2018）

郑春荣 / 主编　2018 年 6 月出版　估价：99.00 元

◆ 本报告由同济大学德国研究所组织编撰，由该领域的专家学者对德国的政治、经济、社会文化、外交等方面的形势发展情况，进行全面的阐述与分析。

俄罗斯黄皮书
俄罗斯发展报告（2018）

李永全 / 编著　2018 年 6 月出版　估价：99.00 元

◆ 本书系统介绍了 2017 年俄罗斯经济政治情况，并对 2016 年该地区发生的焦点、热点问题进行了分析与回顾；在此基础上，对该地区 2018 年的发展前景进行了预测。

 文化传媒类 | 皮书系列 重点推荐

文化传媒类

新媒体蓝皮书
中国新媒体发展报告 No.9（2018）
唐绪军 / 主编　2018 年 6 月出版　估价：99.00 元

◆ 本书是由中国社会科学院新闻与传播研究所组织编写的关于新媒体发展的最新年度报告，旨在全面分析中国新媒体的发展现状，解读新媒体的发展趋势，探析新媒体的深刻影响。

移动互联网蓝皮书
中国移动互联网发展报告（2018）
余清楚 / 主编　2018 年 6 月出版　估价：99.00 元

◆ 本书着眼于对 2017 年度中国移动互联网的发展情况做深入解析，对未来发展趋势进行预测，力求从不同视角、不同层面全面剖析中国移动互联网发展的现状、年度突破及热点趋势等。

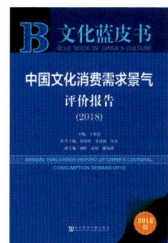

文化蓝皮书
中国文化消费需求景气评价报告（2018）
王亚南 / 主编　2018 年 3 月出版　定价：99.00 元

◆ 本书首创全国文化发展量化检测评价体系，也是至今全国唯一的文化民生量化检测评价体系，对于检验全国及各地"以人民为中心"的文化发展具有首创意义。

地方发展类

北京蓝皮书
北京经济发展报告（2017~2018）
杨松 / 主编　2018年6月出版　估价：99.00元

◆ 本书对2017年北京市经济发展的整体形势进行了系统性的分析与回顾，并对2018年经济形势走势进行了预测与研判，聚焦北京市经济社会发展中的全局性、战略性和关键领域的重点问题，运用定量和定性分析相结合的方法，对北京市经济社会发展的现状、问题、成因进行了深入分析，提出了可操作性的对策建议。

温州蓝皮书
2018年温州经济社会形势分析与预测
蒋儒标　王春光　金浩 / 主编　2018年6月出版　估价：99.00元

◆ 本书是中共温州市委党校和中国社会科学院社会学研究所合作推出的第十一本温州蓝皮书，由来自党校、政府部门、科研机构、高校的专家、学者共同撰写的2017年温州区域发展形势的最新研究成果。

黑龙江蓝皮书
黑龙江社会发展报告（2018）
王爱丽 / 主编　2018年1月出版　定价：89.00元

◆ 本书以千份随机抽样问卷调查和专题研究为依据，运用社会学理论框架和分析方法，从专家和学者的独特视角，对2017年黑龙江省关系民生的问题进行广泛的调研与分析，并对2017年黑龙江省诸多社会热点和焦点问题进行了有益的探索。这些研究不仅可以为政府部门更加全面深入了解省情、科学制定决策提供智力支持，同时也可以为广大读者认识、了解、关注黑龙江社会发展提供理性思考。

宏观经济类

城市蓝皮书
中国城市发展报告（No.11）
著(编)者：潘家华 单菁菁
2018年9月出版 / 估价：99.00元
PSN B-2007-091-1/1

城乡一体化蓝皮书
中国城乡一体化发展报告（2018）
著(编)者：付崇兰
2018年9月出版 / 估价：99.00元
PSN B-2011-226-1/2

城镇化蓝皮书
中国新型城镇化健康发展报告（2018）
著(编)者：张占斌
2018年8月出版 / 估价：99.00元
PSN B-2014-396-1/1

创新蓝皮书
创新型国家建设报告（2018~2019）
著(编)者：詹正茂
2018年12月出版 / 估价：99.00元
PSN B-2009-140-1/1

低碳发展蓝皮书
中国低碳发展报告（2018）
著(编)者：张希良 齐晔
2018年6月出版 / 估价：99.00元
PSN B-2011-223-1/1

低碳经济蓝皮书
中国低碳经济发展报告（2018）
著(编)者：薛进军 赵忠秀
2018年11月出版 / 估价：99.00元
PSN B-2011-194-1/1

发展和改革蓝皮书
中国经济发展和体制改革报告No.9
著(编)者：邹东涛 王再文
2018年1月出版 / 估价：99.00元
PSN B-2008-122-1/1

国家创新蓝皮书
中国创新发展报告（2017）
著(编)者：陈劲 2018年5月出版 / 估价：99.00元
PSN B-2014-370-1/1

金融蓝皮书
中国金融发展报告（2018）
著(编)者：王国刚
2018年6月出版 / 估价：99.00元
PSN B-2004-031-1/7

经济蓝皮书
2018年中国经济形势分析与预测
著(编)者：李平 2017年12月出版 / 定价：89.00元
PSN B-1996-001-1/1

经济蓝皮书春季号
2018年中国经济前景分析
著(编)者：李扬 2018年5月出版 / 估价：99.00元
PSN B-1999-008-1/1

经济蓝皮书夏季号
中国经济增长报告（2017~2018）
著(编)者：李扬 2018年9月出版 / 估价：99.00元
PSN B-2010-176-1/1

农村绿皮书
中国农村经济形势分析与预测（2017~2018）
著(编)者：魏后凯 黄秉信
2018年4月出版 / 定价：99.00元
PSN G-1998-003-1/1

人口与劳动绿皮书
中国人口与劳动问题报告No.19
著(编)者：张车伟 2018年11月出版 / 估价：99.00元
PSN G-2000-012-1/1

新型城镇化蓝皮书
新型城镇化发展报告（2017）
著(编)者：李伟 宋敏
2018年3月出版 / 定价：98.00元
PSN B-2005-038-1/1

中国省域竞争力蓝皮书
中国省域经济综合竞争力发展报告（2016~2017）
著(编)者：李建平 李闽榕
2018年2月出版 / 定价：198.00元
PSN B-2007-088-1/1

中小城市绿皮书
中国中小城市发展报告（2018）
著(编)者：中国城市经济学会中小城市经济发展委员会
中国城镇化促进会中小城市发展委员会
《中国中小城市发展报告》编纂委员会
中小城市发展战略研究院
2018年11月出版 / 估价：128.00元
PSN G-2010-161-1/1

区域经济类

东北蓝皮书
中国东北地区发展报告（2018）
著（编）者：姜晓秋　2018年11月出版／估价：99.00元
PSN B-2006-067-1/1

金融蓝皮书
中国金融中心发展报告（2017~2018）
著（编）者：王力　黄育华　2018年11月出版／估价：99.00元
PSN B-2011-186-6/7

京津冀蓝皮书
京津冀发展报告（2018）
著（编）者：祝合良　叶堂林　张贵祥
2018年6月出版／估价：99.00元
PSN B-2012-262-1/1

西北蓝皮书
中国西北发展报告（2018）
著（编）者：王福生　马廷旭　董秋生
2018年1月出版／定价：99.00元
PSN B-2012-261-1/1

西部蓝皮书
中国西部发展报告（2018）
著（编）者：璋勇　任保平　2018年8月出版／估价：99.00元
PSN B-2005-039-1/1

长江经济带产业蓝皮书
长江经济带产业发展报告（2018）
著（编）者：吴传清　2018年11月出版／估价：128.00元
PSN B-2017-666-1/1

长江经济带蓝皮书
长江经济带发展报告（2017~2018）
著（编）者：王振　2018年11月出版／估价：99.00元
PSN B-2016-575-1/1

长江中游城市群蓝皮书
长江中游城市群新型城镇化与产业协同发展报告（2018）
著（编）者：杨刚强　2018年11月出版／估价：99.00元
PSN B-2016-578-1/1

长三角蓝皮书
2017年创新融合发展的长三角
著（编）者：刘飞跃　2018年5月出版／估价：99.00元
PSN B-2005-038-1/1

长株潭城市群蓝皮书
长株潭城市群发展报告（2017）
著（编）者：张萍　朱有志　2018年6月出版／估价：99.00元
PSN B-2008-109-1/1

特色小镇蓝皮书
特色小镇智慧运营报告（2018）：顶层设计与智慧架构标准
著（编）者：陈劲　2018年1月出版／定价：79.00元
PSN B-2018-692-1/1

中部竞争力蓝皮书
中国中部经济社会竞争力报告（2018）
著（编）者：教育部人文社会科学重点研究基地南昌大学中国
中部经济社会发展研究中心
2018年12月出版／估价：99.00元
PSN B-2012-276-1/1

中部蓝皮书
中国中部地区发展报告（2018）
著（编）者：宋亚平　2018年12月出版／估价：99.00元
PSN B-2007-089-1/1

区域蓝皮书
中国区域经济发展报告（2017~2018）
著（编）者：赵弘　2018年5月出版／估价：99.00元
PSN B-2004-034-1/1

中三角蓝皮书
长江中游城市群发展报告（2018）
著（编）者：秦尊文　2018年9月出版／估价：99.00元
PSN B-2014-417-1/1

中原蓝皮书
中原经济区发展报告（2018）
著（编）者：李英杰　2018年6月出版／估价：99.00元
PSN B-2011-192-1/1

珠三角流通蓝皮书
珠三角商圈发展研究报告（2018）
著（编）者：王先庆　林至颖　2018年7月出版／估价：99.00元
PSN B-2012-292-1/1

社会政法类

北京蓝皮书
中国社区发展报告（2017~2018）
著（编）者：于燕燕　2018年9月出版／估价：99.00元
PSN B-2007-083-5/8

殡葬绿皮书
中国殡葬事业发展报告（2017~2018）
著（编）者：李伯森　2018年6月出版／估价：158.00元
PSN G-2010-180-1/1

城市管理蓝皮书
中国城市管理报告（2017-2018）
著（编）者：刘林　刘承水　2018年5月出版／估价：158.00元
PSN B-2013-336-1/1

城市生活质量蓝皮书
中国城市生活质量报告（2017）
著（编）者：张连城　张平　杨春学　郎丽华
2017年12月出版／定价：89.00元
PSN B-2013-326-1/1

皮书系列 2018全品种
社会政法类

城市政府能力蓝皮书
中国城市政府公共服务能力评估报告（2018）
著（编）者：何艳玲　2018年5月出版／估价：99.00元
PSN B-2013-338-1/1

创业蓝皮书
中国创业发展研究报告（2017~2018）
著（编）者：黄群慧　赵卫星　钟宏武
2018年11月出版／估价：99.00元
PSN B-2016-577-1/1

慈善蓝皮书
中国慈善发展报告（2018）
著（编）者：杨团　2018年6月出版／估价：99.00元
PSN B-2009-142-1/1

党建蓝皮书
党的建设研究报告No.2（2018）
著（编）者：崔建民　陈东平　2018年6月出版／估价：99.00元
PSN B-2016-523-1/1

地方法治蓝皮书
中国地方法治发展报告No.3（2018）
著（编）者：李林　田禾　2018年6月出版／估价：118.00元
PSN B-2015-442-1/1

电子政务蓝皮书
中国电子政务发展报告（2018）
著（编）者：李季　2018年8月出版／估价：99.00元
PSN B-2003-022-1/1

儿童蓝皮书
中国儿童参与状况报告（2017）
著（编）者：苑立新　2017年12月出版／定价：89.00元
PSN B-2017-682-1/1

法治蓝皮书
中国法治发展报告No.16（2018）
著（编）者：李林　田禾　2018年3月出版／定价：128.00元
PSN B-2004-027-1/3

法治蓝皮书
中国法院信息化发展报告 No.2（2018）
著（编）者：李林　田禾　2018年2月出版／定价：118.00元
PSN B-2017-604-3/3

法治政府蓝皮书
中国法治政府发展报告（2017）
著（编）者：中国政法大学法治政府研究院
2018年3月出版／定价：158.00元
PSN B-2015-502-1/2

法治政府蓝皮书
中国法治政府评估报告（2018）
著（编）者：中国政法大学法治政府研究院
2018年9月出版／估价：168.00元
PSN B-2016-576-2/2

反腐倡廉蓝皮书
中国反腐倡廉建设报告 No.8
著（编）者：张英伟　2018年12月出版／估价：99.00元
PSN B-2012-259-1/1

扶贫蓝皮书
中国扶贫开发报告（2018）
著（编）者：李培林　魏后凯　2018年12月出版／估价：128.00元
PSN B-2016-599-1/1

妇女发展蓝皮书
中国妇女发展报告 No.6
著（编）者：王金玲　2018年9月出版／估价：158.00元
PSN B-2006-069-1/1

妇女教育蓝皮书
中国妇女教育发展报告 No.3
著（编）者：张李玺　2018年10月出版／估价：99.00元
PSN B-2008-121-1/1

妇女绿皮书
2018年：中国性别平等与妇女发展报告
著（编）者：谭琳　2018年12月出版／估价：99.00元
PSN G-2006-073-1/1

公共安全蓝皮书
中国城市公共安全发展报告（2017~2018）
著（编）者：黄育华　杨文明　赵建辉
2018年6月出版／估价：99.00元
PSN B-2017-628-1/1

公共服务蓝皮书
中国城市基本公共服务力评价（2018）
著（编）者：钟君　刘志昌　吴正昊
2018年12月出版／估价：99.00元
PSN B-2011-214-1/1

公民科学素质蓝皮书
中国公民科学素质报告（2017~2018）
著（编）者：李群　陈雄　马宗文
2017年12月出版／定价：89.00元
PSN B-2014-379-1/1

公益蓝皮书
中国公益慈善发展报告（2016）
著（编）者：朱健刚　胡小军　2018年6月出版／估价：99.00元
PSN B-2012-283-1/1

国际人才蓝皮书
中国国际移民报告（2018）
著（编）者：王辉耀　2018年6月出版／估价：99.00元
PSN B-2012-304-3/4

国际人才蓝皮书
中国留学发展报告（2018）No.7
著（编）者：王辉耀　苗绿　2018年12月出版／估价：99.00元
PSN B-2012-244-2/4

海洋社会蓝皮书
中国海洋社会发展报告（2017）
著（编）者：崔凤　宋宁而　2018年3月出版／定价：99.00元
PSN B-2015-478-1/1

行政改革蓝皮书
中国行政体制改革报告 No.7（2018）
著（编）者：魏礼群　2018年6月出版／估价：99.00元
PSN B-2011-231-1/1

皮书系列 2018全品种 — 社会政法类

华侨华人蓝皮书
华侨华人研究报告（2017）
著(编)者：张禹东 庄国土　2017年12月出版 / 定价：148.00元
PSN B-2011-204-1/1

互联网与国家治理蓝皮书
互联网与国家治理发展报告（2017）
著(编)者：张志安　2018年1月出版 / 定价：98.00元
PSN B-2017-671-1/1

环境管理蓝皮书
中国环境管理发展报告（2017）
著(编)者：李金惠　2017年12月出版 / 定价：98.00元
PSN B-2017-678-1/1

环境竞争力绿皮书
中国省域环境竞争力发展报告（2018）
著(编)者：李建平 李闽榕 王金南
2018年11月出版 / 估价：198.00元
PSN G-2010-165-1/1

环境绿皮书
中国环境发展报告（2017~2018）
著(编)者：李波　2018年6月出版 / 估价：99.00元
PSN G-2006-048-1/1

家庭蓝皮书
中国"创建幸福家庭活动"评估报告（2018）
著(编)者：国务院发展研究中心"创建幸福家庭活动评估"课题组
2018年12月出版 / 估价：99.00元
PSN B-2015-508-1/1

健康城市蓝皮书
中国健康城市建设研究报告（2018）
著(编)者：王鸿春 盛继洪　2018年12月出版 / 估价：99.00元
PSN B-2016-564-2/2

健康中国蓝皮书
社区首诊与健康中国分析报告（2018）
著(编)者：高和荣 杨叔禹 姜杰
2018年6月出版 / 估价：99.00元
PSN B-2017-611-1/1

教师蓝皮书
中国中小学教师发展报告（2017）
著(编)者：曾晓东 鱼霞
2018年6月出版 / 估价：99.00元
PSN B-2012-289-1/1

教育扶贫蓝皮书
中国教育扶贫报告（2018）
著(编)者：司树杰 王文静 李兴洲
2018年12月出版 / 估价：99.00元
PSN B-2016-590-1/1

教育蓝皮书
中国教育发展报告（2018）
著(编)者：杨东平　2018年3月出版 / 定价：89.00元
PSN B-2006-047-1/1

金融法治建设蓝皮书
中国金融法治建设年度报告（2015~2016）
著(编)者：朱小黄　2018年6月出版 / 估价：99.00元
PSN B-2017-633-1/1

京津冀教育蓝皮书
京津冀教育发展研究报告（2017~2018）
著(编)者：方中雄　2018年6月出版 / 估价：99.00元
PSN B-2017-608-1/1

就业蓝皮书
2018年中国本科生就业报告
著(编)者：麦可思研究院　2018年6月出版 / 估价：99.00元
PSN B-2009-146-1/2

就业蓝皮书
2018年中国高职高专生就业报告
著(编)者：麦可思研究院　2018年6月出版 / 估价：99.00元
PSN B-2015-472-2/2

科学教育蓝皮书
中国科学教育发展报告（2018）
著(编)者：王康友　2018年10月出版 / 估价：99.00元
PSN B-2015-487-1/1

劳动保障蓝皮书
中国劳动保障发展报告（2018）
著(编)者：刘燕斌　2018年9月出版 / 估价：158.00元
PSN B-2014-415-1/1

老龄蓝皮书
中国老年宜居环境发展报告（2017）
著(编)者：党俊武 周燕珉　2018年6月出版 / 估价：99.00元
PSN B-2013-320-1/1

连片特困区蓝皮书
中国连片特困区发展报告（2017~2018）
著(编)者：游俊 冷志明 丁建军
2018年6月出版 / 估价：99.00元
PSN B-2013-321-1/1

流动儿童蓝皮书
中国流动儿童教育发展报告（2017）
著(编)者：杨东平　2018年6月出版 / 估价：99.00元
PSN B-2017-600-1/1

民调蓝皮书
中国民生调查报告（2018）
著(编)者：谢耘耕　2018年12月出版 / 估价：99.00元
PSN B-2014-398-1/1

民族发展蓝皮书
中国民族发展报告（2018）
著(编)者：王延中　2018年10月出版 / 估价：188.00元
PSN B-2006-070-1/1

女性生活蓝皮书
中国女性生活状况报告No.12（2018）
著(编)者：韩湘景　2018年7月出版 / 估价：99.00元
PSN B-2006-071-1/1

皮书系列 2018全品种

社会政法类

汽车社会蓝皮书
中国汽车社会发展报告（2017~2018）
著（编）者：王俊秀　2018年6月出版／估价：99.00元
PSN B-2011-224-1/1

青年蓝皮书
中国青年发展报告（2018）No.3
著（编）者：廉思　2018年6月出版／估价：99.00元
PSN B-2013-333-1/1

青少年蓝皮书
中国未成年人互联网运用报告（2017~2018）
著（编）者：季为民　李文革　沈杰
2018年11月出版／估价：99.00元
PSN B-2010-156-1/1

人权蓝皮书
中国人权事业发展报告No.8（2018）
著（编）者：李君如　2018年9月出版／估价：99.00元
PSN B-2011-215-1/1

社会保障绿皮书
中国社会保障发展报告No.9（2018）
著（编）者：王延中　2018年6月出版／估价：99.00元
PSN G-2001-014-1/1

社会风险评估蓝皮书
风险评估与危机预警报告（2017~2018）
著（编）者：唐钧　2018年8月出版／估价：99.00元
PSN B-2012-293-1/1

社会工作蓝皮书
中国社会工作发展报告（2016~2017）
著（编）者：民政部社会工作研究中心
2018年8月出版／估价：99.00元
PSN B-2009-141-1/1

社会管理蓝皮书
中国社会管理创新报告No.6
著（编）者：连玉明　2018年11月出版／估价：99.00元
PSN B-2012-300-1/1

社会蓝皮书
2018年中国社会形势分析与预测
著（编）者：李培林　陈光金　张翼
2017年12月出版／定价：89.00元
PSN B-1998-002-1/1

社会体制蓝皮书
中国社会体制改革报告No.6（2018）
著（编）者：龚维斌　2018年3月出版／定价：98.00元
PSN B-2013-330-1/1

社会心态蓝皮书
中国社会心态研究报告（2018）
著（编）者：王俊秀　2018年12月出版／估价：99.00元
PSN B-2011-199-1/1

社会组织蓝皮书
中国社会组织报告（2017-2018）
著（编）者：黄晓勇　2018年6月出版／估价：99.00元
PSN B-2008-118-1/2

社会组织蓝皮书
中国社会组织评估发展报告（2018）
著（编）者：徐家良　2018年12月出版／估价：99.00元
PSN B-2013-366-2/2

生态城市绿皮书
中国生态城市建设发展报告（2018）
著（编）者：刘举科　孙伟平　胡文臻
2018年9月出版／估价：158.00元
PSN G-2012-269-1/1

生态文明绿皮书
中国省域生态文明建设评价报告（ECI 2018）
著（编）者：严耕　2018年12月出版／估价：99.00元
PSN G-2010-170-1/1

退休生活蓝皮书
中国城市居民退休生活质量指数报告（2017）
著（编）者：杨一帆　2018年6月出版／估价：99.00元
PSN B-2017-618-1/1

危机管理蓝皮书
中国危机管理报告（2018）
著（编）者：文学国　范正青
2018年8月出版／估价：99.00元
PSN B-2010-171-1/1

学会蓝皮书
2018年中国学会发展报告
著（编）者：麦可思研究院　2018年12月出版／估价：99.00元
PSN B-2016-597-1/1

医改蓝皮书
中国医药卫生体制改革报告（2017~2018）
著（编）者：文学国　房志武
2018年11月出版／估价：99.00元
PSN B-2014-432-1/1

应急管理蓝皮书
中国应急管理报告（2018）
著（编）者：宋英华　2018年9月出版／估价：99.00元
PSN B-2016-562-1/1

政府绩效评估蓝皮书
中国地方政府绩效评估报告 No.2
著（编）者：贠杰　2018年12月出版／估价：99.00元
PSN B-2017-672-1/1

政治参与蓝皮书
中国政治参与报告（2018）
著（编）者：房宁　2018年8月出版／估价：128.00元
PSN B-2011-200-1/1

政治文化蓝皮书
中国政治文化报告（2018）
著（编）者：邢乐敏　魏大鹏　龚克
2018年8月出版／估价：128.00元
PSN B-2017-615-1/1

中国传统村落蓝皮书
中国传统村落保护现状报告（2018）
著（编）者：胡彬彬　李向军　王晓波
2018年12月出版／估价：99.00元
PSN B-2017-663-1/1

皮书系列 2018全品种
社会政法类·产业经济类

中国农村妇女发展蓝皮书
农村流动女性城市生活发展报告（2018）
著（编）者：谢丽华　2018年12月出版／估价：99.00元
PSN B-2014-434-1/1

宗教蓝皮书
中国宗教报告（2017）
著（编）者：邱永辉　2018年8月出版／估价：99.00元
PSN B-2008-117-1/1

产业经济类

保健蓝皮书
中国保健服务产业发展报告 No.2
著（编）者：中国保健协会　中共中央党校
2018年7月出版／估价：198.00元
PSN B-2012-272-3/3

保健蓝皮书
中国保健食品产业发展报告 No.2
著（编）者：中国保健协会
　　　　　中国社会科学院食品药品产业发展与监管研究中心
2018年8月出版／估价：198.00元
PSN B-2012-271-2/3

保健蓝皮书
中国保健用品产业发展报告 No.2
著（编）者：中国保健协会
　　　　　国务院国有资产监督管理委员会研究中心
2018年6月出版／估价：198.00元
PSN B-2012-270-1/3

保险蓝皮书
中国保险业竞争力报告（2018）
著（编）者：保监会　2018年12月出版／估价：99.00元
PSN B-2013-311-1/1

冰雪蓝皮书
中国冰上运动产业发展报告（2018）
著（编）者：孙承华　杨占武　刘戈　张鸿俊
2018年9月出版／估价：99.00元
PSN B-2017-648-3/3

冰雪蓝皮书
中国滑雪产业发展报告（2018）
著（编）者：孙承华　伍斌　魏庆华　张鸿俊
2018年9月出版／估价：99.00元
PSN B-2016-559-1/3

餐饮产业蓝皮书
中国餐饮产业发展报告（2018）
著（编）者：邢颖
2018年6月出版／估价：99.00元
PSN B-2009-151-1/1

茶业蓝皮书
中国茶产业发展报告（2018）
著（编）者：杨江帆　李闽榕
2018年10月出版／估价：99.00元
PSN B-2010-164-1/1

产业安全蓝皮书
中国文化产业安全报告（2018）
著（编）者：北京印刷学院文化产业安全研究院
2018年12月出版／估价：99.00元
PSN B-2014-378-12/14

产业安全蓝皮书
中国新媒体产业安全报告（2016~2017）
著（编）者：肖丽　2018年6月出版／估价：99.00元
PSN B-2015-500-14/14

产业安全蓝皮书
中国出版传媒产业安全报告（2017~2018）
著（编）者：北京印刷学院文化产业安全研究院
2018年6月出版／估价：99.00元
PSN B-2014-384-13/14

产业蓝皮书
中国产业竞争力报告（2018）No.8
著（编）者：张其仔　2018年12月出版／估价：168.00元
PSN B-2010-175-1/1

动力电池蓝皮书
中国新能源汽车动力电池产业发展报告（2018）
著（编）者：中国汽车技术研究中心
2018年8月出版／估价：99.00元
PSN B-2017-639-1/1

杜仲产业绿皮书
中国杜仲橡胶资源与产业发展报告（2017~2018）
著（编）者：杜红岩　胡文臻　俞锐
2018年6月出版／估价：99.00元
PSN G-2013-350-1/1

房地产蓝皮书
中国房地产发展报告No.15（2018）
著（编）者：李春华　王业强
2018年5月出版／估价：99.00元
PSN B-2004-028-1/1

服务外包蓝皮书
中国服务外包产业发展报告（2017~2018）
著（编）者：王晓红　刘德军
2018年6月出版／估价：99.00元
PSN B-2013-331-2/2

服务外包蓝皮书
中国服务外包竞争力报告（2017~2018）
著（编）者：刘春生　王力　黄育华
2018年12月出版／估价：99.00元
PSN B-2011-216-1/2

产业经济类 — 皮书系列 2018全品种

工业和信息化蓝皮书
世界信息技术产业发展报告（2017~2018）
著(编)者：尹丽波　2018年6月出版／估价：99.00元
PSN B-2015-449-2/6

工业和信息化蓝皮书
战略性新兴产业发展报告（2017~2018）
著(编)者：尹丽波　2018年6月出版／估价：99.00元
PSN B-2015-450-3/6

海洋经济蓝皮书
中国海洋经济发展报告（2015~2018）
著(编)者：殷克东　高金田　方胜民
2018年3月出版／定价：128.00元
PSN B-2018-697-1/1

康养蓝皮书
中国康养产业发展报告（2017）
著(编)者：何莽　2017年12月出版／定价：88.00元
PSN B-2017-685-1/1

客车蓝皮书
中国客车产业发展报告（2017~2018）
著(编)者：姚斌　2018年10月出版／估价：99.00元
PSN B-2013-361-1/1

流通蓝皮书
中国商业发展报告（2018~2019）
著(编)者：王雪峰　林诗慧
2018年7月出版／估价：99.00元
PSN B-2009-152-1/2

能源蓝皮书
中国能源发展报告（2018）
著(编)者：崔民选　王军生　陈义和
2018年12月出版／估价：99.00元
PSN B-2006-049-1/1

农产品流通蓝皮书
中国农产品流通产业发展报告（2017）
著(编)者：贾敬敦　张东科　张玉玺　张鹏毅　周伟
2018年6月出版／估价：99.00元
PSN B-2012-288-1/1

汽车工业蓝皮书
中国汽车工业发展年度报告（2018）
著(编)者：中国汽车工业协会
　　　　　中国汽车技术研究中心
　　　　　丰田汽车公司
2018年5月出版／估价：168.00元
PSN B-2015-463-1/2

汽车工业蓝皮书
中国汽车零部件产业发展报告（2017~2018）
著(编)者：中国汽车工业协会
　　　　　中国汽车工程研究院深圳市沃特玛电池有限公司
2018年9月出版／估价：99.00元
PSN B-2016-515-2/2

汽车蓝皮书
中国汽车产业发展报告（2018）
著(编)者：中国汽车工程学会
　　　　　大众汽车集团（中国）
2018年11月出版／估价：99.00元
PSN B-2008-124-1/1

世界茶业蓝皮书
世界茶业发展报告（2018）
著(编)者：李闽榕　冯廷佺
2018年5月出版／估价：168.00元
PSN B-2017-619-1/1

世界能源蓝皮书
世界能源发展报告（2018）
著(编)者：黄晓勇　2018年6月出版／估价：168.00元
PSN B-2013-349-1/1

石油蓝皮书
中国石油产业发展报告（2018）
著(编)者：中国石油化工集团公司经济技术研究院
　　　　　中国国际石油化工联合有限责任公司
　　　　　中国社会科学院数量经济与技术经济研究所
2018年2月出版／定价：98.00元
PSN B-2018-690-1/1

体育蓝皮书
国家体育产业基地发展报告（2016~2017）
著(编)者：李颖川　2018年6月出版／估价：168.00元
PSN B-2017-609-5/5

体育蓝皮书
中国体育产业发展报告（2018）
著(编)者：阮伟　钟秉枢
2018年12月出版／估价：99.00元
PSN B-2010-179-1/5

文化金融蓝皮书
中国文化金融发展报告（2018）
著(编)者：杨涛　金巍
2018年6月出版／估价：99.00元
PSN B-2017-610-1/1

新能源汽车蓝皮书
中国新能源汽车产业发展报告（2018）
著(编)者：中国汽车技术研究中心
　　　　　日产（中国）投资有限公司
　　　　　东风汽车有限公司
2018年8月出版／估价：99.00元
PSN B-2013-347-1/1

薏仁米产业蓝皮书
中国薏仁米产业发展报告No.2（2018）
著(编)者：李发耀　石明　秦礼康
2018年8月出版／估价：99.00元
PSN B-2017-645-1/1

邮轮绿皮书
中国邮轮产业发展报告（2018）
著(编)者：汪泓　2018年10月出版／估价：99.00元
PSN G-2014-419-1/1

智能养老蓝皮书
中国智能养老产业发展报告（2018）
著(编)者：朱勇　2018年10月出版／估价：99.00元
PSN B-2015-488-1/1

中国节能汽车蓝皮书
中国节能汽车发展报告（2017~2018）
著(编)者：中国汽车工程研究院股份有限公司
2018年9月出版／估价：99.00元
PSN B-2016-565-1/1

中国陶瓷产业蓝皮书
中国陶瓷产业发展报告（2018）
著（编）者：左和平 黄速建
2018年10月出版 / 估价：99.00元
PSN B-2016-573-1/1

装备制造业蓝皮书
中国装备制造业发展报告（2018）
著（编）者：徐东华
2018年12月出版 / 估价：118.00元
PSN B-2015-505-1/1

行业及其他类

"三农"互联网金融蓝皮书
中国"三农"互联网金融发展报告（2018）
著（编）者：李勇坚 王弢
2018年8月出版 / 估价：99.00元
PSN B-2016-560-1/1

SUV蓝皮书
中国SUV市场发展报告（2017~2018）
著（编）者：靳军 2018年9月出版 / 估价：99.00元
PSN B-2016-571-1/1

冰雪蓝皮书
中国冬季奥运会发展报告（2018）
著（编）者：孙承华 伍斌 魏庆华 张鸿俊
2018年9月出版 / 估价：99.00元
PSN B-2017-647-2/3

彩票蓝皮书
中国彩票发展报告（2018）
著（编）者：益彩基金 2018年6月出版 / 估价：99.00元
PSN B-2015-462-1/1

测绘地理信息蓝皮书
测绘地理信息供给侧结构性改革研究报告（2018）
著（编）者：库热西·买合苏提
2018年12月出版 / 估价：168.00元
PSN B-2009-145-1/1

产权市场蓝皮书
中国产权市场发展报告（2017）
著（编）者：曹和平
2018年5月出版 / 估价：99.00元
PSN B-2009-147-1/1

城投蓝皮书
中国城投行业发展报告（2018）
著（编）者：华景斌
2018年11月出版 / 估价：300.00元
PSN B-2016-514-1/1

城市轨道交通蓝皮书
中国城市轨道交通运营发展报告（2017~2018）
著（编）者：崔学忠 贾文峥
2018年3月出版 / 定价：89.00元
PSN B-2018-694-1/1

大数据蓝皮书
中国大数据发展报告（No.2）
著（编）者：连玉明 2018年5月出版 / 估价：99.00元
PSN B-2017-620-1/1

大数据应用蓝皮书
中国大数据应用发展报告No.2（2018）
著（编）者：陈军君 2018年8月出版 / 估价：99.00元
PSN B-2017-644-1/1

对外投资与风险蓝皮书
中国对外直接投资与国家风险报告（2018）
著（编）者：中债资信评估有限责任公司
中国社会科学院世界经济与政治研究所
2018年6月出版 / 估价：189.00元
PSN B-2017-606-1/1

工业和信息化蓝皮书
人工智能发展报告（2017~2018）
著（编）者：尹丽波 2018年6月出版 / 估价：99.00元
PSN B-2015-448-1/6

工业和信息化蓝皮书
世界智慧城市发展报告（2017~2018）
著（编）者：尹丽波 2018年6月出版 / 估价：99.00元
PSN B-2017-624-6/6

工业和信息化蓝皮书
世界网络安全发展报告（2017~2018）
著（编）者：尹丽波 2018年6月出版 / 估价：99.00元
PSN B-2015-452-5/6

工业和信息化蓝皮书
世界信息化发展报告（2017~2018）
著（编）者：尹丽波 2018年6月出版 / 估价：99.00元
PSN B-2015-451-4/6

工业设计蓝皮书
中国工业设计发展报告（2018）
著（编）者：王晓红 于炜 张立群 2018年9月出版 / 估价：168.00元
PSN B-2014-420-1/1

公共关系蓝皮书
中国公共关系发展报告（2017）
著（编）者：柳斌杰 2018年1月出版 / 定价：89.00元
PSN B-2016-579-1/1

行业及其他类

皮书系列 2018全品种

公共关系蓝皮书
中国公共关系发展报告（2018）
著（编）者：柳斌杰　2018年11月出版 / 估价：99.00元
PSN B-2016-579-1/1

管理蓝皮书
中国管理发展报告（2018）
著（编）者：张晓东　2018年10月出版 / 估价：99.00元
PSN B-2014-416-1/1

轨道交通蓝皮书
中国轨道交通行业发展报告（2017）
著（编）者：仲建华　李闽榕
2017年12月出版 / 定价：98.00元
PSN B-2017-674-1/1

海关发展蓝皮书
中国海关发展前沿报告（2018）
著（编）者：干春晖　2018年6月出版 / 估价：99.00元
PSN B-2017-616-1/1

互联网医疗蓝皮书
中国互联网健康医疗发展报告（2018）
著（编）者：芮晓武　2018年6月出版 / 估价：99.00元
PSN B-2016-567-1/1

黄金市场蓝皮书
中国商业银行黄金业务发展报告（2017~2018）
著（编）者：平安银行　2018年6月出版 / 估价：99.00元
PSN B-2016-524-1/1

会展蓝皮书
中外会展业动态评估研究报告（2018）
著（编）者：张敏　任中峰　聂鑫焱　牛盼强
2018年12月出版 / 估价：99.00元
PSN B-2013-327-1/1

基金会蓝皮书
中国基金会发展报告（2017~2018）
著（编）者：中国基金会发展报告课题组
2018年6月出版 / 估价：99.00元
PSN B-2013-368-1/1

基金会绿皮书
中国基金会发展独立研究报告（2018）
著（编）者：基金会中心网　中央民族大学基金会研究中心
2018年6月出版 / 估价：99.00元
PSN G-2011-213-1/1

基金会透明度蓝皮书
中国基金会透明度发展研究报告（2018）
著（编）者：基金会中心网　清华大学廉政与治理研究中心
2018年9月出版 / 估价：99.00元
PSN B-2013-339-1/1

建筑装饰蓝皮书
中国建筑装饰行业发展报告（2018）
著（编）者：葛道顺　刘晓一
2018年10月出版 / 估价：198.00元
PSN B-2016-553-1/1

金融监管蓝皮书
中国金融监管报告（2018）
著（编）者：胡滨　2018年3月出版 / 定价：98.00元
PSN B-2012-281-1/1

金融蓝皮书
中国互联网金融行业分析与评估（2018~2019）
著（编）者：黄国平　伍旭川　2018年12月出版 / 估价：99.00元
PSN B-2016-585-7/7

金融科技蓝皮书
中国金融科技发展报告（2018）
著（编）者：李扬　孙国峰　2018年10月出版 / 估价：99.00元
PSN B-2014-374-1/1

金融信息服务蓝皮书
中国金融信息服务发展报告（2018）
著（编）者：李平　2018年5月出版 / 估价：99.00元
PSN B-2017-621-1/1

金蜜蜂企业社会责任蓝皮书
金蜜蜂中国企业社会责任报告研究（2017）
著（编）者：殷格非　于志宏　管竹笋
2018年1月出版 / 定价：99.00元
PSN B-2018-693-1/1

京津冀金融蓝皮书
京津冀金融发展报告（2018）
著（编）者：王曼俭　王璟怡　2018年10月出版 / 估价：99.00元
PSN B-2016-527-1/1

科普蓝皮书
国家科普能力发展报告（2018）
著（编）者：王康友　2018年5月出版 / 估价：138.00元
PSN B-2017-632-4/4

科普蓝皮书
中国基层科普发展报告（2017~2018）
著（编）者：赵立新　陈玲　2018年9月出版 / 估价：99.00元
PSN B-2016-568-3/4

科普蓝皮书
中国科普基础设施发展报告（2017~2018）
著（编）者：任福君　2018年6月出版 / 估价：99.00元
PSN B-2010-174-1/3

科普蓝皮书
中国科普人才发展报告（2017~2018）
著（编）者：郑念　任嵘嵘　2018年7月出版 / 估价：99.00元
PSN B-2016-512-2/4

科普能力蓝皮书
中国科普能力评价报告（2018~2019）
著（编）者：李富强　李群　2018年8月出版 / 估价：99.00元
PSN B-2016-555-1/1

临空经济蓝皮书
中国临空经济发展报告（2018）
著（编）者：连玉明　2018年9月出版 / 估价：99.00元
PSN B-2014-421-1/1

皮书系列 2018全品种 — 行业及其他类

旅游安全蓝皮书
中国旅游安全报告（2018）
著(编)者：郑向敏 谢朝武　2018年5月出版 / 估价：158.00元
PSN B-2012-280-1/1

旅游绿皮书
2017~2018年中国旅游发展分析与预测
著(编)者：宋瑞　2018年1月出版 / 定价：99.00元
PSN G-2002-018-1/1

煤炭蓝皮书
中国煤炭工业发展报告（2018）
著(编)者：岳福斌　2018年12月出版 / 估价：99.00元
PSN B-2008-123-1/1

民营企业社会责任蓝皮书
中国民营企业社会责任报告（2018）
著(编)者：中华全国工商业联合会
2018年12月出版 / 估价：99.00元
PSN B-2015-510-1/1

民营医院蓝皮书
中国民营医院发展报告（2017）
著(编)者：薛晓林　2017年12月出版 / 定价：89.00元
PSN B-2012-299-1/1

闽商蓝皮书
闽商发展报告（2018）
著(编)者：李闽榕 王日根 林琛
2018年12月出版 / 估价：99.00元
PSN B-2012-298-1/1

农业应对气候变化蓝皮书
中国农业气象灾害及其灾损评估报告（No.3）
著(编)者：矫梅燕　2018年6月出版 / 估价：118.00元
PSN B-2014-413-1/1

品牌蓝皮书
中国品牌战略发展报告（2018）
著(编)者：汪同三　2018年10月出版 / 估价：99.00元
PSN B-2016-580-1/1

企业扶贫蓝皮书
中国企业扶贫研究报告（2018）
著(编)者：钟宏武　2018年12月出版 / 估价：99.00元
PSN B-2016-593-1/1

企业公益蓝皮书
中国企业公益研究报告（2018）
著(编)者：钟宏武 汪杰 黄晓娟
2018年12月出版 / 估价：99.00元
PSN B-2015-501-1/1

企业国际化蓝皮书
中国企业全球化报告（2018）
著(编)者：王辉耀 苗绿　2018年11月出版 / 估价：99.00元
PSN B-2014-427-1/1

企业蓝皮书
中国企业绿色发展报告No.2（2018）
著(编)者：李红玉 朱光辉
2018年8月出版 / 估价：99.00元
PSN B-2015-481-2/2

企业社会责任蓝皮书
中资企业海外社会责任研究报告（2017~2018）
著(编)者：钟宏武 叶柳红 张蒽
2018年6月出版 / 估价：99.00元
PSN B-2017-603-2/2

企业社会责任蓝皮书
中国企业社会责任研究报告（2018）
著(编)者：黄群慧 钟宏武 张蒽 汪杰
2018年11月出版 / 估价：99.00元
PSN B-2009-149-1/2

汽车安全蓝皮书
中国汽车安全发展报告（2018）
著(编)者：中国汽车技术研究中心
2018年8月出版 / 估价：99.00元
PSN B-2014-385-1/1

汽车电子商务蓝皮书
中国汽车电子商务发展报告（2018）
著(编)者：中华全国工商业联合会汽车经销商商会
　　　　　北方工业大学
　　　　　北京易观智库网络科技有限公司
2018年10月出版 / 估价：158.00元
PSN B-2015-485-1/1

汽车知识产权蓝皮书
中国汽车产业知识产权发展报告（2018）
著(编)者：中国汽车工程研究院股份有限公司
　　　　　中国汽车工程学会
　　　　　重庆长安汽车股份有限公司
2018年12月出版 / 估价：99.00元
PSN B-2016-594-1/1

青少年体育蓝皮书
中国青少年体育发展报告（2017）
著(编)者：刘扶民 杨桦　2018年6月出版 / 估价：99.00元
PSN B-2015-482-1/1

区块链蓝皮书
中国区块链发展报告（2018）
著(编)者：李伟　2018年9月出版 / 估价：99.00元
PSN B-2017-649-1/1

群众体育蓝皮书
中国群众体育发展报告（2017）
著(编)者：刘国永 戴健　2018年5月出版 / 估价：99.00元
PSN B-2014-411-1/3

群众体育蓝皮书
中国社会体育指导员发展报告（2018）
著(编)者：刘国永 王欢　2018年6月出版 / 估价：99.00元
PSN B-2016-520-3/3

人力资源蓝皮书
中国人力资源发展报告（2018）
著(编)者：余兴安　2018年11月出版 / 估价：99.00元
PSN B-2012-287-1/1

融资租赁蓝皮书
中国融资租赁业发展报告（2017~2018）
著(编)者：李光荣 王力　2018年8月出版 / 估价：99.00元
PSN B-2015-443-1/1

行业及其他类 — 皮书系列 2018全品种

商会蓝皮书
中国商会发展报告No.5（2017）
著(编)者：王钦敏　2018年7月出版／估价：99.00元
PSN B-2008-125-1/1

商务中心区蓝皮书
中国商务中心区发展报告No.4（2017~2018）
著(编)者：李国红　单菁菁　2018年9月出版／估价：99.00元
PSN B-2015-444-1/1

设计产业蓝皮书
中国创新设计发展报告（2018）
著(编)者：王晓红　张立群　于炜
2018年11月出版／估价：99.00元
PSN B-2016-581-2/2

社会责任管理蓝皮书
中国上市公司社会责任能力成熟度报告No.4（2018）
著(编)者：肖红军　王晓光　李伟阳
2018年12月出版／估价：99.00元
PSN B-2015-507-2/2

社会责任管理蓝皮书
中国企业公众透明度报告No.4（2017~2018）
著(编)者：黄速建　熊梦　王晓光　肖红军
2018年6月出版／估价：99.00元
PSN B-2015-440-1/2

食品药品蓝皮书
食品药品安全与监管政策研究报告（2016~2017）
著(编)者：唐民皓　2018年6月出版／估价：99.00元
PSN B-2009-129-1/1

输血服务蓝皮书
中国输血行业发展报告（2018）
著(编)者：孙俊　2018年12月出版／估价：99.00元
PSN B-2015-582-1/1

水利风景区蓝皮书
中国水利风景区发展报告（2018）
著(编)者：董建文　兰思仁
2018年10月出版／估价：99.00元
PSN B-2015-480-1/1

数字经济蓝皮书
全球数字经济竞争力发展报告（2017）
著(编)者：王振　2017年12月出版／定价：79.00元
PSN B-2017-673-1/1

私募市场蓝皮书
中国私募股权市场发展报告（2017~2018）
著(编)者：曹和平　2018年12月出版／估价：99.00元
PSN B-2010-162-1/1

碳排放权交易蓝皮书
中国碳排放权交易报告（2018）
著(编)者：孙永平　2018年11月出版／估价：99.00元
PSN B-2015-652-1/1

碳市场蓝皮书
中国碳市场报告（2018）
著(编)者：定金彪　2018年11月出版／估价：99.00元
PSN B-2014-430-1/1

体育蓝皮书
中国公共体育服务发展报告（2018）
著(编)者：戴健　2018年12月出版／估价：99.00元
PSN B-2013-367-2/5

土地市场蓝皮书
中国农村土地市场发展报告（2017~2018）
著(编)者：李光荣　2018年6月出版／估价：99.00元
PSN B-2015-526-1/1

土地整治蓝皮书
中国土地整治发展研究报告（No.5）
著(编)者：国土资源部土地整治中心
2018年7月出版／估价：99.00元
PSN B-2014-401-1/1

土地政策蓝皮书
中国土地政策研究报告（2018）
著(编)者：高延利　张建平　吴次芳
2018年1月出版／定价：98.00元
PSN B-2015-506-1/1

网络空间安全蓝皮书
中国网络空间安全发展报告（2018）
著(编)者：惠志斌　覃庆玲
2018年11月出版／估价：99.00元
PSN B-2015-466-1/1

文化志愿服务蓝皮书
中国文化志愿服务发展报告（2018）
著(编)者：张永新　良警宇　2018年11月出版／估价：128.00元
PSN B-2016-596-1/1

西部金融蓝皮书
中国西部金融发展报告（2017~2018）
著(编)者：李忠民　2018年8月出版／估价：99.00元
PSN B-2010-160-1/1

协会商会蓝皮书
中国行业协会商会发展报告（2017）
著(编)者：景朝阳　李勇　2018年6月出版／估价：99.00元
PSN B-2015-461-1/1

新三板蓝皮书
中国新三板市场发展报告（2018）
著(编)者：王力　2018年8月出版／估价：99.00元
PSN B-2016-533-1/1

信托市场蓝皮书
中国信托业市场报告（2017~2018）
著(编)者：用益金融信托研究院
2018年6月出版／估价：198.00元
PSN B-2014-371-1/1

信息化蓝皮书
中国信息化形势分析与预测（2017~2018）
著(编)者：周宏仁　2018年8月出版／估价：99.00元
PSN B-2010-168-1/1

信用蓝皮书
中国信用发展报告（2017~2018）
著(编)者：章政　田侃　2018年6月出版／估价：99.00元
PSN B-2013-328-1/1

休闲绿皮书
2017~2018年中国休闲发展报告
著(编)者：宋瑞　　2018年7月出版　估价：99.00元
PSN G-2010-158-1/1

休闲体育蓝皮书
中国休闲体育发展报告（2017~2018）
著(编)者：李相如　钟秉枢
2018年10月出版　估价：99.00元
PSN B-2016-516-1/1

养老金融蓝皮书
中国养老金融发展报告（2018）
著(编)者：董克用　姚余栋
2018年9月出版　估价：99.00元
PSN B-2016-583-1/1

遥感监测绿皮书
中国可持续发展遥感监测报告（2017）
著(编)者：顾行发　汪克强　潘教峰　李闽榕　徐东华　王琦安
2018年6月出版　估价：298.00元
PSN B-2017-629-1/1

药品流通蓝皮书
中国药品流通行业发展报告（2018）
著(编)者：佘鲁林　温再兴
2018年7月出版　估价：198.00元
PSN B-2014-429-1/1

医疗器械蓝皮书
中国医疗器械行业发展报告（2018）
著(编)者：王宝亭　耿鸿武
2018年10月出版　估价：99.00元
PSN B-2017-661-1/1

医院蓝皮书
中国医院竞争力报告（2017~2018）
著(编)者：庄一强　　2018年3月出版　定价：108.00元
PSN B-2016-528-1/1

瑜伽蓝皮书
中国瑜伽业发展报告（2017~2018）
著(编)者：张永建　徐华锋　朱泰余
2018年6月出版　估价：198.00元
PSN B-2017-625-1/1

债券市场蓝皮书
中国债券市场发展报告（2017~2018）
著(编)者：杨农　　2018年10月出版　估价：99.00元
PSN B-2016-572-1/1

志愿服务蓝皮书
中国志愿服务发展报告（2018）
著(编)者：中国志愿服务联合会
2018年11月出版　估价：99.00元
PSN B-2017-664-1/1

中国上市公司蓝皮书
中国上市公司发展报告（2018）
著(编)者：张鹏　张平　黄胤英
2018年9月出版　估价：99.00元
PSN B-2014-414-1/1

中国新三板蓝皮书
中国新三板创新与发展报告（2018）
著(编)者：刘平安　闻召林
2018年8月出版　估价：158.00元
PSN B-2017-638-1/1

中国汽车品牌蓝皮书
中国乘用车品牌发展报告（2017）
著(编)者：《中国汽车报》社有限公司
　　　　　博世（中国）投资有限公司
　　　　　中国汽车技术研究中心数据资源中心
2018年1月出版　定价：89.00元
PSN B-2017-679-1/1

中医文化蓝皮书
北京中医药文化传播发展报告（2018）
著(编)者：毛嘉陵　　2018年6月出版　估价：99.00元
PSN B-2015-468-1/2

中医文化蓝皮书
中国中医药文化传播发展报告（2018）
著(编)者：毛嘉陵　　2018年7月出版　估价：99.00元
PSN B-2016-584-2/2

中医药蓝皮书
北京中医药知识产权发展报告No.2
著(编)者：汪洪　屠志涛　2018年6月出版　估价：168.00元
PSN B-2017-602-1/1

资本市场蓝皮书
中国场外交易市场发展报告（2016~2017）
著(编)者：高峦　　2018年6月出版　估价：99.00元
PSN B-2009-153-1/1

资产管理蓝皮书
中国资产管理行业发展报告（2018）
著(编)者：郑智　　2018年7月出版　估价：99.00元
PSN B-2014-407-2/2

资产证券化蓝皮书
中国资产证券化发展报告（2018）
著(编)者：沈炳熙　曹彤　李哲平
2018年4月出版　定价：98.00元
PSN B-2017-660-1/1

自贸区蓝皮书
中国自贸区发展报告（2018）
著(编)者：王力　黄育华
2018年6月出版　估价：99.00元
PSN B-2016-558-1/1

国际问题与全球治理类

"一带一路"跨境通道蓝皮书
"一带一路"跨境通道建设研究报（2017~2018）
著（编）者：余鑫 张秋生 2018年1月出版 / 定价：89.00元
PSN B-2016-557-1/1

"一带一路"蓝皮书
"一带一路"建设发展报告（2018）
著（编）者：李永全 2018年3月出版 / 定价：98.00元
PSN B-2016-552-1/1

"一带一路"投资安全蓝皮书
中国"一带一路"投资与安全研究报告（2018）
著（编）者：邹统钎 梁昊光 2018年4月出版 / 定价：98.00元
PSN B-2017-612-1/1

"一带一路"文化交流蓝皮书
中阿文化交流发展报告（2017）
著（编）者：王辉 2017年12月出版 / 定价：89.00元
PSN B-2017-655-1/1

G20国家创新竞争力黄皮书
二十国集团（G20）国家创新竞争力发展报告（2017~2018）
著（编）者：李建平 李闽榕 赵新力 周天勇
2018年7月出版 / 定价：168.00元
PSN Y-2011-229-1/1

阿拉伯黄皮书
阿拉伯发展报告（2016~2017）
著（编）者：罗林 2018年6月出版 / 估价：99.00元
PSN Y-2014-381-1/1

北部湾蓝皮书
泛北部湾合作发展报告（2017~2018）
著（编）者：吕余生 2018年12月出版 / 估价：99.00元
PSN B-2008-114-1/1

北极蓝皮书
北极地区发展报告（2017）
著（编）者：刘惠荣 2018年7月出版 / 估价：99.00元
PSN B-2017-634-1/1

大洋洲蓝皮书
大洋洲发展报告（2017~2018）
著（编）者：喻常森 2018年10月出版 / 估价：99.00元
PSN B-2013-341-1/1

东北亚区域合作蓝皮书
2017年"一带一路"倡议与东北亚区域合作
著（编）者：刘亚政 金美花
2018年5月出版 / 估价：99.00元
PSN B-2017-631-1/1

东盟黄皮书
东盟发展报告（2017）
著（编）者：杨晓强 庄国土 2018年6月出版 / 估价：99.00元
PSN Y-2012-303-1/1

东南亚蓝皮书
东南亚地区发展报告（2017~2018）
著（编）者：王勤 2018年12月出版 / 估价：99.00元
PSN B-2012-240-1/1

非洲黄皮书
非洲发展报告No.20（2017~2018）
著（编）者：张宏明 2018年7月出版 / 估价：99.00元
PSN Y-2012-239-1/1

非传统安全蓝皮书
中国非传统安全研究报告（2017~2018）
著（编）者：潇枫 罗中枢 2018年8月出版 / 估价：99.00元
PSN B-2012-273-1/1

国际安全蓝皮书
中国国际安全研究报告（2018）
著（编）者：刘慧 2018年7月出版 / 估价：99.00元
PSN B-2016-521-1/1

国际城市蓝皮书
国际城市发展报告（2018）
著（编）者：屠启宇 2018年2月出版 / 估价：89.00元
PSN B-2012-260-1/1

国际形势黄皮书
全球政治与安全报告（2018）
著（编）者：张宇燕 2018年1月出版 / 定价：99.00元
PSN Y-2001-016-1/1

公共外交蓝皮书
中国公共外交发展报告（2018）
著（编）者：赵启正 雷蔚真 2018年6月出版 / 估价：99.00元
PSN B-2015-457-1/1

海丝蓝皮书
21世纪海上丝绸之路研究报告（2017）
著（编）者：华侨大学海上丝绸之路研究院
2017年12月出版 / 定价：89.00元
PSN B-2017-684-1/1

金砖国家黄皮书
金砖国家综合创新竞争力发展报告（2018）
著（编）者：赵新力 李闽榕 黄茂兴
2018年8月出版 / 估价：128.00元
PSN Y-2017-643-1/1

拉美黄皮书
拉丁美洲和加勒比发展报告（2017~2018）
著（编）者：袁东振 2018年6月出版 / 估价：99.00元
PSN Y-1999-007-1/1

澜湄合作蓝皮书
澜沧江-湄公河合作发展报告（2018）
著（编）者：刘稚 2018年9月出版 / 估价：99.00元
PSN B-2011-196-1/1

皮书系列 2018全品种
国际问题与全球治理类

欧洲蓝皮书
欧洲发展报告（2017~2018）
著(编)者：黄平 周弘 程卫东
2018年6月出版 / 估价：99.00元
PSN B-1999-009-1/1

葡语国家蓝皮书
葡语国家发展报告（2016~2017）
著(编)者：王成安 张敏 刘金兰
2018年6月出版 / 估价：99.00元
PSN B-2015-503-1/2

葡语国家蓝皮书
中国与葡语国家关系发展报告·巴西（2016）
著(编)者：张曙光
2018年8月出版 / 估价：99.00元
PSN B-2016-563-2/2

气候变化绿皮书
应对气候变化报告（2018）
著(编)者：王伟光 郑国光
2018年11月出版 / 估价：99.00元
PSN G-2009-144-1/1

全球环境竞争力绿皮书
全球环境竞争力报告（2018）
著(编)者：李建平 李闽榕 王金南
2018年12月出版 / 估价：198.00元
PSN G-2013-363-1/1

全球信息社会蓝皮书
全球信息社会发展报告（2018）
著(编)者：丁波涛 唐涛
2018年10月出版 / 估价：99.00元
PSN B-2017-665-1/1

日本经济蓝皮书
日本经济与中日经贸关系研究报告（2018）
著(编)者：张季风
2018年6月出版 / 估价：99.00元
PSN B-2008-102-1/1

上海合作组织黄皮书
上海合作组织发展报告（2018）
著(编)者：李进峰
2018年6月出版 / 估价：99.00元
PSN Y-2009-130-1/1

世界创新竞争力黄皮书
世界创新竞争力发展报告（2017）
著(编)者：李建平 李闽榕 赵新力
2018年6月出版 / 估价：168.00元
PSN Y-2013-318-1/1

世界经济黄皮书
2018年世界经济形势分析与预测
著(编)者：张宇燕
2018年1月出版 / 估价：99.00元
PSN Y-1999-006-1/1

世界能源互联互通蓝皮书
世界能源清洁发展与互联互通评估报告（2017）：欧洲篇
著(编)者：国网能源研究院
2018年1月出版 / 定价：128.00元
PSN B-2018-695-1/1

丝绸之路蓝皮书
丝绸之路经济带发展报告（2018）
著(编)者：任宗哲 白宽犁 谷孟宾
2018年1月出版 / 定价：89.00元
PSN B-2014-410-1/1

新兴经济体蓝皮书
金砖国家发展报告（2018）
著(编)者：林跃勤 周文
2018年8月出版 / 估价：99.00元
PSN B-2011-195-1/1

亚太蓝皮书
亚太地区发展报告（2018）
著(编)者：李向阳
2018年5月出版 / 估价：99.00元
PSN B-2001-015-1/1

印度洋地区蓝皮书
印度洋地区发展报告（2018）
著(编)者：汪戎
2018年6月出版 / 估价：99.00元
PSN B-2013-334-1/1

印度尼西亚经济蓝皮书
印度尼西亚经济发展报告（2017）：增长与机会
著(编)者：左志刚
2017年11月出版 / 定价：89.00元
PSN B-2017-675-1/1

渝新欧蓝皮书
渝新欧沿线国家发展报告（2018）
著(编)者：杨柏 黄森
2018年6月出版 / 估价：99.00元
PSN B-2017-626-1/1

中阿蓝皮书
中国-阿拉伯国家经贸发展报告（2018）
著(编)者：张廉 段庆林 王林聪 杨巧红
2018年12月出版 / 估价：99.00元
PSN B-2016-598-1/1

中东黄皮书
中东发展报告No.20（2017~2018）
著(编)者：杨光
2018年10月出版 / 估价：99.00元
PSN Y-1998-004-1/1

中亚黄皮书
中亚国家发展报告（2018）
著(编)者：孙力
2018年3月出版 / 定价：98.00元
PSN Y-2012-238-1/1

国别类

澳大利亚蓝皮书
澳大利亚发展报告（2017-2018）
著（编）者：孙有中 韩锋 2018年12月出版 / 估价：99.00元
PSN B-2016-587-1/1

巴西黄皮书
巴西发展报告（2017）
著（编）者：刘国枝 2018年5月出版 / 估价：99.00元
PSN Y-2017-614-1/1

德国蓝皮书
德国发展报告（2018）
著（编）者：郑春荣 2018年6月出版 / 估价：99.00元
PSN B-2012-278-1/1

俄罗斯黄皮书
俄罗斯发展报告（2018）
著（编）者：李永全 2018年6月出版 / 估价：99.00元
PSN Y-2006-061-1/1

韩国蓝皮书
韩国发展报告（2017）
著（编）者：牛林杰 刘宝全 2018年6月出版 / 估价：99.00元
PSN B-2010-155-1/1

加拿大蓝皮书
加拿大发展报告（2018）
著（编）者：唐小松 2018年9月出版 / 估价：99.00元
PSN B-2014-389-1/1

美国蓝皮书
美国研究报告（2018）
著（编）者：郑秉文 黄平 2018年5月出版 / 估价：99.00元
PSN B-2011-210-1/1

缅甸蓝皮书
缅甸国情报告（2017）
著（编）者：祝湘辉
2017年11月出版 / 定价：98.00元
PSN B-2013-343-1/1

日本蓝皮书
日本研究报告（2018）
著（编）者：杨伯江 2018年4月出版 / 定价：99.00元
PSN B-2002-020-1/1

土耳其蓝皮书
土耳其发展报告（2018）
著（编）者：郭长刚 刘义 2018年9月出版 / 估价：99.00元
PSN B-2014-412-1/1

伊朗蓝皮书
伊朗发展报告（2017~2018）
著（编）者：冀开运 2018年10月 / 估价：99.00元
PSN B-2016-574-1/1

以色列蓝皮书
以色列发展报告（2018）
著（编）者：张倩红 2018年8月出版 / 估价：99.00元
PSN B-2015-483-1/1

印度蓝皮书
印度国情报告（2017）
著（编）者：吕昭义 2018年6月出版 / 估价：99.00元
PSN B-2012-241-1/1

英国蓝皮书
英国发展报告（2017~2018）
著（编）者：王展鹏 2018年12月出版 / 估价：99.00元
PSN B-2015-486-1/1

越南蓝皮书
越南国情报告（2018）
著（编）者：谢林城 2018年11月出版 / 估价：99.00元
PSN B-2006-056-1/1

泰国蓝皮书
泰国研究报告（2018）
著（编）者：庄国土 张禹东 刘文正
2018年10月出版 / 估价：99.00元
PSN B-2016-556-1/1

文化传媒类

"三农"舆情蓝皮书
中国"三农"网络舆情报告（2017~2018）
著（编）者：农业部信息中心
2018年6月出版 / 估价：99.00元
PSN B-2017-640-1/1

传媒竞争力蓝皮书
中国传媒国际竞争力研究报告（2018）
著（编）者：李本乾 刘强 王大可
2018年8月出版 / 估价：99.00元
PSN B-2013-356-1/1

传媒蓝皮书
中国传媒产业发展报告（2018）
著（编）者：崔保国
2018年5月出版 / 估价：99.00元
PSN B-2005-035-1/1

传媒投资蓝皮书
中国传媒投资发展报告（2018）
著（编）者：张向东 谭云明
2018年6月出版 / 估价：148.00元
PSN B-2015-474-1/1

皮书系列 2018全品种 — 文化传媒类

非物质文化遗产蓝皮书
中国非物质文化遗产发展报告(2018)
著(编)者：陈平　2018年6月出版／估价：128.00元
PSN B-2015-469-1/2

非物质文化遗产蓝皮书
中国非物质文化遗产保护发展报告(2018)
著(编)者：宋俊华　2018年10月出版／估价：128.00元
PSN B-2016-586-2/2

广电蓝皮书
中国广播电影电视发展报告(2018)
著(编)者：国家新闻出版广电总局发展研究中心
2018年7月出版／估价：99.00元
PSN B-2006-072-1/1

广告主蓝皮书
中国广告主营销传播趋势报告No.9
著(编)者：黄升民　杜国清　邵华冬　等
2018年10月出版／估价：158.00元
PSN B-2005-041-1/1

国际传播蓝皮书
中国国际传播发展报告(2018)
著(编)者：胡正荣　李继东　姬德强
2018年12月出版／估价：99.00元
PSN B-2014-408-1/1

国家形象蓝皮书
中国国家形象传播报告(2017)
著(编)者：张昆　2018年6月出版／估价：128.00元
PSN B-2017-605-1/1

互联网治理蓝皮书
中国网络社会治理研究报告(2018)
著(编)者：罗昕　支庭荣
2018年9月出版／估价：118.00元
PSN B-2017-653-1/1

纪录片蓝皮书
中国纪录片发展报告(2018)
著(编)者：何苏六　2018年10月出版／估价：99.00元
PSN B-2011-222-1/1

科学传播蓝皮书
中国科学传播报告(2016~2017)
著(编)者：詹正茂　2018年6月出版／估价：99.00元
PSN B-2008-120-1/1

两岸创意经济蓝皮书
两岸创意经济研究报告(2018)
著(编)者：罗昌智　董泽平
2018年10月出版／估价：99.00元
PSN B-2014-437-1/1

媒介与女性蓝皮书
中国媒介与女性发展报告(2017~2018)
著(编)者：刘利群　2018年5月出版／估价：99.00元
PSN B-2013-345-1/1

媒体融合蓝皮书
中国媒体融合发展报告(2017~2018)
著(编)者：梅宁华　支庭荣
2017年12月出版／定价：98.00元
PSN B-2015-479-1/1

全球传媒蓝皮书
全球传媒发展报告(2017~2018)
著(编)者：胡正荣　李继东　2018年6月出版／估价：99.00元
PSN B-2012-237-1/1

少数民族非遗蓝皮书
中国少数民族非物质文化遗产发展报告(2018)
著(编)者：肖远平(彝)　柴立(满)
2018年10月出版／估价：118.00元
PSN B-2015-467-1/1

视听新媒体蓝皮书
中国视听新媒体发展报告(2018)
著(编)者：国家新闻出版广电总局发展研究中心
2018年7月出版／估价：118.00元
PSN B-2011-184-1/1

数字娱乐产业蓝皮书
中国动画产业发展报告(2018)
著(编)者：孙立军　孙平　牛兴侦
2018年10月出版／估价：99.00元
PSN B-2011-198-1/2

数字娱乐产业蓝皮书
中国游戏产业发展报告(2018)
著(编)者：孙立军　刘跃军　2018年10月出版／估价：99.00元
PSN B-2017-662-2/2

网络视听蓝皮书
中国互联网视听行业发展报告(2018)
著(编)者：陈鹏　2018年2月出版／定价：148.00元
PSN B-2018-688-1/1

文化创新蓝皮书
中国文化创新报告(2017·No.8)
著(编)者：傅才武　2018年6月出版／估价：99.00元
PSN B-2009-143-1/1

文化建设蓝皮书
中国文化发展报告(2018)
著(编)者：江畅　孙伟平　戴茂堂
2018年5月出版／估价：99.00元
PSN B-2014-392-1/1

文化科技蓝皮书
文化科技创新发展报告(2018)
著(编)者：于平　李凤亮　2018年10月出版／估价：99.00元
PSN B-2013-417-1/1

文化蓝皮书
中国公共文化服务发展报告(2017~2018)
著(编)者：刘新成　张永新　张旭
2018年12月出版／估价：99.00元
PSN B-2007-093-2/10

文化蓝皮书
中国少数民族文化发展报告(2017~2018)
著(编)者：武翠英　张晓明　任乌晶
2018年9月出版／估价：99.00元
PSN B-2013-369-9/10

文化蓝皮书
中国文化产业供需协调检测报告(2018)
著(编)者：王亚南　2018年3月出版／定价：99.00元
PSN B-2013-323-8/10

皮书系列 2018全品种

文化传媒类 · 地方发展类-经济

文化蓝皮书
中国文化消费需求景气评价报告（2018）
著(编)者：王亚南　　2018年3月出版／定价：99.00元
PSN B-2011-236-4/10

文化蓝皮书
中国公共文化投入增长测评报告（2018）
著(编)者：王亚南　　2018年3月出版／定价：99.00元
PSN B-2014-435-10/10

文化品牌蓝皮书
中国文化品牌发展报告（2018）
著(编)者：欧阳友权　　2018年5月出版／估价：99.00元
PSN B-2012-277-1/1

文化遗产蓝皮书
中国文化遗产事业发展报告（2017～2018）
著(编)者：苏杨　张颖岚　卓杰　白海峰　陈晨　陈叙图
2018年8月出版／估价：99.00元
PSN B-2008-119-1/1

文学蓝皮书
中国文情报告（2017～2018）
著(编)者：白烨　　2018年5月出版／估价：99.00元
PSN B-2011-221-1/1

新媒体蓝皮书
中国新媒体发展报告No.9（2018）
著(编)者：唐绪军　　2018年7月出版／估价：99.00元
PSN B-2010-169-1/1

新媒体社会责任蓝皮书
中国新媒体社会责任研究报告（2018）
著(编)者：钟瑛　　2018年12月出版／估价：99.00元
PSN B-2014-423-1/1

移动互联网蓝皮书
中国移动互联网发展报告（2018）
著(编)者：余清楚　　2018年6月出版／估价：99.00元
PSN B-2012-282-1/1

影视蓝皮书
中国影视产业发展报告（2018）
著(编)者：司若　陈鹏　陈锐
2018年6月出版／估价：99.00元
PSN B-2016-529-1/1

舆情蓝皮书
中国社会舆情与危机管理报告（2018）
著(编)者：谢耘耕
2018年9月出版／估价：138.00元
PSN B-2011-235-1/1

中国大运河蓝皮书
中国大运河发展报告（2018）
著(编)者：吴欣　　2018年2月出版／估价：128.00元
PSN B-2018-691-1/1

地方发展类-经济

澳门蓝皮书
澳门经济社会发展报告（2017～2018）
著(编)者：吴志良　郝雨凡
2018年7月出版／估价：99.00元
PSN B-2009-138-1/1

澳门绿皮书
澳门旅游休闲发展报告（2017～2018）
著(编)者：郝雨凡　林广志
2018年5月出版／估价：99.00元
PSN G-2017-617-1/1

北京蓝皮书
北京经济发展报告（2017～2018）
著(编)者：杨松　　2018年6月出版／估价：99.00元
PSN B-2006-054-2/8

北京旅游绿皮书
北京旅游发展报告（2018）
著(编)者：北京旅游学会
2018年7月出版／估价：99.00元
PSN G-2012-301-1/1

北京体育蓝皮书
北京体育产业发展报告（2017～2018）
著(编)者：钟秉枢　陈杰　杨铁黎
2018年9月出版／估价：99.00元
PSN B-2015-475-1/1

滨海金融蓝皮书
滨海新区金融发展报告（2017）
著(编)者：王爱俭　李向前　　2018年4月出版／估价：99.00元
PSN B-2014-424-1/1

城乡一体化蓝皮书
北京城乡一体化发展报告（2017～2018）
著(编)者：吴宝新　张宝秀　黄序
2018年5月出版／估价：99.00元
PSN B-2012-258-2/2

非公有制企业社会责任蓝皮书
北京非公有制企业社会责任报告（2018）
著(编)者：宋贵伦　冯培
2018年6月出版／估价：99.00元
PSN B-2017-613-1/1

皮书系列 2018全品种
地方发展类-经济

福建旅游蓝皮书
福建省旅游产业发展现状研究（2017~2018）
著(编)者：陈敏华 黄远水　2018年12月出版／估价：128.00元
PSN B-2016-591-1/1

福建自贸区蓝皮书
中国（福建）自由贸易试验区发展报告(2017~2018)
著(编)者：黄茂兴　2018年6月出版／估价：118.00元
PSN B-2016-531-1/1

甘肃蓝皮书
甘肃经济发展分析与预测（2018）
著(编)者：安文华 罗哲　2018年1月出版／定价：99.00元
PSN B-2013-312-1/6

甘肃蓝皮书
甘肃商贸流通发展报告（2018）
著(编)者：张应华 王福生 王晓芳
2018年1月出版／定价：99.00元
PSN B-2016-522-6/6

甘肃蓝皮书
甘肃县域和农村发展报告（2018）
著(编)者：包东红 朱智文 王建兵
2018年1月出版／定价：99.00元
PSN B-2013-316-5/6

甘肃农业科技绿皮书
甘肃农业科技发展研究报告（2018）
著(编)者：魏胜文 乔德华 张东伟
2018年12月出版／估价：198.00元
PSN B-2016-592-1/1

甘肃气象保障蓝皮书
甘肃农业对气候变化的适应与风险评估报告（No.1）
著(编)者：鲍文中 周广胜
2017年12月出版／定价：108.00元
PSN B-2017-677-1/1

巩义蓝皮书
巩义经济社会发展报告（2018）
著(编)者：丁同民 朱军　2018年6月出版／估价：99.00元
PSN B-2016-532-1/1

广东外经贸蓝皮书
广东对外经济贸易发展研究报告（2017~2018）
著(编)者：陈万灵　2018年6月出版／估价：99.00元
PSN B-2012-286-1/1

广西北部湾经济区蓝皮书
广西北部湾经济区开放开发报告（2017~2018）
著(编)者：广西壮族自治区北部湾经济区和东盟开放合作办公室
　　　　广西社会科学院
　　　　广西北部湾发展研究院
2018年5月出版／估价：99.00元
PSN B-2010-181-1/1

广州蓝皮书
广州城市国际化发展报告（2018）
著(编)者：张跃国　2018年8月出版／估价：99.00元
PSN B-2012-246-11/14

广州蓝皮书
中国广州城市建设与管理发展报告（2018）
著(编)者：张其学 陈小钢 王宏伟　2018年8月出版／估价：99.00元
PSN B-2007-087-4/14

广州蓝皮书
广州创新型城市发展报告（2018）
著(编)者：尹涛　2018年6月出版／估价：99.00元
PSN B-2012-247-12/14

广州蓝皮书
广州经济发展报告（2018）
著(编)者：张跃国 尹涛　2018年7月出版／估价：99.00元
PSN B-2005-040-1/14

广州蓝皮书
2018年中国广州经济形势分析与预测
著(编)者：魏明海 谢博能 李华
2018年6月出版／估价：99.00元
PSN B-2011-185-9/14

广州蓝皮书
中国广州科技创新发展报告（2018）
著(编)者：于欣伟 陈爽 邓佑满　2018年8月出版／估价：99.00元
PSN B-2006-065-2/14

广州蓝皮书
广州农村发展报告（2018）
著(编)者：朱名宏　2018年7月出版／估价：99.00元
PSN B-2010-167-8/14

广州蓝皮书
广州汽车产业发展报告（2018）
著(编)者：杨再高 冯兴亚　2018年7月出版／估价：99.00元
PSN B-2006-066-3/14

广州蓝皮书
广州商贸业发展报告（2018）
著(编)者：张跃国 陈杰 荀振英
2018年7月出版／估价：99.00元
PSN B-2012-245-10/14

贵阳蓝皮书
贵阳城市创新发展报告No.3（白云篇）
著(编)者：连玉明　2018年5月出版／估价：99.00元
PSN B-2015-491-3/10

贵阳蓝皮书
贵阳城市创新发展报告No.3（观山湖篇）
著(编)者：连玉明　2018年5月出版／估价：99.00元
PSN B-2015-497-9/10

贵阳蓝皮书
贵阳城市创新发展报告No.3（花溪篇）
著(编)者：连玉明　2018年5月出版／估价：99.00元
PSN B-2015-490-2/10

贵阳蓝皮书
贵阳城市创新发展报告No.3（开阳篇）
著(编)者：连玉明　2018年5月出版／估价：99.00元
PSN B-2015-492-4/10

贵阳蓝皮书
贵阳城市创新发展报告No.3（南明篇）
著(编)者：连玉明　2018年5月出版／估价：99.00元
PSN B-2015-496-8/10

贵阳蓝皮书
贵阳城市创新发展报告No.3（清镇篇）
著(编)者：连玉明　2018年5月出版／估价：99.00元
PSN B-2015-489-1/10

地方发展类-经济

皮书系列 2018全品种

贵阳蓝皮书
贵阳城市创新发展报告No.3（乌当篇）
著（编）者：连玉明　2018年5月出版／估价：99.00元
PSN B-2015-495-7/10

贵阳蓝皮书
贵阳城市创新发展报告No.3（息烽篇）
著（编）者：连玉明　2018年5月出版／估价：99.00元
PSN B-2015-493-5/10

贵阳蓝皮书
贵阳城市创新发展报告No.3（修文篇）
著（编）者：连玉明　2018年5月出版／估价：99.00元
PSN B-2015-494-6/10

贵阳蓝皮书
贵阳城市创新发展报告No.3（云岩篇）
著（编）者：连玉明　2018年5月出版／估价：99.00元
PSN B-2015-498-10/10

贵州房地产蓝皮书
贵州房地产发展报告No.5（2018）
著（编）者：武廷方　2018年7月出版／估价：99.00元
PSN B-2014-426-1/1

贵州蓝皮书
贵州册亨经济社会发展报告（2018）
著（编）者：黄德林　2018年6月出版／估价：99.00元
PSN B-2016-525-8/9

贵州蓝皮书
贵州地理标志产业发展报告（2018）
著（编）者：李发耀　黄其松　2018年8月出版／估价：99.00元
PSN B-2017-646-10/10

贵州蓝皮书
贵安新区发展报告（2017~2018）
著（编）者：马长青　吴大华　2018年6月出版／估价：99.00元
PSN B-2015-459-4/10

贵州蓝皮书
贵州国家级开放创新平台发展报告（2017~2018）
著（编）者：申晓庆　吴大华　李泓
2018年11月出版／估价：99.00元
PSN B-2016-518-7/10

贵州蓝皮书
贵州国有企业社会责任发展报告（2017~2018）
著（编）者：郭丽　2018年12月出版／估价：99.00元
PSN B-2015-511-6/10

贵州蓝皮书
贵州民航业发展报告（2017）
著（编）者：申振东　吴大华　2018年6月出版／估价：99.00元
PSN B-2015-471-5/10

贵州蓝皮书
贵州民营经济发展报告（2017）
著（编）者：杨静　吴大华　2018年6月出版／估价：99.00元
PSN B-2016-530-9/9

杭州都市圈蓝皮书
杭州都市圈发展报告（2018）
著（编）者：洪庆华　沈翔　2018年4月出版／定价：98.00元
PSN B-2012-302-1/1

河北经济蓝皮书
河北省经济发展报告（2018）
著（编）者：马树强　金浩　张贵　2018年6月出版／估价：99.00元
PSN B-2014-380-1/1

河北蓝皮书
河北经济社会发展报告（2018）
著（编）者：康振海　2018年1月出版／定价：99.00元
PSN B-2014-372-1/3

河北蓝皮书
京津冀协同发展报告（2018）
著（编）者：陈璐　2017年12月出版／定价：79.00元
PSN B-2017-601-2/3

河南经济蓝皮书
2018年河南经济形势分析与预测
著（编）者：王世炎　2018年3月出版／估价：89.00元
PSN B-2007-086-1/1

河南蓝皮书
河南城市发展报告（2018）
著（编）者：张占仓　王建国　2018年5月出版／估价：99.00元
PSN B-2009-131-3/9

河南蓝皮书
河南工业发展报告（2018）
著（编）者：张占仓　2018年5月出版／估价：99.00元
PSN B-2013-317-5/9

河南蓝皮书
河南金融发展报告（2018）
著（编）者：喻新安　谷建全
2018年6月出版／估价：99.00元
PSN B-2014-390-7/9

河南蓝皮书
河南经济发展报告（2018）
著（编）者：张占仓　完世伟
2018年6月出版／估价：99.00元
PSN B-2010-157-4/9

河南蓝皮书
河南能源发展报告（2018）
著（编）者：国网河南省电力公司经济技术研究院
　　　　　　河南省社会科学院
2018年6月出版／估价：99.00元
PSN B-2017-607-9/9

河南商务蓝皮书
河南商务发展报告（2018）
著（编）者：焦锦淼　穆荣国　2018年5月出版／估价：99.00元
PSN B-2014-399-1/1

河南双创蓝皮书
河南创新创业发展报告（2018）
著（编）者：喻新安　杨雪梅
2018年8月出版／估价：99.00元
PSN B-2017-641-1/1

黑龙江蓝皮书
黑龙江经济发展报告（2018）
著（编）者：朱宇　2018年1月出版／定价：89.00元
PSN B-2011-190-2/2

地方发展类-经济

湖南城市蓝皮书
区域城市群整合
著(编)者：童中贤 韩未名　2018年12月出版 / 估价：99.00元
PSN B-2006-064-1/1

湖南蓝皮书
湖南城乡一体化发展报告（2018）
著(编)者：陈文胜 王文强 陆福兴
2018年8月出版 / 估价：99.00元
PSN B-2015-477-8/8

湖南蓝皮书
2018年湖南电子政务发展报告
著(编)者：梁志峰　2018年5月出版 / 估价：128.00元
PSN B-2014-394-6/8

湖南蓝皮书
2018年湖南经济发展报告
著(编)者：卞鹰　2018年5月出版 / 估价：128.00元
PSN B-2011-207-2/8

湖南蓝皮书
2016年湖南经济展望
著(编)者：梁志峰　2018年5月出版 / 估价：128.00元
PSN B-2011-206-1/8

湖南蓝皮书
2018年湖南县域经济社会发展报告
著(编)者：梁志峰　2018年5月出版 / 估价：128.00元
PSN B-2014-395-7/8

湖南县域绿皮书
湖南县域发展报告（No.5）
著(编)者：袁准 周小毛 黎仁寅
2018年6月出版 / 估价：99.00元
PSN G-2012-274-1/1

沪港蓝皮书
沪港发展报告（2018）
著(编)者：尤安山　2018年9月出版 / 估价：99.00元
PSN B-2013-362-1/1

吉林蓝皮书
2018年吉林经济社会形势分析与预测
著(编)者：邵汉明　2017年12月出版 / 定价：89.00元
PSN B-2013-319-1/1

吉林省城市竞争力蓝皮书
吉林省城市竞争力报告（2017~2018）
著(编)者：崔岳春 张磊
2018年3月出版 / 定价：89.00元
PSN B-2016-513-1/1

济源蓝皮书
济源经济社会发展报告（2018）
著(编)者：喻新安　2018年6月出版 / 估价：99.00元
PSN B-2014-387-1/1

江苏蓝皮书
2018年江苏经济发展分析与展望
著(编)者：王庆五 吴先满
2018年7月出版 / 估价：128.00元
PSN B-2017-635-1/3

江西蓝皮书
江西经济社会发展报告（2018）
著(编)者：陈石俊 龚建文　2018年10月出版 / 估价：128.00元
PSN B-2015-484-1/2

江西蓝皮书
江西设区市发展报告（2018）
著(编)者：姜玮 梁勇
2018年10月出版 / 估价：99.00元
PSN B-2016-517-2/2

经济特区蓝皮书
中国经济特区发展报告（2017）
著(编)者：陶一桃　2018年1月出版 / 估价：99.00元
PSN B-2009-139-1/1

辽宁蓝皮书
2018年辽宁经济社会形势分析与预测
著(编)者：梁启东 魏红江　2018年6月出版 / 估价：99.00元
PSN B-2006-053-1/1

民族经济蓝皮书
中国民族地区经济发展报告（2018）
著(编)者：李曦辉　2018年7月出版 / 估价：99.00元
PSN B-2017-630-1/1

南宁蓝皮书
南宁经济发展报告（2018）
著(编)者：胡建华　2018年9月出版 / 估价：99.00元
PSN B-2016-569-2/3

内蒙古蓝皮书
内蒙古精准扶贫研究报告（2018）
著(编)者：张志华　2018年1月出版 / 定价：89.00元
PSN B-2017-681-2/2

浦东新区蓝皮书
上海浦东经济发展报告（2018）
著(编)者：周小平 徐美芳
2018年1月出版 / 定价：89.00元
PSN B-2011-225-1/1

青海蓝皮书
2018年青海经济社会形势分析与预测
著(编)者：陈玮　2018年1月出版 / 定价：98.00元
PSN B-2012-275-1/2

青海科技绿皮书
青海科技发展报告（2017）
著(编)者：青海省科学技术信息研究所
2018年3月出版 / 定价：98.00元
PSN G-2018-701-1/1

山东蓝皮书
山东经济形势分析与预测（2018）
著(编)者：李广杰　2018年7月出版 / 估价：99.00元
PSN B-2014-404-1/5

山东蓝皮书
山东省普惠金融发展报告（2018）
著(编)者：齐鲁财富网
2018年9月出版 / 估价：99.00元
PSN B2017-676-5/5

地方发展类-经济

皮书系列 2018全品种

山西蓝皮书
山西资源型经济转型发展报告（2018）
著(编)者：李志强　2018年7月出版 / 估价：99.00元
PSN B-2011-197-1/1

陕西蓝皮书
陕西经济发展报告（2018）
著(编)者：任宗哲　白宽犁　裴成荣
2018年1月出版 / 定价：89.00元
PSN B-2009-135-1/6

陕西蓝皮书
陕西精准脱贫研究报告（2018）
著(编)者：任宗哲　白宽犁　王建康
2018年4月出版 / 定价：89.00元
PSN B-2017-623-6/6

上海蓝皮书
上海经济发展报告（2018）
著(编)者：沈开艳　2018年2月出版 / 定价：89.00元
PSN B-2006-057-1/7

上海蓝皮书
上海资源环境发展报告（2018）
著(编)者：周冯琦　胡静　2018年2月出版 / 定价：89.00元
PSN B-2006-060-4/7

上海蓝皮书
上海奉贤经济发展分析与研判（2017～2018）
著(编)者：张兆安　朱平芳　2018年3月出版 / 定价：99.00元
PSN B-2018-698-8/8

上饶蓝皮书
上饶发展报告（2016～2017）
著(编)者：廖其志　2018年6月出版 / 估价：128.00元
PSN B-2014-377-1/1

深圳蓝皮书
深圳经济发展报告（2018）
著(编)者：张骁儒　2018年6月出版 / 估价：99.00元
PSN B-2008-112-3/7

四川蓝皮书
四川城镇化发展报告（2018）
著(编)者：侯水平　陈炜　2018年6月出版 / 估价：99.00元
PSN B-2015-456-7/7

四川蓝皮书
2018年四川经济形势分析与预测
著(编)者：杨钢　2018年1月出版 / 定价：158.00元
PSN B-2007-098-2/7

四川蓝皮书
四川企业社会责任研究报告（2017～2018）
著(编)者：侯水平　盛毅　2018年5月出版 / 定价：99.00元
PSN B-2014-386-1/1

四川蓝皮书
四川生态建设报告（2018）
著(编)者：李晟之　2018年5月出版 / 估价：99.00元
PSN B-2015-455-6/7

四川蓝皮书
四川特色小镇发展报告（2017）
著(编)者：吴志强　2017年11月出版 / 定价：89.00元
PSN B-2017-670-8/8

体育蓝皮书
上海体育产业发展报告（2017~2018）
著(编)者：张林　黄海燕
2018年10月出版 / 估价：99.00元
PSN B-2015-454-4/5

体育蓝皮书
长三角地区体育产业发展报（2017～2018）
著(编)者：张林　2018年6月出版 / 估价：99.00元
PSN B-2015-453-3/5

天津金融蓝皮书
天津金融发展报告（2018）
著(编)者：王爱俭　孔德昌
2018年5月出版 / 估价：99.00元
PSN B-2014-418-1/1

图们江区域合作蓝皮书
图们江区域合作发展报告（2018）
著(编)者：李铁　2018年6月出版 / 估价：99.00元
PSN B-2015-464-1/1

温州蓝皮书
2018年温州经济社会形势分析与预测
著(编)者：蒋儒标　王春光　金浩
2018年6月出版 / 估价：99.00元
PSN B-2008-105-1/1

西咸新区蓝皮书
西咸新区发展报告（2018）
著(编)者：李扬　王军
2018年6月出版 / 估价：99.00元
PSN B-2016-534-1/1

修武蓝皮书
修武经济社会发展报告（2018）
著(编)者：张占仓　袁凯声
2018年10月出版 / 估价：99.00元
PSN B-2017-651-1/1

偃师蓝皮书
偃师经济社会发展报告（2018）
著(编)者：张占仓　袁凯声　何武周
2018年7月出版 / 估价：99.00元
PSN B-2017-627-1/1

扬州蓝皮书
扬州经济社会发展报告（2018）
著(编)者：陈扬
2018年12月出版 / 估价：108.00元
PSN B-2011-191-1/1

长垣蓝皮书
长垣经济社会发展报告（2018）
著(编)者：张占仓　袁凯声　秦保建
2018年10月出版 / 估价：99.00元
PSN B-2017-654-1/1

遵义蓝皮书
遵义发展报告（2018）
著(编)者：邓彦　曾征　龚永育
2018年9月出版 / 估价：99.00元
PSN B-2014-433-1/1

皮书系列 2018全品种
地方发展类-社会

地方发展类-社会

安徽蓝皮书
安徽社会发展报告（2018）
著（编）者：程桦　　2018年6月出版／估价：99.00元
PSN B-2013-325-1/1

安徽社会建设蓝皮书
安徽社会建设分析报告（2017~2018）
著（编）者：黄家海　蔡宪
2018年11月出版／估价：99.00元
PSN B-2013-322-1/1

北京蓝皮书
北京公共服务发展报告（2017~2018）
著（编）者：施昌奎　　2018年6月出版／估价：99.00元
PSN B-2008-103-7/8

北京蓝皮书
北京社会发展报告（2017~2018）
著（编）者：李伟东
2018年7月出版／估价：99.00元
PSN B-2006-055-3/8

北京蓝皮书
北京社会治理发展报告（2017~2018）
著（编）者：殷星辰　　2018年7月出版／估价：99.00元
PSN B-2014-391-8/8

北京律师蓝皮书
北京律师发展报告No.4（2018）
著（编）者：王隽　　2018年12月出版／估价：99.00元
PSN B-2011-217-1/1

北京人才蓝皮书
北京人才发展报告（2018）
著（编）者：敏华　　2018年12月出版／估价：128.00元
PSN B-2011-201-1/1

北京社会心态蓝皮书
北京社会心态分析报告（2017~2018）
著（编）者：北京市社会心理服务促进中心
2018年10月出版／估价：99.00元
PSN B-2014-422-1/1

北京社会组织管理蓝皮书
北京社会组织发展与管理（2018）
著（编）者：黄江松
2018年6月出版／估价：99.00元
PSN B-2015-446-1/1

北京养老产业蓝皮书
北京居家养老发展报告（2018）
著（编）者：陆杰华　周明明
2018年8月出版／估价：99.00元
PSN B-2015-465-1/1

法治蓝皮书
四川依法治省年度报告No.4（2018）
著（编）者：李林　杨天宗　田禾
2018年3月出版／定价：118.00元
PSN B-2015-447-2/3

福建妇女发展蓝皮书
福建省妇女发展报告（2018）
著（编）者：刘群英　　2018年11月出版／估价：99.00元
PSN B-2011-220-1/1

甘肃蓝皮书
甘肃社会发展分析与预测（2018）
著（编）者：安文华　谢增虎　包晓霞
2018年1月出版／定价：99.00元
PSN B-2013-313-2/6

广东蓝皮书
广东全面深化改革研究报告（2018）
著（编）者：周林生　涂成林
2018年12月出版／估价：99.00元
PSN B-2015-504-3/3

广东蓝皮书
广东社会工作发展报告（2018）
著（编）者：罗观翠　　2018年6月出版／估价：99.00元
PSN B-2014-402-2/3

广州蓝皮书
广州青年发展报告（2018）
著（编）者：徐柳　张强
2018年6月出版／估价：99.00元
PSN B-2013-352-13/14

广州蓝皮书
广州社会保障发展报告（2018）
著（编）者：张跃国　　2018年8月出版／估价：99.00元
PSN B-2014-425-14/14

广州蓝皮书
2018年中国广州社会形势分析与预测
著（编）者：张强　郭志勇　何镜清
2018年6月出版／估价：99.00元
PSN B-2008-110-5/14

贵州蓝皮书
贵州法治发展报告（2018）
著（编）者：吴大华　　2018年5月出版／估价：99.00元
PSN B-2012-254-2/10

贵州蓝皮书
贵州人才发展报告（2017）
著（编）者：于杰　吴大华
2018年9月出版／估价：99.00元
PSN B-2014-382-3/10

贵州蓝皮书
贵州社会发展报告（2018）
著（编）者：王兴骥　　2018年6月出版／估价：99.00元
PSN B-2010-166-1/10

杭州蓝皮书
杭州妇女发展报告（2018）
著（编）者：魏颖
2018年10月出版／估价：99.00元
PSN B-2014-403-1/1

地方发展类-社会

皮书系列
2018全品种

河北蓝皮书
河北法治发展报告（2018）
著（编）者：康振海　2018年6月出版／估价：99.00元
PSN B-2017-622-3/3

河北食品药品安全蓝皮书
河北食品药品安全研究报告（2018）
著（编）者：丁锦霞
2018年10月出版／估价：99.00元
PSN B-2015-473-1/1

河南蓝皮书
河南法治发展报告（2018）
著（编）者：张林海　2018年7月出版／估价：99.00元
PSN B-2014-376-6/9

河南蓝皮书
2018年河南社会形势分析与预测
著（编）者：牛苏林　2018年5月出版／估价：99.00元
PSN B-2005-043-1/9

河南民办教育蓝皮书
河南民办教育发展报告（2018）
著（编）者：胡大白　2018年9月出版／估价：99.00元
PSN B-2017-642-1/1

黑龙江蓝皮书
黑龙江社会发展报告（2018）
著（编）者：王爱丽　2018年1月出版／定价：89.00元
PSN B-2011-189-1/2

湖南蓝皮书
2018年湖南两型社会与生态文明建设报告
著（编）者：卞鹰　2018年5月出版／估价：128.00元
PSN B-2011-208-3/8

湖南蓝皮书
2018年湖南社会发展报告
著（编）者：卞鹰　2018年5月出版／估价：128.00元
PSN B-2014-393-5/8

健康城市蓝皮书
北京健康城市建设研究报告（2018）
著（编）者：王鸿春　盛继洪
2018年9月出版／估价：99.00元
PSN B-2015-460-1/2

江苏法治蓝皮书
江苏法治发展报告No.6（2017）
著（编）者：蔡道通　龚廷泰
2018年8月出版／估价：99.00元
PSN B-2012-290-1/1

江苏蓝皮书
2018年江苏社会发展分析与展望
著（编）者：王庆五　刘旺洪
2018年8月出版／估价：128.00元
PSN B-2017-636-2/3

民族教育蓝皮书
中国民族教育发展报告（2017·内蒙古卷）
著（编）者：陈中永
2017年12月出版／定价：198.00元
PSN B-2017-669-1/1

南宁蓝皮书
南宁法治发展报告（2018）
著（编）者：杨维超　2018年12月出版／估价：99.00元
PSN B-2015-509-1/3

南宁蓝皮书
南宁社会发展报告（2018）
著（编）者：胡建华　2018年10月出版／估价：99.00元
PSN B-2016-570-3/3

内蒙古蓝皮书
内蒙古反腐倡廉建设报告No.2
著（编）者：张志华　2018年6月出版／估价：99.00元
PSN B-2013-365-1/1

青海蓝皮书
2018年青海人才发展报告
著（编）者：王宇燕　2018年9月出版／估价：99.00元
PSN B-2017-650-2/2

青海生态文明建设蓝皮书
青海生态文明建设报告（2018）
著（编）者：张西明　高华　2018年12月出版／估价：99.00元
PSN B-2016-595-1/1

人口与健康蓝皮书
深圳人口与健康发展报告（2018）
著（编）者：陆杰华　傅崇辉
2018年11月出版／估价：99.00元
PSN B-2011-228-1/1

山东蓝皮书
山东社会形势分析与预测（2018）
著（编）者：李善峰　2018年6月出版／估价：99.00元
PSN B-2014-405-2/5

陕西蓝皮书
陕西社会发展报告（2018）
著（编）者：任宗哲　白宽犁　牛昉
2018年1月出版／定价：89.00元
PSN B-2009-136-2/6

上海蓝皮书
上海法治发展报告（2018）
著（编）者：叶必丰　2018年9月出版／估价：99.00元
PSN B-2012-296-6/7

上海蓝皮书
上海社会发展报告（2018）
著（编）者：杨雄　周海旺
2018年2月出版／定价：89.00元
PSN B-2006-058-2/7

皮书系列 2018全品种　　地方发展类-社会 · 地方发展类-文化

社会建设蓝皮书
2018年北京社会建设分析报告
著(编)者：宋贵伦 冯虹　　2018年9月出版 / 估价：99.00元
PSN B-2010-173-1/1

深圳蓝皮书
深圳法治发展报告(2018)
著(编)者：张骁儒　　2018年6月出版 / 估价：99.00元
PSN B-2015-470-6/7

深圳蓝皮书
深圳劳动关系发展报告(2018)
著(编)者：汤庭芬　　2018年8月出版 / 估价：99.00元
PSN B-2007-097-2/7

深圳蓝皮书
深圳社会治理与发展报告(2018)
著(编)者：张骁儒　　2018年6月出版 / 估价：99.00元
PSN B-2008-113-4/7

生态安全绿皮书
甘肃国家生态安全屏障建设发展报告(2018)
著(编)者：刘举科 喜文华
2018年10月出版 / 估价：99.00元
PSN G-2017-659-1/1

顺义社会建设蓝皮书
北京市顺义区社会建设发展报告(2018)
著(编)者：王学武　　2018年9月出版 / 估价：99.00元
PSN B-2017-658-1/1

四川蓝皮书
四川法治发展报告(2018)
著(编)者：郑泰安　　2018年6月出版 / 估价：99.00元
PSN B-2015-441-5/7

四川蓝皮书
四川社会发展报告(2018)
著(编)者：李羚　　2018年6月出版 / 估价：99.00元
PSN B-2008-127-3/7

四川社会工作与管理蓝皮书
四川省社会工作人力资源发展报告(2017)
著(编)者：边慧敏　　2017年12月出版 / 定价：89.00元
PSN B-2017-683-1/1

云南社会治理蓝皮书
云南社会治理年度报告(2017)
著(编)者：晏雄 韩全芳
2018年5月出版 / 估价：99.00元
PSN B-2017-667-1/1

地方发展类-文化

北京传媒蓝皮书
北京新闻出版广电发展报告(2017~2018)
著(编)者：王志　　2018年11月出版 / 估价：99.00元
PSN B-2016-588-1/1

北京蓝皮书
北京文化发展报告(2017~2018)
著(编)者：李建盛　　2018年5月出版 / 估价：99.00元
PSN B-2007-082-4/8

创意城市蓝皮书
北京文化创意产业发展报告(2018)
著(编)者：郭万超 张京成　　2018年12月出版 / 估价：99.00元
PSN B-2012-263-1/7

创意城市蓝皮书
天津文化创意产业发展报告(2017~2018)
著(编)者：谢思全　　2018年6月出版 / 估价：99.00元
PSN B-2016-536-7/7

创意城市蓝皮书
武汉文化创意产业发展报告(2018)
著(编)者：黄永林 陈汉桥　　2018年12月出版 / 估价：99.00元
PSN B-2013-354-4/7

创意上海蓝皮书
上海文化创意产业发展报告(2017~2018)
著(编)者：王慧敏 王兴全　　2018年8月出版 / 估价：99.00元
PSN B-2016-561-1/1

非物质文化遗产蓝皮书
广州市非物质文化遗产保护发展报告(2018)
著(编)者：宋俊华　　2018年12月出版 / 估价：99.00元
PSN B-2016-589-1/1

甘肃蓝皮书
甘肃文化发展分析与预测(2018)
著(编)者：马廷旭 戚晓萍　　2018年1月出版 / 定价：99.00元
PSN B-2013-314-3/6

甘肃蓝皮书
甘肃舆情分析与预测(2018)
著(编)者：王俊莲 张谦元　　2018年1月出版 / 估价：99.00元
PSN B-2013-315-4/6

广州蓝皮书
中国广州文化发展报告(2018)
著(编)者：屈哨兵 陆志强　　2018年6月出版 / 估价：99.00元
PSN B-2009-134-7/14

广州蓝皮书
广州文化创意产业发展报告(2018)
著(编)者：徐咏虹　　2018年7月出版 / 估价：99.00元
PSN B-2008-111-6/14

海淀蓝皮书
海淀区文化和科技融合发展报告(2018)
著(编)者：陈名杰 孟景伟　　2018年5月出版 / 估价：99.00元
PSN B-2013-329-1/1

地方发展类-文化

皮书系列 2018全品种

河南蓝皮书
河南文化发展报告（2018）
著(编)者：卫绍生　　2018年7月出版 / 估价：99.00元
PSN B-2008-106-2/9

湖北文化产业蓝皮书
湖北省文化产业发展报告（2018）
著(编)者：黄晓华　　2018年9月出版 / 估价：99.00元
PSN B-2017-656-1/1

湖北文化蓝皮书
湖北文化发展报告（2017~2018）
著(编)者：湖北大学高等人文研究院
　　　　　中华文化发展湖北省协同创新中心
2018年10月出版 / 估价：99.00元
PSN B-2016-566-1/1

江苏蓝皮书
2018年江苏文化发展分析与展望
著(编)者：王庆五　樊和平　　2018年9月出版 / 估价：128.00元
PSN B-2017-637-3/3

江西文化蓝皮书
江西非物质文化遗产发展报告（2018）
著(编)者：张圣才　傅安平　　2018年12月出版 / 估价：128.00元
PSN B-2015-499-1/1

洛阳蓝皮书
洛阳文化发展报告（2018）
著(编)者：刘福兴　陈启明　　2018年7月出版 / 估价：99.00元
PSN B-2015-476-1/1

南京蓝皮书
南京文化发展报告（2018）
著(编)者：中共南京市委宣传部
2018年12月出版 / 估价：99.00元
PSN B-2014-439-1/1

宁波文化蓝皮书
宁波"一人一艺"全民艺术普及发展报告（2017）
著(编)者：张爱琴　　2018年11月出版 / 估价：128.00元
PSN B-2017-668-1/1

山东蓝皮书
山东文化发展报告（2018）
著(编)者：涂可国　　2018年5月出版 / 估价：99.00元
PSN B-2014-406-3/5

陕西蓝皮书
陕西文化发展报告（2018）
著(编)者：任宗哲　白宽犁　王长寿
2018年1月出版 / 定价：89.00元
PSN B-2009-137-3/6

上海蓝皮书
上海传媒发展报告（2018）
著(编)者：强荧　焦雨虹　　2018年2月出版 / 定价：89.00元
PSN B-2012-295-5/7

上海蓝皮书
上海文学发展报告（2018）
著(编)者：陈圣来　　2018年6月出版 / 估价：99.00元
PSN B-2012-297-7/7

上海蓝皮书
上海文化发展报告（2018）
著(编)者：荣跃明　　2018年6月出版 / 估价：99.00元
PSN B-2006-059-3/7

深圳蓝皮书
深圳文化发展报告（2018）
著(编)者：张骁儒　　2018年7月出版 / 估价：99.00元
PSN B-2016-554-7/7

四川蓝皮书
四川文化产业发展报告（2018）
著(编)者：向宝云　张立伟　　2018年6月出版 / 估价：99.00元
PSN B-2006-074-1/7

郑州蓝皮书
2018年郑州文化发展报告
著(编)者：王哲　　2018年9月出版 / 估价：99.00元
PSN B-2008-107-1/1

社会科学文献出版社　　　　　　　　**皮书系列**

❖ 皮书起源 ❖

"皮书"起源于十七、十八世纪的英国,主要指官方或社会组织正式发表的重要文件或报告,多以"白皮书"命名。在中国,"皮书"这一概念被社会广泛接受,并被成功运作、发展成为一种全新的出版形态,则源于中国社会科学院社会科学文献出版社。

❖ 皮书定义 ❖

皮书是对中国与世界发展状况和热点问题进行年度监测,以专业的角度、专家的视野和实证研究方法,针对某一领域或区域现状与发展态势展开分析和预测,具备原创性、实证性、专业性、连续性、前沿性、时效性等特点的公开出版物,由一系列权威研究报告组成。

❖ 皮书作者 ❖

皮书系列的作者以中国社会科学院、著名高校、地方社会科学院的研究人员为主,多为国内一流研究机构的权威专家学者,他们的看法和观点代表了学界对中国与世界的现实和未来最高水平的解读与分析。

❖ 皮书荣誉 ❖

皮书系列已成为社会科学文献出版社的著名图书品牌和中国社会科学院的知名学术品牌。2016年,皮书系列正式列入"十三五"国家重点出版规划项目;2013~2018年,重点皮书列入中国社会科学院承担的国家哲学社会科学创新工程项目;2018年,59种院外皮书使用"中国社会科学院创新工程学术出版项目"标识。

中国皮书网

（网址：www.pishu.cn）

发布皮书研创资讯，传播皮书精彩内容
引领皮书出版潮流，打造皮书服务平台

栏目设置

关于皮书：何谓皮书、皮书分类、皮书大事记、皮书荣誉、
皮书出版第一人、皮书编辑部
最新资讯：通知公告、新闻动态、媒体聚焦、网站专题、视频直播、下载专区
皮书研创：皮书规范、皮书选题、皮书出版、皮书研究、研创团队
皮书评奖评价：指标体系、皮书评价、皮书评奖
互动专区：皮书说、社科数托邦、皮书微博、留言板

所获荣誉

2008年、2011年，中国皮书网均在全国新闻出版业网站荣誉评选中获得"最具商业价值网站"称号；
2012年，获得"出版业网站百强"称号。

网库合一

2014年，中国皮书网与皮书数据库端口合一，实现资源共享。

权威报告·一手数据·特色资源

皮书数据库
ANNUAL REPORT(YEARBOOK) DATABASE

当代中国经济与社会发展高端智库平台

所获荣誉

- 2016年，入选"'十三五'国家重点电子出版物出版规划骨干工程"
- 2015年，荣获"搜索中国正能量 点赞2015" "创新中国科技创新奖"
- 2013年，荣获"中国出版政府奖·网络出版物奖"提名奖
- 连续多年荣获中国数字出版博览会"数字出版·优秀品牌"奖

成为会员

通过网址www.pishu.com.cn或使用手机扫描二维码进入皮书数据库网站，进行手机号码验证或邮箱验证即可成为皮书数据库会员（建议通过手机号码快速验证注册）。

会员福利

- 使用手机号码首次注册的会员，账号自动充值100元体验金，可直接购买和查看数据库内容（仅限使用手机号码快速注册）。
- 已注册用户购书后可免费获赠100元皮书数据库充值卡。刮开充值卡涂层获取充值密码，登录并进入"会员中心"—"在线充值"—"充值卡充值"，充值成功后即可购买和查看数据库内容。

数据库服务热线：400-008-6695　　　　图书销售热线：010-59367070/7028
数据库服务QQ：2475522410　　　　　　图书服务QQ：1265056568
数据库服务邮箱：database@ssap.cn　　　图书服务邮箱：duzhe@ssap.cn